Nelson Cartagena
**La contribución de España a la teoría de la traducción.
Introducción al estudio y antología de textos
de los siglos XIV y XV**

MEDIEVALIA HISPANICA

Fundador y director
Maxim Kerkhof

Vol. 13

Nelson Cartagena

La contribución de España a la teoría de la traducción. Introducción al estudio y antología de textos de los siglos XIV y XV

Iberoamericana • Vervuert • 2009

Bibliographic information published by Die Deutsche Nationalbibliothek.
Die Deutsche Nationalbibliothek lists this publication in the Deutsche
Nationalbibliografie; detailed bibliographic data are available on the Internet at
http://dnb.ddb.de

Gedruckt mit freundlicher Unterstützung des Förderungs- und Beihilfefonds
Wissenschaft der VG Wort.

© Iberoamericana, 2009
Amor de Dios, 1 – E-28014 Madrid
Tel.: +34 91 429 35 22
Fax: +34 91 429 53 97
info@iberoamericanalibros.com
www.ibero-americana.net

© Vervuert, 2009
Elisabethenstr. 3-9 – D-60594 Frankfurt am Main
Tel.: +49 69 597 46 17
Fax: +49 69 597 87 43
info@iberoamericanalibros.com
www.ibero-americana.net

ISBN 978-84-8489-426-1 (Iberoamericana)
ISBN 978-3-86527-449-6 (Vervuert)

Depósito Legal: B-3.424-2009

Diseño de Portada: Michael Ackermann

The paper on which this book is printed meets the requirements of ISO 9706

Impreso en España

*Para mis amigos y colegas de la Universidad de Valencia,
quienes durante larguísimos años han sido para mí
refugio espiritual y fuente siempre renovada de humanidad*

ÍNDICE

Palabras Preliminares

El primer contacto con la temática de la presente obra lo tuvimos en nuestros seminarios sobre teoría y práctica de la traducción especializada ofrecidos regularmente en el Instituto de Traducción e Interpretación de la Universidad de Heidelberg a partir de 1985, en cuanto nuestro enfoque del problema, sobre todo en lo relativo a las funciones internas y al sentido de dicha actividad, consideró en gran medida las ideas de los traductores catalanes del s. XIV y la posición de A. de Cartagena en su famosa polémica con L. Bruni. Pero sólo a la luz de los resultados de nuestros seminarios sobre el aporte de España a la teoría de la traducción dictados en los semestres de invierno de 2000 y de 2001 tomó cuerpo la idea de realizar la presente obra en su forma actual, cuya ejecución definitiva debió en todo caso esperar todavía un lustro. Al respecto deseamos dejar testimonio expreso de nuestro afecto y reconocimiento profundos a las personas e instituciones que la facilitaron:

al Prof. Dr. Manuel Prunyonosa y a los servicios bibliotecarios de la Universidad de Valencia, por la inapreciable ayuda que nos prestaron en la recolección del material, sin la cual nuestra investigación se habría dilatado y dificultado considerablemente;

a la sección de préstamos a distancia de la Universidad de Heidelberg, por la prontitud y eficiencia con que trataron todas nuestras peticiones;

al Prof. Dr. Dieter Janik, compañero de estudios y de trayectos, por su minuciosa lectura de nuestras traducciones del latín de A. de Cartagena y de L. Bruni, las que sin sus variadas correcciones y atinadas sugerencias, se habrían debilitado en gran medida;

a nuestra distinguida alumna Karin Hintermeier por su decisiva participación en la preparación de los textos de A. de Madrigal;

a la Dra. M.ª José Carbonell Boria, profesora titular de Paleografía y Diplomática en la Universidad de Valencia, por haber accedido a transcribir el códice con los textos de G. Corretger y de Teodorico de Borgognoni;

al Prof. Dr. Francisco Gimeno Blay, catedrático de Ciencias y Técnicas Historiográficas (Paleografía y Diplomática) de la Universidad de Valencia por su ayuda en aspectos puntuales de la transliteración del manuscrito signatura MS 10811 de la Biblioteca Nacional de Madrid;

al editor Gérard Th. van Heusden por la autorización de incluir en este volumen el texto de P. Chinchilla (ISBN 978906240328, published by APA-Gérard Th. van Heusden/Postbus 806/NL-1000 AV Amsterdam/Netherlands (www.apa-publishers.com), a cuyo manuscrito no tuvimos acceso directo;

al Dr. Wolfram Staus, por su valiosa cooperación técnica, que nos permitió disponer del *font* de signos especiales enumerados en el Apéndice 2, así como de excelentes fotografías de textos;

a Inés, por su generosa ayuda en la difícil y tediosa tarea de realizar el índice onomástico del libro;

al Fondo para Ayuda y Promoción de la Ciencia de la Sociedad de Gestión Colectiva de Derechos [de Autor] WORT, S.L. (Förderungs- und Beihilfefonds Wissenschaft der Verwertungsgesellschaft WORT GmbH) por su patrocinio y generoso financiamiento de la edición;

a la Editorial Iberoamericana Vervuert de Madrid/Vervuert Verlagsgesellschaft in Frankfurt por haber acogido la obra en su programa de publicaciones y tramitado el patrocinio y cooperación económica de la mencionada institución;

a la Sra. Kerstin Houba por la eficiente organización de todas las fases de producción editorial de la obra.

Cabe por último puntualizar que nuestro propósito ha sido poner a disposición de los estudiantes y estudiosos de traducción y de filología hispánica un sólido material de apoyo sobre el tema tratado, hasta ahora disperso, en parte no reeditado desde hace medio milenio, o bien, de muy difícil acceso, e introducirlos en el estudio de un importante capítulo de nuestra historia cultural. Esperamos haberlo cumplido.

Introducción

Las reflexiones sobre la traducción en España durante la Edad Media

I. Las reflexiones sobre la traducción en España hasta la primera mitad del s. XIV

El judío cordobés (1138-1204) Moshé ben Maymón o Musa ibn Maymun, también llamado Maimónides («hijo de Maimón») o Rambam (el acrónimo de sus iniciales en hebreo) fue no sólo el médico, rabino y teólogo judío más célebre de la Edad Media, sino una de las figuras más importantes en la historia de la teoría de la traducción[1]. La clásica respuesta que da en carta de 1199 desde El Cairo a las consultas de Samuel ben Tibbon, quien a la sazón traducía en España su obra *Guía de perplejos* (1190) del árabe al hebreo, constituye una declaración de principios hasta hoy de notable vigencia:

«Quien quiere traducir de una lengua a otra, y se dispone a verter siempre una palabra determinada por otra palabra que le corresponda, pasará muchos trabajos y dará una traducción incierta y confusa. Este método no es bueno: el traductor debe, ante todo, comprender el desarrollo del pensamiento, y luego exponerlo y referirlo de manera que el mismo pensamiento resulte claro y comprensible en la otra lengua. Para llegar a esto, es preciso cambiar a veces toda la estructura de lo que precede o sigue, traduciendo un solo término por varias palabras y varias palabras por una sola, dejando a un lado algunas expresiones y añadiendo otras, hasta que el desarrollo del pensamiento esté perfectamente claro y ordenado, y la expresión misma llegue a ser comprensible como si fuese típica de la lengua a que se traduce.

Este es el método que siguió Honein ben Isaac con los libros de Galeno y su hijo Isaac con los libros de Aristóteles. Es por esta razón que todas las versiones

---

[1]   Para sucinta información sobre Maimónides véase http://de.wikipedia.org./wiki/Jewish_Encyclopedia.

de estas traducciones son claras. Por consiguiente, nosotros también deberíamos dedicarnos sólo al estudio de estos libros con exclusión de los demás. Tu distinguida Academia debería adoptar esta regla para todas las traducciones que realiza para los venerables estudiosos y para los guías de las comunidades»[2].

Lamentablemente estos sabios principios no influyeron en absoluto en las traducciones españolas medievales ni en las posteriores, ya que la citada versión de García Yebra constituye la primera publicación en la Península de tan valioso texto[3].

Prescindiendo pues de la figura de Maimónides, se ha establecido que las primeras reflexiones sobre la traducción no aparecieron en la Península sino hasta mediados del s. XIV. Al respecto sintetiza J. César Santoyo en su ya clásica antología sobre el tema que «el gran esfuerzo traductor llevado a cabo en Ripoll, Tarazona, Toledo, Córdoba, etc. entre los siglos IX y XIII no nos transmitió ni un ápice de consideraciones teórico-críticas, ni siquiera elementales. Los traductores y eruditos de estos siglos no vieron en la traducción sino la praxis de la transferencia interlingüística»[4]. Desde luego que la ausencia de transmisión escrita señalada por Santoyo es un hecho indiscutible. No obstante, la redacción de su enunciado parece implicar que la reflexión teórico-crítica de los traductores fue totalmente ajena a su actividad [«[…] no vieron sino la praxis»]. Tal posible conclusión debe en todo caso ser fuertemente relativizada. En rigor, los traductores medievales vieron mucho más que la mera praxis de la transferencia interlingüística. No en vano su actividad consistió nada menos que en la intelectualización[5] del romance, largo proceso que se extiende hasta

---

[2] La traducción del primer párrafo es de V. García Yebra, *En torno a la traducción*. Madrid, Gredos, 1983: 314 y sig. hecha de la versión italiana de George Mounin, *Teoria e storia della traduzione*. Torino, Einaudi, 1965: 34. La traducción del segundo párrafo es nuestra, sobre la base de la traducción al inglés de Leon D. Stitskin (ed.), *Letters of Maimonides*. New York, Yeshiva University Press, 1977: 133.

[3] La memoria de Maimónides ha sido honrada en Andalucía con dos estatuas; una se refugia en la esquina entre las calles Pavanera y de la Concha en la ciudad de Granada; la otra se ha erigido en Córdoba, su ciudad natal, en una pequeña plaza del barrio de la Judería, a poca distancia de la sinagoga.

[4] *Teoría y crítica de la traducción: antología*. Barcelona, Universitat Autònoma de Barcelona. Escola Universitària de Traductors i Intèrprets, 1987: 10 y sig.

[5] Usamos el término en el sentido de la Escuela de Praga que lo incluyó dentro de su tesis fundamental de la lengua literaria ya en 1929 en el tomo primero de los *Travaux du Cercle Linguistique de Prague*, pág. 16: «La langue littéraire exprime la vie de culture et de civilisation (fonctionnement et résultats de la pensée scientifique, philosophique et religieuse, politique et sociale, juridique et administrative). Ce rôle qui est le sien, *élargit* et *modifie* (intellectualise) son vocabulaire: le besoin de s'exprimer sur des matières qui

fines de la Baja Edad Media y que convirtió al castellano en una lengua de cultura de dimensiones europeas en diversas ramas del saber científico y transformó al catalán en lengua literaria de semejantes posibilidades. Es verdad que los traductores no dejaron constancia escrita de las operaciones y metodología necesarias para llegar a dicho resultado, pero el análisis de su obra puede reconstruirlas y describirlas. Es la labor cumplida por G. Bossong en sus tesis de doctorado y de habilitación y en un artículo que resume los resultados de su investigación acerca de las traducciones de textos del ámbito matemático-astronómico, donde la única fuente de dicho saber era la árabe, realizadas por astrónomos hispanohablantes de la escuela alfonsí[6]. Para ello elige tres obras que revelan diferentes situaciones y soluciones translatorias: 1) *Los canones de Albateni*, donde el traductor se ve obligado a expresar en romance lo que nunca antes había sido expresado en esa lengua, 2) el *Libro de la Açafeha* [traducciones de 1255 y 1277], que muestra los resultados de una traducción posterior totalmente nueva, y 3) el *Libro de la Alcora* [traducciones de 1259 y 1277], que sólo corrige en su segunda versión, de acuerdo con una nueva sensibilidad estilística romance, el texto de la primera, es decir, en el marco de una operación limitada a la lengua meta. Sus resultados son los siguientes.

Las primeras traducciones de las obras indicadas están plagadas de préstamos y calcos léxicos directos del árabe al romance o indirectos con mediación de un vocablo latino[7]. En el nivel sintáctico ocurren escasos calcos por la gran

---

n'ont pas de rapport direct avec la vie réelle, et sur des matières nouvelles, nécessite de nouvelles expressions, que la langue populaire ne possède pas, ou qu'elle ne possédait pas jusqu'alors; le besoin également de s'exprimer ...avec précision et d'une façon systématique, aboutit à la création de mots-concepts, et d'expressions pour les abstractions logiques ainsi qu'à une définition plus précise des categories logiques à l'aide des moyens d'expression linguistique...*L'intellectualisation de la langue* dont il est question est également due au besoin d'exprimer *l'interdépendance et la complexité des opérations de pensée* – d'où non seulement des expressions pour les notions abstraites en cause, mais aussi des formes syntaxiques[...]».

6	V. *Los Canones de Albateni*. Herausgegeben sowie mit Einleitung, Anmerkungen und Glossar versehen. Tübingen, Niemeyer (Beihefte zur Zeitschrift für romanische Philologie 165), 1978; *Probleme der Übersetzung wissenschaftlicher Werke aus dem Arabischen in das Altspanische zur Zeit Alfons des Weisen*. Tübingen, Niemeyer (Beihefte zur Zeitschrift für romanische Philologie 169), 1979 y «Las traducciones alfonsíes y el desarrollo de la prosa científica castellana» en *Actas del Coloquio Hispano-Alemán Ramón Menéndez Pidal* (Madrid, 1978). Tübingen, Niemeyer, 1982: 1-14.

7	Según Bossong a) los préstamos del árabe sólo constituyen 5 % del total, presentan en general también la variante indirecta (por ej. *alhidada* y *regla*) y pertenecen casi sin excepción a la tecnología de los instrumentos de observación de la astronomía, b) los calcos directos constituyen el 65 % del total, sobre todo en su forma transpositiva, es decir,

diferencia estructural de las lenguas, pero sí se evidencia la enorme dificultad de «expresar pensamientos científicos rigurosamente jerarquizados al interior de largos y complejos períodos sintácticos, [lo que se manifiesta en la existencia de] numerosos anacolutos, disoluciones paratácticas de períodos hipotácticos, empleo falso del indicativo en lugar del subjuntivo y repeticiones redundantes de las conjunciones subordinantes [...] que indican claramente que a los traductores se le planteaban no problemas de árabe, sino de español» (ob. cit, pág. 10)[8]. En traducciones posteriores se observa una marcada tendencia a eliminar hispanismos de las primeras versiones en favor de cultismos tomados del latín. Así por ejemplo el calco *(el cerco) del eguador del día* se reemplaza por *linna equinoccial* y, por último, se recurre al cultismo (cerco del) *equinoccio*. De este modo surge una tendencia estilística en terminología, que se irá intensificando hasta el Renacimiento. Tampoco se encuentran en las últimas traducciones los errores gramaticales apuntados en las primeras. De todo esto resulta pues evidente que el referido proceso de intelectualización de la lengua meta no sólo contribuye a perfeccionar las técnicas de transferencia interlingual, sino que exige creatividad y actitud reflexiva en el contraste lingüístico y sobre todo en las formulaciones de la lengua materna. No extraña en consecuencia que la acertada conclusión central del estudio de Bossong sostenga que la influencia árabe en el desarrollo de la prosa científica castellana consistió esencialmente «en estimular la incentivación de la productividad de los medios lingüísticos propios del español. Bajo el estímulo de la prosa científica árabe los astrónomos de la escuela alfonsina enriquec[ieron] y aumenta[ron] considerablemente en un tiempo relativamente breve el caudal terminológico y la complejidad sintáctica del idioma» (ob. cit., pág. 11)[9]. Por supuesto que a

---

derivados de un vocablo primitivo tanto en árabe como en romance, perteneciendo todos a la terminología científica astronómica y matemática, y c) los préstamos y calcos indirectos abarcan el 35 % restante y se refieren también a los dominios científicos centrales.

[8]   Desde luego que esto constituyó un problema general sobre todo de las primeras traducciones medievales. V. al respecto Curt Wittlin, «Les traducteurs au Moyen Âge: observations sur leurs techniques et difficultés» en *Actes du XIII Congrès Internationale de Linguistique et Philologie Romane*, II. Quebec, 1976: 601-611.

[9]   En esta dirección apunta explícitamente el siguiente pasaje de Lola Badía, «Traduccions al català dels segles XIV-XV i innovació cultural i literària» en *Llengua i literatura de l'Edat Mitjana al Renaixement*. Estudi general II, Girona 1991: 32: «És prout sabut que la cancelleria reial del XIV va ser una forja lingüística i cultural gràcies a l'adaptació al català de textos llatins de caràcter jurídic i administratiu; aquesta activitat va formar diverses generations de funcionaris reials que destaquen per les seves habilitats en la redacció. Sembla legitim pensar, doncs, que una descripció sistemàtica de les traductions i de les seves tècniques és una via segura per apreciar la innovació cultural i literaria que s'introdueix en l'horitzó català durant els darrers segles medievals».

esta presión externa que impulsa el proceso de intelectualización del romance debe añadirse el factor pragmático interno que obliga al traductor a tomar las medidas necesarias para la comprensión de su texto. En este marco entendemos la observación de Badía, ob.cit., pág. 34 «la consideració d'uns lectors que no entenen ni el llatí ni un *llatí en so de romanç* obliga els traductors a responsabi-litzar-se totalment del resultat de les seves versions», quien además destaca en el mismo contexto la opinión del historiador de la lengua J. Nadal, según la cual la necesidad de traducir de nuevo algunas versiones primitivas poco com-prensibles se entiende «en el sentit de la creació progressiva d'una "llengua literària vulgar"». Desde luego que habría de aplicarse el mismo criterio al estudio de la evolución de las traducciones árabes y latinas en otros ámbitos especializados y en el de la lengua de la literatura, sobre todo al final de la Baja Edad Media.

El proceso de vernacularización de la cultura continúa con intensidad cre-ciente en la primera mitad del s. XIV, aun cuando el árabe y el hebreo pasan a segundo plano como lenguas de traducción, en tanto que el latín es claramente mayoritario. La gran mayoría de los traductores, sobre todo en el ámbito de los temas agrarios y de algunas disciplinas médicas, correspondía al tipo criticado por Ferrer Sayol: escasos de conocimientos, tanto de la materia como de la len-gua original, faltos de método capaz de superar sistemáticamente la traducción *verbum e verbo* y el empleo irreflexivo del préstamo lingüístico. No tematiza-ron su actividad.

II. PROCEDIMIENTO DE DESCRIPCIÓN Y EVALUACIÓN DE LAS REFLE-XIONES SOBRE LA PROPIA ACTIVIDAD TRADUCTORA EN LA SEGUNDA MITAD DEL S. XIV Y EN EL S. XV EN ESPAÑA

Nuestros objetivos centrales son sistematizar las reflexiones de los traduc-tores antologados acerca de su actividad y determinar sobre esta base el grado de desarrollo de las reflexiones sobre la traducción en España a fines de la Baja Edad Media, en comparación con las concepciones vigentes sobre la materia en el Humanismo italiano y el Renacimiento francés. Para alcanzar dichos fines hemos utilizado como principio organizador de nuestro enfoque interrogantes metódicas. ¿Qué traducen? ¿De qué lengua(s) a qué lengua(s) traducen? ¿Quié-nes lo hacen? ¿Dónde lo hacen, por encargo de quién, para quién, con qué fina-lidad? ¿Cómo lo hacen? Como parámetro comparativo hemos empleado ade-más en la respuesta de la última interrogante las famosas normas a las que debería ceñirse una buena traducción propuestas en el s. XVI por E. Dolet (1540). Dado que dichas reglas se han considerado como suma y síntesis de la teoría de la traducción hasta el Renacimiento y el Humanismo[10], su confrontación con las ideas de los traductores españoles podrá permitirnos valorar con mayor objetividad y amplitud el estado en que se encontraba la reflexión sobre el tema en las dos centurias anteriores en España. Desde luego que nos concentramos sólo en ellas, en cuanto testimonio de época, sin entrar a comprobar si corresponden o no a la práctica de sus emisores[11]. Se trata pues de decantar sobre esta base la norma ideal de traducción de estos períodos.

III. LAS REFLEXIONES SOBRE LA TRADUCCIÓN EN ESPAÑA DURANTE LA SEGUNDA MITAD DEL S. XIV

Es en este período cuando aparecen las primeras reflexiones de los traductores acerca de su actividad. La respuesta a nuestras interrogantes metódicas contribuirá a evaluar sus aseveraciones, que deben enmarcarse en el entorno biográfico e histórico en que se producen.

¿Qué traducen y de qué lengua(s) a qué lengua(s)? Tres textos especializados de notable valor: La *Cyrurgia* de Teodorico Borgognoni de Luca, que vino «siendo considerado como el más importante texto quirúrgico cristiano medieval» (Contreras 1984: 55)[12]; el *Regimen Sanitatis* de Arnau de Vilanova, uno de los más célebres exponentes de su género (v. Cifuentes 2002: 98)[13] y el tratado *De re rustica* de Rutilio Tauro Emiliano Paladio, que junto con el de Columela «constituyen la Vulgata de los agricultores en la Edad media e incluso hasta la moderna» (Butiñá 1996: 207)[14], así como un texto del ámbito literario la *Historia destructionis Troiae* de Guido delle Colonne, «la narración de materia troyana

---

[10] Así por ejemplo Eric Jacobsen sostiene al respecto que «these five points practically exhaust the arguments used in 16th century technical discussions of translation» (*Translation, a traditional craft. An introductory sketch with a study of Marlowe's elegies. Classica et Mediaevalia. Dissertationes 6.* Copenhagen, 1958: 140).

[11] Por supuesto que hay autores en los que teoría y práctica (v.gr. B. Sarriera, F. Sayol, A. de Cartagena y el Tostado) se conjugan en gran medida y otros en los que difieren notablemente, por ej. F. Valentí (v. Badía, ob. cit, pág. 42 y sig.) y E. de Villena (v. Ramón Santiago Lacuesta, *La primera versión castellana de «La Eneida» de Virgilio.* Anejo XXXVIII del Boletín de la RAE, Madrid,1979: 12).

[12] Antonio Contreras, «La versión catalana de la Cirurgia de Teodorico de Luca por Guillem Correger de Mayorcha» en *Estudis Baleàrics*, IV, n.º 14, setembre 1984: 55.

[13] Lluis Cifuentes, *La ciencia en català a l'Edat Mitjana i el Renaixement.* Barcelona, Palma de Mallorca, Universitat de Barcelona, Universitat de les Illes Balears, 2002.

[14] Julia Butiñá, «Sobre el prólogo de Ferrer Sayol al «De re rustica» de Paladio» en *Epos: Revista de Filología*, n.º 12, 1996: 207-228.

más leída en la Baja Edad Media» (Crosas 2001: 295)[15] y otro de divulgada temática bíblica, los comentarios morales de san Gregorio Magno al libro de Job. Todos ellos están traducidos del latín, tres sólo al catalán, uno tanto al catalán como al castellano y otro sólo al castellano.

¿Quiénes lo hacen, dónde y por encargo de quién lo hacen? Todos nuestros traductores son especialistas o letrados al servicio de una monarquía. Guillem Corretger era estudiante de cirugía en Montpellier cuando traduce la C*yrurgia* de Borgognoni y luego llega a ser médico de los reyes de Aragón Alfonso III y Jaume II, de quien Berenguer Sarriera fue incluso cirujano mayor. Jaume Conesa y Ferrer Sayol fueron protonotarios de la Corte de Pedro IV de Aragón, el Ceremonioso, en tanto que Pero López de Ayala, escritor noble de origen, estuvo al servicio de varios reyes, culminando su carrera como canciller mayor del reino bajo Enrique III de Castilla. No obstante, no dependen de los monarcas en lo que atañe a la elección de las obras traducidas, sino que gozan más bien de amplia libertad para ello. Sólo B. Sarriera explica que Blanca de Anjou, la esposa del rey, «ha manat a mi [...] que trelat aquest libre de lati en romanç, e yo, per satisfer a son manament, són-me entramès de tresladar aquest libre»; J. Conesa lo hace accediendo «a instancias e a pregaries de un noble hom et de gran compte qui desejaua auer en Romanz les istories trojanes», en tanto que G. Corretger, Ferrer Sayol y P. López de Ayala emprenden la traducción por iniciativa personal de variada motivación.

¿Para quién traducen y con qué finalidad? G. Corretger se dirige a los cirujanos de la corte que no saben suficiente latín para entender los mejores libros de la especialidad escritos en esa lengua («Per asso io veent alcuna partida delos siurgians qui son en la seyoria del noble Jacme per la gràcia deDéu rey d'Aragó no entenen los vocableç latins [...] Cor tots los libres de cirugia los meylors son compostz en latin e iassia que els los agen empero no poden treer enteniment acabat. Cor no aprengueren tant de gramatica que puguen saber la expositio de los vocables latins»), con el fin general de contribuir a la formación de los cirujanos que «obren mes per pratica que perteorica» y evitar así los daños que por esta causa ocasionan a los pacientes: «E per asso caen en error ho enconfusio per ignorancia. E axi no tantsolament (no.)a els lalur ignorancia ançes dampnosa a axi conper mort amolts qui cobesegen esserç curatz per elles de nafreç o de plagueç o dautres malaucieç aleç quals lo humanal corç es sotmes».

─────────────
[15] Francisco Crosas, «El testimonio «perdido» de Jaume Conesa y sus *Històries troianes*» en *Signo. Revista de Historia de la Cultura Escrita*. Universidad de Alcalá, 8, 2001: 295-299.

B. Sarriera tiene intenciones semejantes, al hacerse eco del deseo de doña Blanca de Anjou traduciendo *el Regimen sanitatis* para que «pusca tenir o fer profit a aquels que no entenen latin».

La motivación de Ferrer Sayol es desde luego altruista, en cuanto se hace cargo de la enorme importancia de la agricultura para la vida humana y la cosa pública («aquesta grant mar e ancha que es la tierra deue ser tractada e ennoblesçida por las manos de los hombres hedificando e plantando e expleytando aquella. E [...Palladio...] por grant amor que auia ala cosa publica copilo e ordeno el presente libro en latin») y por ello el libro que traduce «es muy hutil e prouechoso a todos los hombres / asy de gran estamiento como baxo que quieran entender en agricultura / o lauor / ala qual natural mente son inclinados en su vejez /. (*e*)n especial los hombres que son estados en su juuentud de grant e noble coraçon». Si consideramos la avanzada edad en que Sayol traduce la obra, puede suponerse que su motivación tenía no poco de carácter biográfico. Acerca de la finalidad de orden técnico que lo impulsó a traducir, nos referimos más adelante.

Receptores y finalidad de los dos traductores literarios son más delimitados y concretos. J. Conesa explica que el receptor de la traducción coincide con quien le ha solicitado hacerla, lo que ha ocurrido fundamentalmente para deleite de éste y otros posibles lectores que tampoco supieran cabalmente latín: «per satisfer ales sues pregaries et car sabia que quell trobaua plaer en saber moltes istories et molts fets antichs [...] per donar antendre plenament e grosera los latins qui son soptils al dit noble hom et tots altres lechs qui apres de les dites istories legiran». La gran predilección que siente P. López de Ayala por la figura de Job lo lleva a traducir los *Morales* como ejemplo de vida cristiana digno de ser imitado por los lectores: «[...]estos dichos en este libro contenidos [...] fasen al onbre muy conpuesto y fermoso y frutuoso en buenas obras delante dios y delante los onbres y dan en el olor de buena fama y fructo dulçe y muy sabroso y prouechoso de obras meritorias fasiendo lo que en este libro se dise». Empero, como veremos más adelante, su concepción del modo de traducir reduce drásticamente el número de receptores.

¿Cómo traducen? Convendrá responder a esta pregunta separando las traducciones especializadas de las literarias, no sólo por su distinto carácter sino sobre todo por la evidente diferencia de desarrollo que testimonian las reflexiones sobre ellas de sus cultores. Aplicamos, por tanto, en primer término las referidas reglas de E. Dolet a las traducciones técnicas del período.

La primera regla de Dolet exige que el traductor domine la materia tratada en el texto transferido:

«En premier lieu, il fault que le traducteur entende parfaictement le sens, & matiere de l'autheur, qu'il traduict: car par ceste intelligence il ne sera iamais obscur en sa traduction: & si l'autheur, lequel il traduict, est aulcunement scabreux, il le pourra rendre facile. & du tout intelligible» (Dolet 1972: 11)[16].

Es evidente que los cirujanos reales G. Corretger y B. Sarriera cumplen con creces este requisito, el cual además tematizan en sus prólogos. El primero tiene incluso como finalidad dar a conocer la base científica de la cirugía a sus receptores, que actuaban «mes per pratica que perteorica»; el segundo pone de relieve su dominio de la materia en notas explicativas del texto («jo vuyl enadir en aquest libre alscunes notes per los marges en manera de rúbliques, per ço que aquels qui legiran en aquest libre pusquen pus leugerament trobar la pro- prietat del ajudament ho del noÿment de les coses qui açí són nomenades per regiment de sanitat»)[17]. El protonotario Ferrer Sayol, si bien no proviene del sector agrícola, manifiesta en el prólogo conocer muy bien la función y el desa- rrollo histórico de la agricultura, así como la formación y actividad de Paladio. Además, su vinculación personal con el tema es de carácter más profundo. Como apunta Butiñá (ob. cit., pág. 218) experimenta un claro sentimiento de mímesis con su admirado Cicerón, cuya referencia a la predilección de escrito- res y filósofos por las labores de campo, es interpretada por él como un aleja- miento del mundo y un paso hacia la contemplación divina.

La segunda regla de Dolet exige el dominio de las lenguas original y meta de la traducción:

«La seconde chose, qui est requise en traduction, c'est, que le traducteur ait parfaicte congnoissance de la langue de l'autheur, qu'il traduict : & soit pareillement excellent en la langue, en laquelle il se mecta traduire. Par ainsi il ne uiolera, & n'amoindrira la maiesté de l'une, & l'aultre langue» (ob. cit., pág. 12).

Desde luego Corretger, Sarriera y Sayol traducen del latín, lengua que por su formación académica y ejercicio profesional estaban obligados a dominar, a su lengua materna. El que Corretger traduzca para los que «no aprengueren tant de gramatica que puguen saber la exposicio de los vocables latins» y Sarriera «para aquels qui no entenen latí», implica por contraposición que ellos

---

[16] V. Étienne Dolet, *La manière de bien traduire d'une langue en aultre* (1540). Jacques de Beaune, *Discours comme une langue vulgaire se peult perpetuer* (1548). Théodore de Bèze, *De Francicae linguae recta pronuntiatione* (1584). Joachim Périon, I.P. *Dialogo-rum de linguae gallicae origine eiusque cum Graeca cognatione, libri IV* (1955). Genè-ve, Slatkine Reprints, 1972 (Réimpression des éditions de Lyon 1540, 1548, Géneve 1584 et Paris 1955).

[17] Sobre el valor concedido a la formación del buen traductor catalán de textos médicos en la época, v. Cifuentes, ob. cit., pp. 60 y sig.

sí poseían acabadamente ese saber lingüístico[18]. Ferrer Sayol plantea explícitamente esta exigencia al traductor mediante su crítica a «los grandes desfalleçimientos los quales eran en los libros arromançados del Palladio», lo que será comentado a continuación.

La tercera regla de Dolet proscribe el uso de la traducción palabra por palabra y patrocina exclusivamente el método *ad sensum:*

> «Le tiers poinct est, qu'en traduisant il ne se fault pas asseruir iusques à la, que lon rende mot pour mot. Et si aulcun le faict, cela luy procede de pauureté, & default d'esprit. Car s'il a les qualités dessusdictes (lesquelles il est besoing estre en ung bon traducteur) sans auoir esgard à l'ordre des mots il s'arrestera aux sentences, & faira en sorte, que l'intētion de l'autheur sera exprimée, gardant curieusement la propieté de l'une, & l'aultre langue.» (ob.cit., pág.13).

G. Corretger no hace referencias a su manera de traducir ni a los problemas que ha debido enfrentar. B. Sarriera, en cambio, llama la atención sobre la dificultad de encontrar vocablos romances para conceptos y términos médicos latinos: «molts vocables e [en]tenimentz ha en los libres de medicina, que a penes se poden metre en romanç». Para solucionar este problema incluye notas explicativas en los márgenes de página: «Empero jo vuyl enadir en aquest libre alscunes notes per los marges en manera de rúbliques, per ço que aquels qui legiran en aquest libre pusquen pus leugerament trobar la propietat del ajudament ho del noÿment de les coses qui açí són nominades per regiment de sanitat», de lo cual puede concluirse que su traducción pertenece claramente al género *ad sensum* apoyada por recursos pragmáticos. Pero es Ferrer Sayol quien tematiza con mayor claridad los problemas tradicionales de la traducción especializada y los límites a que se ve sometida la superación de sus métodos. Establece en primer término que «el libro de Palladio por la gran suptilidat e brevedat e vocablos que non son en uso entre nosotros en Cataluñya nin aun en España» planteaba a sus traductores tales problemas que «non lo podían entender. ya sea que algunos se sean fechos arromançadores. los quales non han auido cura de arromançar muchos vocablos, [...] (*m*)as han los puestos simplement segun que los han fallado escriptos enel latin. (*e*)n tanto que si poco son entendidos en el latin, asy tan poco son entendidos enel romançe/. E aun en muchas partidas del romançe non han expresado nin dicho el entendimiento de Palladio. antes han puesto el contrario». Esos «grandes desfalleçimientos» son los que motivan a Ferrer Sayol a emprender una nueva traducción del libro. Para solucionar el grave problema

---

[18] Acerca del dominio de la lengua original, especialmente del árabe, que se exigía a los buenos traductores catalanes de la época, v. Cifuentes, ob. cit., pp. 61 y sig.

del traslado interlingual de tecnicismos los investiga sistemáticamente: «Si por auentura yo non he bien interpretado algunos vocablos de simientes e de arboles / o de otras cosas aquesto ha seydo porque non los he fallados expuestos nin declarados en algunos libros / asy de gramatica como de medeçina. ya sea que diligentemente en ello aya trabajado». Queda pues claro que frente a traducciones artificiosamente literales, que no dan cuenta adecuada de los vocablos técnicos, con pasajes incomprensibles e incluso contrarios a los contenidos originales, Ferrer Sayol emplea con la mayor fidelidad posible el método de traducción *ad sensum* y la investigación lingüística y léxica como herramientas auxiliares.

Las reflexiones de los traductores literarios acerca de su modo de traducir son mucho más limitadas. J. Conesa se limita a declarar que «lo Romanz de [les dites istories] en esguart del lati lo qual es molt aptament posat es axi com plom en uers ffin aur», lo que le obliga a realizar una traducción *ad sensum*: «Et axi matex protestant que si algunes paraules seran transportades o que paregua que no sien conformes de tot en tot al lati no sia inputat a ultracuydament de mi mas que cascu entena que aquel trasportement o mudament es per donar antendre plenament e grosera los latins qui son soptils». P. López de Ayala constituye un caso único dentro de nuestros autores. Su fidelidad al texto original va tan lejos que pretende la relatinización léxica y sintáctica del romance traducido y por ello del literario: «Otro sy paren bien mientes los que en este dicho libro leyeren al romançe que el dicho trasladador fiso y la orden y manera que touo guardando todavia la costunbre de los sabios antiguos filosofos y poetas. los quales syenpre guardaron en sus palabras y en sus dichos la virtud de los vocablos y la significacion dellos segunt la realidad. E guardaron syenpre este estillo de llevar la sentençia suspensa fasta el cabo. y de anteponer los casos del verbo del qual han regimiento los quales segunt la arte de la gramatica en costruyendo deuen ser pospuestos». Tal intento de trasladar al romance las propiedades retóricas del latín conducen por cierto a una posición elitista, que reduce considerablemente las posibilidades de recepción de la obra: «E esto fiso el por guardar el color de la rretorica y la costunbre sobredicha de los sabios que dificultaron sus escrituras y las posieron en palabras difiçiles y avn obscuras porque las leyesen los onbres muchas veses y mejor las rretouiesen y mas las preçiasen quanto en ella mas trabajo tomasen. Ca lo que con mayor trabajo se gana con mayor presçio se guarda». Las ideas de P. López de Ayala constituyen el germen de movimientos cultistas posteriores, y desde luego no coinciden con las de E. Dolet, quien postula el desarrollo propio del romance, evitando justamente relaciones de servil mimetismo con la lengua madre.

Apoyados en el análisis precedente podemos obtener las siguientes conclusiones acerca de la obra y las reflexiones sobre su actividad de los traductores antologados:

1. Es en la traducción especializada donde, durante la segunda mitad del s. XIV, se dan con mayor coherencia y amplitud las primeras reflexiones sobre la traducción en la Península.
2. Todos los autores traducen del latín al romance catalán en cuatro casos y al castellano, en dos, lo que confirma el predominio general del latín como lengua original y la intensificación del proceso de vernacularización de la cultura.
3. Todos los autores son letrados y/o profesionales al servicio de la monarquía, básicamente de los reyes de Aragón Alfonso III, Jaume II y Pedro IV, el Ceremonioso. Sólo P. López de Ayala sirve a un rey castellano, Enrique III. Se trata pues, no sólo por las relaciones de frecuencia de la lengua meta y por el volumen general de las traducciones de todo el siglo, sino por la calidad de sus mayores exponentes, de un período de claro signo catalán.
4. Pese a su dependencia material de las cortes reales, nuestros traductores gozan de bastante libertad en la elección de sus textos. Sólo B. Sarriera traduce por encargo de la reina y J. Conesa para satisfacer los deseos de un noble, probablemente de la corte, en tanto que a G. Corretger, Ferrer Sayol y P. López de Ayala le mueven motivos personales de variado carácter.
5. Todos los traductores de textos especializados tienen como finalidad básica contribuir a la formación teórica y a la práctica razonada y eficiente de receptores que no están en condiciones de leer los originales en que se tratan las respectivas materias. P. López de Ayala persigue, en cambio, un fin piadoso de enseñanza de vida cristiana a sus lectores, en tanto que J. Conesa traduce para deleite de un receptor concreto y de otros posibles lectores.
6. Acerca de las relaciones existentes entre sus declaradas condición de traductor y manera de ejercer el oficio con las referidas reglas de E. Dolet, puede establecerse que los tres traductores especializados cumplen con las exigencias de conocimiento de la materia tratada y dominio de las lenguas original y meta, en tanto que, salvo Corretger, los otros dos dejan constancia de su empleo de la traducción *ad sensum*, la que B. Sarriera apoya con recursos pragmáticos y Ferrer Sayol con la investigación lingüística y léxica como herramientas auxiliares. También J. Conesa se adhiere explícitamente a la traducción *ad sensum*, mientras que P. López de Ayala adopta una posición precultista única entre sus congéneres en el s. XIV, que en este punto lo desliga totalmente de las exigencias de E. Dolet.

El carácter de «tímida y escueta que apenas si satisface las expectativas del estudioso» que Santoyo (1996: 29) confiere a la reflexión traductora de este período puede aplicarse con propiedad al ámbito literario, pero resulta injusto e inadecuado referirlo a la traducción especializada, lo que sin embargo no debe extrañar pues ésta no ha sido por lo general considerada por los historiadores de la teoría de la traducción. Así, por ejemplo, M. Ballard (1992: 55), refiriéndose a la «théorisation qui nous vient de l'Antiquité» afirma que «aucune texte n'aborde le problème de l'interpretation, de la traduction scientifique», lo que M.A. Vega (1994: 14) aprueba explícitamente: «es verdad que la reflexión traductológica tradicional [...] no ha considerado la traducción científica ni la interpretación»[19]. Si a las figuras de Corretger, Sarriera y sobre todo de Ferrer Sayol, añadimos la brillante exposición sobre la naturaleza de la traducción científica y el papel que cumple en ella la retórica hecha por A. de Cartagena en el siglo XV en su polémica con L. Bruni, las afirmaciones de Ballard y Vega resultan simplemente desconcertantes.

IV. Las reflexiones sobre la traducción en España durante el s. XV

Cabe en primer término establecer que las reflexiones sobre su actividad de los autores antologados se encuentran en catorce prólogos a sus respectivas traducciones y en tres casos se hallan en textos independientes en los que expresan su opinión sobre la materia.

¿De qué traducciones se trata y de qué clase de textos propios? ¿De qué lengua(s) a qué lengua(s) traducen? En general, traducen obras mayores de los grandes clásicos de la Antigüedad, tanto del ámbito literario (la *Ilíada* de Homero por partida doble, la *Eneida* de Virgilio), como filosófico y retórico (*Axiocus* y *Fedón* de Platón, la *Ética* de Aristóteles, *De inventione* y *Paradoxa* de Cicerón) e histórico (la *Crónica* de Eusebio), de uno de los mayores filósofos de la Alta Edad Media (*More Nebuchim* de Maimónides) y de selectos autores de mayor cercanía temporal (*Historia destructionis Troiae* de Guido delle Colonne, *Arbre de batailles* de Honoré Bonnet y *Genealogia deorum* de Boccaccio). E. de Villena traduce su propia obra *Doce trabajos de Hércules*. Los textos independientes son una carta del Marqués de Santillana solicitando a su hijo la traducción de la *Ilíada*, la réplica de Alfonso de Cartagena a las invectivas de Leonardo Bruni en contra de la traducción medieval de la *Ética* de Aristóteles y los comentarios de Alfonso de Madrigal, hechos en todo caso en el marco de una traducción suya encargada por el Marqués de Santillana, al prólogo que Jerónimo escribió a su traducción de la *Crónica* de Eusebio. Exceptuando una

---

[19]   V. M. Ballard: *De Cicéron à Benjamin. Traducteurs, traductions, réflexions*. Lille, Presses Universitaires de Lille, 1992 y M.A. Vega (ed.), *Textos clásicos de teoría de la traducción*. Madrid, Cátedra, 1994.

traducción al catalán todas las restantes fueron hechas al castellano, once de
ellas del latín, ya sea que éste fuera lengua original o traducida del griego; una,
del hebreo; una, del francés y otra, del catalán.

Los datos apuntados muestran la clara influencia del humanismo italiano en
la Península, el establecimiento definitivo de la vernacularización de la difusión
de la cultura, que continúa la tradición de las traducciones intrapeninsulares y
entre lenguas romances, así como la clara hegemonía del latín como lengua original y del castellano como lengua meta en la actividad de los traductores más
importantes de la centuria.

¿Quiénes traducen? ¿Dónde y por encargo de quién lo hacen? En la mayoría
de los casos se trata de traductores dependientes de un mecenas o de una casa
real. De este modo, los Condes de Benavente son los señores de Pedro de Chinchilla; Pedro de Toledo está al servicio de Gómez Suárez de Figueroa y a la
muerte de éste probablemente es sustentado por el Marqués de Santillana, de
quien dependen toda su vida su capellán y más destacado colaborador Pedro
Díaz de Toledo así como Antón Zorita. El escritor y miembro de la nobleza de
origen aragonés Enrique de Villena vivió en las cortes castellanas de Enrique II,
Enrique III y Juan II de Castilla, en tanto que este último nombró «secretario de
cartas latinas» y «cronista oficial del reino» a Juan de Mena, quien escribió su
obra de mayor importancia bajo su protección. Altos dignatarios eclesiásticos
al servicio de reyes fueron también destacados traductores de la época. El obispo de Burgos, Alfonso de Cartagena, perteneció al cuerpo diplomático y fue
auditor de la Audiencia Real de Juan II de Castilla, de cuyo Consejo Real formó
parte el polígrafo Alonso de Madrigal, obispo de Ávila; Pedro González de
Mendoza, hijo del marqués de Santillana, ocupó entre otros el elevado cargo
de cardenal de España, sirvió a los reyes Juan II y Enrique IV, llegando a ser
consejero de los Reyes Católicos. Más íntimamente ligado a la realeza, pero
por razones de su origen, estuvo también el traductor de la *Éhtica Nicomachea*,
Carlos, príncipe de Viana, hijo del infante Juan de Aragón (futuro Juan II) y de
Blanca I de Navarra. Sólo el jurisconsulto y humanista mallorquín Ferran
Valentí, con actuación en el Consejo de Mallorca, está desligado de directa
dependencia de la corte. No es pues de extrañar que la mayoría de nuestros traductores ejecute su obra por encargo de sus benefactores. En los diversos prólogos se refieren a ello con variadas fórmulas: «rrogado e mandado por mi
señor» (Pedro de Toledo, *More Nebuchim*), «por mandado e instançia del muy
alto e poderoso sennor […]» (Enrique de Villena, *Eneida*), «vuestra merçed
[…] me mando que […]» (Antón Zorita, *Arbre de batailles*), «por su mandado»
(Pedro de Chinchilla, *Historia destructionis Troiae*), «por obedesçer a vuestra
magnifiçençia de cuyo espreso mandamiento el qual es a mi ley inpossible
de ser quebrantada / me es injuncto que vulgarize el tal libro» (Pedro Díaz de

Toledo, *Genealogia deorum*), «por la deuida obediencia: que a todos vuestros mandamientos deuo» (Carlos, príncipe de Viana, a su tío, el rey Alfonso de Aragón y de Sicilia, *Ethica Nicomachea*). En otros casos el encargo no proviene de un mecenas directo, sino de un personaje de gran importancia o influencia, lo que también se explica con fórmulas semejantes. De este modo, Alfonso de Cartagena hace su traducción de *De inventione* de Cicerón «a instançia del muy esclaresçido Prínçipe don Eduarte rey de portogal»; Alonso de Madrigal recibe una petición del Marqués de Santillana, «carga que vuestra señoría me mucho encomendaua / cerca de la interpretacion o translacion delengua latina en la comun del libro de Eusebio cesariensse [...] mas con muy prompta voluntad et deseo de servir la acepte»; P. González de Mendoza acepta la petición de traducir la *Ilíada* que le hace llegar epistolarmente su famoso padre, porque pese a sus múltiples ocupaciones «a umanas neçessidades mandamientos divinales se prefieren»; Enrique de Villena «[fizo el tractado de los doze trabajos de hercules] a preçes e instançia del virtuoso caballero mosen pero pardo, consejero del alto e poderoso señor el de aragon rey». Si bien sus traducciones de *Axiocus* y *Fedón* las realiza Pedro Díaz de Toledo por iniciativa propia, lo hace no obstante pensando en complacer con ello a su mecenas («emprendi de leer e estudiar aqueste libro [*Axiocus*] por obiecto de mi pensamiento e delibre de lo rromançar e rremitir a vos [...], mi señor singular»; «me dispuse a traduzir en nuestro vulgar castellano aqueste libro de Platon llamado Fedron e lo remitir a la sabia discreçion vuestra»). Juan de Mena, por su parte, no menciona el impulso de su traducción, pero sí la entiende como servicio y presente a su rey («Yo a vuestra alteza siruo agora [presentando] lo que mío no es. Bien como las abejas roban la sustancia delos mellifluos flores delos huertos agenos e la traen a sus cuestas e anteponen a la su maestra. bien asy yo muy poderoso Rey vso en aqueste don e presente. Ca estos flores que a vuestra señoria aparejo presentar del huerto del grand Omero monarca de la universal poesia son»). Sólo Ferran Valentí y Enrique de Villena en una ocasión traducen al margen de relaciones de dependencia material; el primero indica que lo hace para complacer a un íntimo amigo y colega («[Tu, Remon Gual, hoydor meu,] as a mi no solament pregat, mes turmentat e forçat, volgues per causa tua he erudicio aquelle dites *Paradoxes* de lati en vulgar transferir») y el segundo traduce él mismo al castellano su obra *Los doce trabajos de Hércules* escrita originalmente en catalán «a suplicaçión de Johán Fernández de Valera el moço, su escrivano en la su casa e notario público en todas las villas e lugares de su tierra».

    ¿Para quién traducen y con qué finalidad? Dadas las relaciones de dependencia indicadas era de esperar que los destinatarios de las traducciones coincidieran regularmente con los benefactores, hayan éstos encargado o no la traducción. Así ocurre en efecto.

Pedro de Toledo y Pedro Díaz de Toledo traducen expresamente para sus mecenas, siendo su intención el deleite y servicio de ellos: «Por le fazer [a mi señor] plazer e seruiçio plogome de volunptad ponerme al trabaio para lo trasladar [*More Nebuchim*] de abrayco a romançe», «por recreaçion delos trabajos corporales vuestros me dispuse a traduzir en nuestro vulgar castellano aqueste libro de Platon llamado *Fedron* e lo remitir ala sabia discreçion vuestra», «no dexare de me ofresçer al trabajo detrasferir la tal obra [*genealogia de los dioses de los gentiles*] de latyn en vulgar. a nonbre gloria e honor de vuestra magnifiçençia», «Dispuse de espender aquel poco tiempo en pensar que razon abastaua a traher a los omes a se disponer a morir [...] E occuriome un libro de Platon [*Axiocus*], donde vy e ley la causa e razon de aquesto [...] e delibre de lo rromançar e rremitir a vos [...], mi señor singular que por propia virtud e bien de la cosa publica sabeys e sopistes anteponer la muerte a la vida». También Carlos, príncipe de Viana, ve en su tío el receptor ideal de la temática tratada en el libro traducido: «[...] ethica en griego se llama la scientia de virtud: y que no la pertenesce saber sino al que ha houido platica de aquella [...] Mas que a otro a vos señor se deue endreçar el presente tractado [...] quanto por vuestro continuo y acostumbrado todas las virtudes teneys».

Antón Zorita, Pedro de Chinchilla, Enrique de Villena (*La Eneida*) y el Tostado añaden como destinatario un público más amplio, ya sea un determinado estamento social o un lector anónimo y general, a quien el traductor se dirige con la finalidad de deleitarlo y de transmitirle conocimientos útiles. A. Zorita transfiere esta intención a su mecenas: «vuestra merçed [...] me mando que yo me trabajase en reduzirlo [*Arbre de batailles*] en lengua castellana a consolaçion e plazer de los leedores de España. e a informaçion de los onbres de armas». P. de Chinchilla pretende complacer a su señor («le plazera [a mi señor] esta mi obra [*Historia destructionis Troiae*] leer porque de materia a su deseo conforme tracte»), pero además invoca la ayuda divina «en manera que los que en ella leeran reçiban dotrina de bien e virtuosamente beuir, en la qual, allende de la narraçion de la ystoria, ay asaz enxenplos de grande utilidad ala vida autiua [*sic*]». E. de Villena, dirigiéndose tanto al rey como a los lectores de su versión castellana de la *Eneida*, indica que «alguna preambula declaraçion, mayor mente pues a notiçia de vos, sennor, e de los que se pagan de la vulgar lengua venir deue» y explica su modo de traducir a los mismos receptores: «[...] ha vos, sennor my esclaresçido, e a los otros leedores sea manifiesto que[...]». El Tostado (*Chronici Canones*) no sólo menciona, sino que también jerarquiza su finalidad, traduce «lo primero por contenplation de vuestro mandamiento el qual cerca de mi es de mucha reuerençia. Lo segundo por la condiçion de la obra. ca verdadera mente digna era de publicacion et comunicacion la tan excelente cosa».

Enrique de Villena (*Los doce trabajos de Hércules*), Alfonso de Cartagena y Juan de Mena sólo se refieren expresamente a un destinatario general. El primero piensa en un amplio público receptor, por lo que emplea la lengua común y evita cultismos difíciles de entender «a fin de que [la trasladaçion] a muchos pudiese aprovechar e comunicarse». En el mismo sentido explica A. de Cartagena que «esta manera [de trasladar] segui aqui, porque mas sin trabajo lo pueda entender quien leer lo quisiere», pero advierte que «aunque esta retórica sea transpuesta en llano lenguaje, quien entenderla quisiere, cumple que con atençion la lea». Juan de Mena, por su parte, persigue dos fines: «Por dañar e destruir si pudiese los dichos que Guido escriuio en offensa de Omero. e aun lo mas principal por causar a los lectores nueuo amor e deuoçion con las altas obras deste actor», utilizando el recurso didáctico de la *ordinatio* para facilitar la lectura de su traducción de *La Ilíada* a sus lectores : «[...] fize algunos titulos sobre ciertos capitulos en que departi estas sumas aunque todos los poetas segund la soberbia e alteza de su estilo procedan sin titulos. pero enñadir los he yo por fazer mas clara la obra a los que en romançe la leyeren».

Por ultimo, Ferran Valentí dedica la traducción de las *Paradoxa* al amigo que se la ha solicitado («en ton nom e per causa tua aquella [obra] sia estada transferida e transportada en aquest parlar a tu intelligible e conegut»), pero su valoración general de la función de la traducción implica que se ha dirigido a un público mucho más amplio, en cuanto según lo indica si obras en lenguas desconocidas «en lengua o parlar intelligible fossen tornades, fora cosa molt aprofitable a molts». Testimonio de ello es que incluso solicita a un lector anónimo generalizado comprensión frente a sus posibles errores : «Tu, llegidor [...]».

¿Cómo traducen? De acuerdo con nuestro método corresponde ahora verificar la existencia del contenido de las reglas de E. Dolet en la centuria anterior a la que fueron expuestas.

Ya hemos explicado que la primera regla de Dolet obliga al traductor a dominar la materia tratada en la traducción. En rigor, todo buen traductor medieval que se haya enfrentado a la traducción de textos especializados debe haber sido consciente de la necesidad del respectivo conocimiento técnico. Ya hemos comprobado al respecto que Corretger, Sarriera y Ferrer Sayol en el s. XIV no sólo cumplen esta regla, sino que elaboran métodos para superar dificultades técnicas de la expresión de dicho saber especializado en romance. Pedro de Toledo, por su parte, califica a los traductores anteriores de *More, el Moysen de Egipto*, atendiendo no sólo a la calidad del lenguaje, sino también a dicho criterio, en lo que pretende superarlos:

«[...] amos trasladadores erraron en muchas cosas. E el uno mas que el otro sin conparaçion por que es sabido ser bueno e conplido en lenguaje e muy sinple enla sçiençia e nonbrase Harizi. E el mejor enla sçiençia nonbrase Auentabbon. Mas fio en el dios alto e en la sçiençia maguer poca. que ami plogo endonar que fare todo lo mas e mejor que pudiere tanto que enla sçiençia non aya error en todo mi poder/ e segunt mi pequeño entender».

Con mayor precisión, A. de Cartagena, en el prólogo de su versión de *De inventione* de Cicerón, destaca que la traducción de obras científicas tiene como base el exacto conocimiento del tema:

«[...] las composiciones que son de ciencia o de arte liberal, para bien se entender, todavía piden estudio, porque no consiste la dificultad de la ciencia tan solo en la oscuridad del lenguaje; ca si así fuese, los buenos gramáticos entenderían cualesquier materias que en latín fuesen escriptas. E vemos el contrario; ca muchos bien fundados en la arte de la gramática entienden muy poco en los libros de teología et derecho, et de otras ciencias et artes, aunque son escriptas en latín, si non hovieren doctores que los enseñasen».

El Tostado no sólo plantea igual exigencia, sino que especifica el tipo de conocimiento requerido:

«...para fazer alguna interpretacion [es necessario] intendimiento dela verdad dela sentencia de aquella cosa que interpreta [...] aun que alguno sepa complidamente la lengua griega e castellana no podra interpretar alos libros de Aristoteles en lengua castellana si no fuere grande filosopho natural teniente perfecto conoscimiento dela sentencia delos libros de Aristoteles. e esta es la razon porque muchas traslaciones fechas de latin en vulgar castellano valen poco porque los trasladadores sabiendo ambas lenguas confiaran con esto solo abastar a entera traslacion e como no ouiessen perfecta noticia del linage del saber de aquella cosa que trasladauan fueron sus interpretaciones muy fallescidas e de poco prouecho. [...] para fazer qualquer interpretacion complida es necessario que sea el hombre diserto. ca si no ha conoscimiento distincto e particular dela cosa no podra della fazer interpretacion conueniente» (*Comentarios*, folio vii^r, col. 1, línea 48 y ss.; col. 2, líneas 1, 3-15, 40-44)[20].

Ya hemos visto que la segunda regla de Dolet se refiere a la necesidad de dominar tanto la lengua original como la lengua meta. El Tostado la señala con igual decisión:

---

[20] Hasta ahora hemos citado pasajes de los textos contenidos en este volumen remitiendo en general a ellos, por cuanto su brevedad permite ubicarlos rápidamente. En cambio, por la gran extensión de los comentarios del Tostado al Eusebio remitimos con precisión detallada al original, pero por supuesto transliterado por nosotros.

«[...] para fazer alguna interpretacion son dos cosas alo menos necessarias. La primera es intendimiento dela verdad dela sentencia de aquella cosa que interpreta. Lo segundo perfecto conoscimiento de aquellas dos lenguas de quien e en quien traslada. [...] Por lo segundo no puede alguno trasladar sino tiene saber de eloquencia aun que tenga conoscimiento dela verdad de aquella cosa que interpreto. ca es necessario que allende del conoscimiento dela verdad dela cosa tenga complimiento de ambas las lenguas quanto ala propiedad delos vocablos e quanto ala condicion dela fabla.» (*Comentarios*, folio vii^r, col. 1, líneas 48-50, col. 2, líneas 1-3, líneas 16-22).

La tercera regla expresa el rechazo radical de la traducción palabra por palabra, indigna del buen traductor, quien deberá mantener rigurosamente la intención del autor y expresar el significado contextual, atendiendo a las propiedades de ambas lenguas, es decir, aplicando el método *ad sensum*. Igual doctrina continúa dominando en la teoría peninsular a lo largo del siglo XV. Así por ejemplo, P. de Toledo (*More Nebuchim*), quien cuando es necesario naturalmente también usa la correspondencia monolexemática, explica que «segunt la costumbre oue a fazer de un vocablo dos e de dos vocablos uno / e añader en algunt logar e menguar en otro / e en uno declarar e en otro acortar. E en otro poner la razon vocablo por vocablo tal qual esta». Análoga operación para mantener el sentido realiza F. Valentí:

«[...] he posada he transferida aquesta petita obreta de Thulli, gran en sentencia, de lati en vulgar materno y malorqui, segons la ciutat de on so nat he criat he nodritt. Alcunes paraules he a les voltes, tolent de la textura literal de aquella, no pero, tocant en sentencia alcuna, ans per retre aquella clara e perceptible, he alcuna volta, transferint de mot per no mudar sentencia en aquella».

Más explícito aún respecto de la tradicional traducción *ad sensum* es Carlos príncipe de Viana en su versión de la *Ética* de Aristóteles:

«Ca dize sant Hieronimo enla epistola del muy buen stilo de interpretar: y yo por cierto no solamente uso mas dela libre voz me aprovecho ... no solamente la palabra dela palabra: mas del seso la sentencia exprimir. Y quasi esto dize Tullio [...] Item Terencio : Platon : y Cecilio : y Horacio [...] a los quales siguiendo quise assi mi presente traducion fazer».

E. de Villena ha considerado que en dicho procedimiento hay que respetar el significado y las particularidades de las lenguas implicadas:

«En la qual trasladacion [...] alongó mas de lo que en el original catalán fizo, e en otros acorto segúnd lo requería la obra a mayor declaración por el trocamiento de las lenguas, non mudando la substançia del primero conçebimiento nin la orden del proçeder» (*Los doce trabajos de Hércules*).

También explica el valor que da a la expresión «palabra a palabra», que no es el de traducción literal, sino el de traducción exhaustiva, sin omisiones, la que desde luego es compatible con la traducción *ad sensum*:

> «[...] en la presente traslación tove tal manera q*ue* non de palabra ha palabra, ne por ia orden de palabras q*ue* esta en el original latyno, mas de palabra ha palabra segund el entendimiento [...] en tal guisa que alguna cosa non es dexada ho pospuesta, siquiere obmetida, de lo contenido en su original, antes aqui es mejor declarada e sera mejor entendido por algunas expresiones que pongo aculla, subjntellectas, siquiere ympriçitas ho escuro puestas.» (*La Eneida*).

Pedro Díaz de Toledo en su traducción de *Genealogia deorum* pretende utilizar según convenga tanto el método palabra por palabra como el *ad sensum*: «[...] no dexare de me ofresçer al trabajo detrasferir la tal obra de latyn en vulgar [...] esforçando me en quanto mi poder bastara al tal fecho por sacar palabra de palabra o intento de intento e alas veses por equiualençia segund razon lo ditare e mas propia mente mi exiguo ingenio lo pudiere adaptar».

Alfonso de Cartagena es quien fundamenta con mayor amplitud y coherencia su opinión respecto de la fidelidad debida al original en la traducción de textos científicos. En su polémica con Leonardo Bruni, quien en rigor entiende como traducción literaria la de textos de filosofía, Cartagena establece que la «razón» es el parámetro de evaluación de una traducción; en cuanto es universal, permite expresar los mismos pensamientos en diferentes lenguas; por tanto, en el caso del valor de la traducción discutida habrá que remitirse a la comprobación de si la lengua meta latina tolera una determinada formulación y si ésta corresponde o no a la cosa designada en el original griego, más que a la mantención de sus valores estilísticos:

> «Ratio enim omni nationi communis est, licet diuersis idiomatibus exprimatur. An ergo Latina lingua toleret proprieque scriptum sit et rebus ipsis concordet, non an Graeco consonet, discutiemus» (BI: 166, 9-12)[21].

> [Porque la razón es común a todas las naciones, aun cuando se expresa en diversas lenguas. Por tanto examinaremos atentamente si la lengua latina lo admite, si se ha escrito correctamente y si concuerda con las cosas mismas, y no si está en consonancia con el griego].

---

[21] BI es la sigla con que nos referimos a Birkenmaier, Alexander, «Der Streit des Alonso von Cartagena mit Leonardo Bruni Aretino» en *Beiträge zur Geschichte der Philosophie des Mittelalters*, 20, 1922: 162-186.

Siendo el valor central de la traducción científica la exactitud y claridad en el traslado del contenido, se entiende que este fin puede lograrse mediante diversos procedimientos lingüísticos. De este modo resulta coherente que Cartagena, dentro de su posición, alabe la puntillosidad de la traducción medieval atacada por Bruni[22] y su amplio uso de helenismos motivado por razones semánticas de precisión (v. más adelante comentarios a la cuarta regla). Ahora bien, esto no significa de ningún modo que defienda la traducción literal. Por el contrario, Cartagena explica en el prólogo de su traducción de *De inventione* de Cicerón que

«En la traslaçión [...] fallaredes algunas palabras mudadas de su propia significación e algunas añadidas, lo qual fice [*sic*] cuidando que complía así: ca non es este libro de santa Escriptura, en que es error añadir o menguar, mas es composición magistral fecha para nuestra doctrina. Por ende, guardada cuanto guardar se puede la intención, aunque la propiedad de las palabras se mude, non me paresce cosa inconveniente: ca como cada lengua tenga su manera de fablar, si el interpretador sigue del todo la letra, nescesario es que la escriptura sea obscura e pierda grant parte del dulçor. Por ende, en las doctrinas que non tienen el valor por la autoridat de quien las dixo, nin han seso moral nin místico, mas solamente en ellas se cata lo que la simple letra significa, non me paresce dañoso retornar la intención de la escriptura en el modo del fablar que a la lengua en que se pasa conviene, la qual manera de trasladar aprueba aquel singular trasladador sant Hierónimo en una solemne epístola que se sobreescribe *de la muy buena manera del declarar* que envió a Pamachio, entre otras cosas diciéndole así: «Yo [...] non curo de exprimir una palabra por otra, mas sigo el seso et efecto, salvo en las Sanctas Escripturas, porque alli la orden de las palabras trae mixterio».

Desde luego, debe aclararse que la traducción *ad sensum*, tanto de la Edad Media como del Renacimiento y Humanismo, no corresponde a lo que actualmente se denomina «traducción libre». Se trata allí de traducir fielmente el significado contextual de palabras y frases del original con los medios de la lengua meta. Morrás (1995: 40)[23] puntualiza certeramente, «[...] traducir *ad sensum* implicaba, para Cartagena, trasladar el significado del texto latino a una esfera

---

[22] Cp. «[...] et nedum uerbum aliquod, sed nec syllabam deficere arbitremur, quae obmissa uidebantur, ex industria sic conscripta cernentes» (BI: 167) [[...] y además comprendemos que no sólo no falta ninguna palabra, sino ni siquiera una sílaba porque reconocemos que lo que parecía defectuoso había sido redactado con plena intención].

[23] Morrás, María, «Latinismos y literalidad en el origen de [*sic*] clasicismo vernáculo: las ideas de Alfonso de Cartagena (ca. 1384-1456)» en Recio, Roxana (ed.), *La traducción en España. SS. XIV-XVI*, León, Universidad de León, Anexos de Livius, I, 1995: 35-57.

semántica diferente en que los significados figurados, las metáforas e incluso los *realia,* podían ser sustituidos por equivalentes más comprensibles sin que ello supusiera —a juicio del traductor castellano— desvirtuar el original».

Antes de referirnos a la posición de A. de Madrigal sobre este tema conviene recordar la clarificadora interpretación de H. Vermeer[24] de la distinción entre traducción *verbum e verbo* y *ad sensum* hecha por san Jerónimo. La primera se refiere a lo que él llama la traducción morfemática. «Beim morphem(at)ischen Übersetzen wurde, modern und daher übergenau gesprochen, Morphem um Morphem übersetzt, die Silbenzahl der Wörter der Ausgangssprache getreu beibehalten, ebenso ihr Genus. Der Zieltext blieb, wie gesagt, gewollt unverständlich» (ob. cit., pág. 316)[25]. *Sensum exprimere de sensu* «bedeutet demgegenüber, die Wörter je nach ihrem *Kotext* (!) übersetzen und nicht durch einen ganzen Text hindurch dasselbe Wort der Ausgangssprache nach Wörterbuchart —oder genauer morphem(at)isch— immer durch dasselbe Wort der Zielsprache wiedergeben» (ob. cit., pág. 316). En consecuencia, lo que san Jerónimo y Cartagena, concretamente para la traducción científica, rechazan es la traducción morfemática; en términos modernos, para ellos la invariancia de la traducción no es el significado léxico (según terminología de E. Coseriu), sino la función representativa del signo lingüístico en su entorno sinsemántico y simpráctico (según la terminología de K. Bühler).

A la luz de lo expuesto es muy difícil aceptar sin más la afirmación de Recio (1995: 59)[26], según la cual A. de Madrigal adopta una «postura cerrada en defensa de la traducción literal». Ya resulta sospechoso que un espíritu tan innovativo como el del Tostado sea más conservador que su maestro Cartagena, y que sus preferencias vayan, a fin de cuentas, en dirección de la traducción morfemática. Santoyo (1990: 229)[27] rechaza enérgicamente, y con razón, tal postura: «It has been said that Madrigal approved of «literal» translation. He

---

[24] V. Vermeer, Hans J., *Das Übersetzen in Renaissance und Humanismus (15. und 16. Jahrhundert). Band I: Westeuropa.* Heidelberg, 2000.

[25] Según el autor esto se hacía «damit eben kein fortlaufend lesbarer Text herauskomme, der das heilige Hebräisch ersetzen könnte» (ob. cit: 316). Para mayor detalle véase H. Vermeer, *Skizzen zu einer Geschichte der Translation.* Band 6.1. *Anfänge – Von Mesopotamien bis Griechenland. Rom und das frühe Christentum bis Hieronymus.* Frankfurt/M., 1992: 251 sigs.

[26] V. Recio, Roxana, «El concepto de belleza de Alfonso de Madrigal (El Tostado): la problemática de la traducción literal y libre» en Recio, Roxana (ed.), *La traducción en España. Ss. XIV-XVI,* León, Universidad de León, Anexos de Livius, I, 1995: 59-68.

[27] Santoyo, Julio César, «Alonso de Madrigal: a medieval Spanish pioneer of translation theory» en Niederehe, Hans-Josef/Koerner, Konrad (ed.), *History and Historiography of Linguistics,* volume I, Amsterdam, Philadelphia, 1990: 219-231.

never did. His expressions «word for word» or «from word to word» make solo [*sic*] reference to the fact that no part of the source message is omitted, as nothing which does not belong to the original should be added to the target text». Podemos documentar la verdad de dicho aserto con las palabras del propio Tostado, en su explicación de un pasaje de san Jerónimo:

> «[...] quando suso dixo que para guardar la condicion del interpretador auia de trasladar palabra por palabra no solo se entendia delas palabras que no falte alguna o que ponga una por una mas aun que las ponga en aquella en que estan no mudando algo dela orden» (*Comentarios*, folio xiiii^r, col. 1, líneas 32-37).

Pero es de toda evidencia que el Tostado se aparta de tal concepción[28]. Si bien para él el principio central de la traducción es la fidelidad con el texto original:

> «[...] el interpretador deue guardar lo que a su oficio pertenece e es de su oficio del todo remediar al original[29]: porque no haya diferencia otra saluo estar en diuersas lenguas» (*Comentarios*, folio xiiij^v, col. 1, líneas 2-6),

no es menos cierto que tal fidelidad se logra sólo considerando la diversidad de las lenguas entre sí, cuyas particularidades dictarán en último término el procedimiento de traducción:

> «Ca en cada una lengua son algunos vocablos significantes de algunas cosas y en otras lenguas no fallamos vocablos por aquellas cosas. E porende auemos de usar de suplecion o circunlocucion poniendo muchos vocablos en lugar de uno para una cosa significar ala qual un solo vocablo auia de responder» (*Comentarios*, folio xj^v, col. 1, líneas 37-43),

> «El interpretador quanto pudiere deve fazer hermosura la escritura e evitar las fealdades e malos sones. Pues entonces sera conueniente algo o dela orden delas palabras mudar. E esto no sera fuera del oficio del interpretador mas a el couerna. Ca dize hieronimo enel libro de optimo genere interpretandi. que la mejor e mas noble manera de interpretar no es sacar palabra de palabra mas seso de seso.» (*Comentarios*, folio xiiij^v, col. 1, líneas 25-33).

---

[28] «Toda traslacion de latin en vulgar para se fazer pura et perfectamente es difizile si se faze por manera de interpretacion que es palabra por palabra et non por manera de glosa la qual es absuelta et libre de muchas gravedades» (Prólogo a traducción de *Chronici Canones* de Eusebio).

[29] Du Bellay atribuye igual obligación de fidelidad a la traducción: «[...] respetando la ley de la traducción, que es no alejarse en absoluto de los límites del autor» (cit. en Vega, Miguel Angel (ed.), *Textos clásicos de teoría de la traducción*. Madrid, 1994: 125).

Con medieval prudencia y especial apego al principio de fidelidad aclara en todo caso el Tostado que las alteraciones de la extensión y orden de las palabras del original, que no estén motivadas por diversidades de las lenguas en cuestión, no son propias de la traducción:

> «Si alguno sin necessidad o enla orden delas palabras o en ellas mudasse algo saldra de oficio de interpretador e este o faria esto añadiendo mas palabras para declarar e entonces seria comentador o glosador o faria esto no añadiendo mas mudando las palabras o la orden usando de otras figuras de fabla e este seria nuevo auctor faziendo otra edicion» (*ibidem*, col. 2, líneas 9-16).

La cuarta regla de Dolet, que no vimos tematizada en el s. XIV, exige la naturalidad de la expresión, exhortando a no utilizar préstamos latinos, sobre todo arcaicos, sino a emplear la lengua común en la traducción a lenguas vulgares sin crear atrevidos neologismos:

> «S'il aduient docques, que tu traduises quelcque Liure Latin en ycelles (mesmement en la Francoyse) il te fault garder d'usurper mots trop approchants du Latin, & peu usités par le passé : mais côtente toy du commun, sans innouer aulcunes dictions follement, & par curiosité reprehēsible [...] Mais cela se doibt faire a [*sic*] l'extreme necessité [...] : mais le meilleur est de suiure le cõmun langage.» (ob. cit., pág. 14).

Muy tempranamente expone en la Península un criterio semejante E. de Villena, refiriéndose a la traducción de su propia obra *Los doce trabajos de Hércules* que ha sido hecha «usando del común fablar e fuyendo o apartando, siquiera esquivando, cuanto [se] pudo de los intrincados e menos entendidos por legos vocablos, a fin que a muchos pudiese aprovechar e comunicarse». Pero es A. de Cartagena quien discute en profundidad el problema general de los préstamos y neologismos en la traducción, especialmente en la referida polémica con Bruni. A diferencia de la posición purista o proteccionista, de Bruni y de Dolet respectivamente, Cartagena es un defensor del empleo de préstamos en la traducción de textos científicos e incluso en la lengua general, lo que fundamenta con criterios muy modernos. Para él es simplemente un hecho que todas las lenguas desarrollan y perfeccionan su acervo léxico mediante la incorporación de voces extranjeras; el mismo latín no sólo ha asimilado totalmente léxico griego, sino que ha incorporado también elementos de lenguas bárbaras, como objeta a Bruni:

> «[...] reperies non dicam omnia, sed magna ex parte Latina uocabula a Graeca descendisse radice, quaedam uero ex toto Graeca mansisse, nisi quod <ea> ad Latinas declinationes deduximus. [...] Num Latina origine sunt «grammatica», «logica»,

«rhetorica», «philosophia» ac «theologia», quibus iam omnia ora rusticorum utuntur? nonne haec penitus Graeca fuerunt et sunt, sed in nostrum iam usum conversa? [...] Num putas, quia Latinam [linguam] dicimus, Latinorum, a quibus nomen assumpsit, qui in Italia in saeculis antiquis regnabant, dumtaxat uerba sumpsisse? cum manifeste contrarium cernamus ex nostro et Gallicorum ac Germanorum aliarumque gentium idiomate multa in Latinis uocabulis cognoscentes, quae exprimere nec necessarium nec expediens puto, cum cuique cernenti perspicue pateat» (BI: 168, 5-8, 11-15, 33-36; 169,1-3).

[[...] encontrarás que, no diré todas, pero gran parte de las palabras latinas tienen una raíz griega y que algunas en efecto han permanecido totalmente griegas, si no las hemos asimilado a la declinación latina. [...] ¿Acaso son de origen latino «grammatica», «logica», «rhetorica», «philosophia» y «theologia», que ya andan en boca de la gente sencilla? ¿Acaso todas estas palabras no fueron y son totalmente griegas, pero ya incorporadas a nuestro uso? [...] ¿Acaso crees que porque llamamos latina a la lengua, ésta sólo ha adoptado las palabras de los latinos que le dieron el nombre y reinaron en Italia en tiempos antiguos? Como percibimos claramente todo lo contrario cuando reconocemos en palabras latinas muchos elementos de nuestro idioma, del de los galos, del de los germanos y de los de otros pueblos, pensamos que una demostración de ello no es necesaria ni útil, ya que esto parece evidente a cualquier observador.]

Como se ve, para Cartagena el préstamo es un procedimiento usual de las lenguas vivas, dentro de las cuales incluye no sólo las lenguas romances, sino también el latín. Para Bruni, en cambio, sólo era válida la norma clásica del latín, la que debía conservarse en toda su pureza, por lo que condena los grecismos en las traducciones a este idioma. El rechazo de Dolet del préstamo latino en las lenguas romances se debe en cambio a que anhela promover el desarrollo interno de éstas.

El fundamento lingüístico de la legitimidad del préstamo en la traducción científica es para Cartagena la imposibilidad de reproducir con exactitud y brevedad la propiedad, la «fuerza» semántica de ciertos vocablos:

«Quid ergo inconueniens est, si aliqua uerba translator noster sub Graeco sono dimisit, praesertim illis in locis, ubi proprietas uerborum eorum sub simili breuitate includi non potuit? [...] Profecto enim Greca non reperies dimissa, nisi illa fere, quae sub aequa syllabarum breuitate aequas significationis uires habere non pot[u]erant» (BI: 169, 6-8, 12-14).

[¿Cuál es, por tanto, la inconveniencia de que nuestro traductor haya dejado sin traducir algunos vocablos griegos, sobre todo en aquellos pasajes en que su particular significado no podía expresarse en latín con similar concisión? [...] De hecho no encontrarás préstamos griegos, salvo en los casos donde igual brevedad de las sílabas con igual fuerza semántica no era posible en latín].

Desde el punto de vista técnico, prefiere el latinismo en vez del recurso alternativo de la paráfrasis que afecta a la claridad y dificulta la lectura del texto:

> «E donde el vocablo latino del todo se pudo en otro de romance pasar, fícelo, donde non se pudo buenamente, por otro cambiar, porque a las veces una palabra latina requiere muchas para se bien declarar. E si en cada logar por ella todas aquellas se hoviesen de poner, farían confusa la obra en el tal caso. Al primero paso en que la tal palabra ocurrió, se fallará declarada, et aunque después se haya de repetir, non se repite la declaración; mas quien en ella dubdare, retorne al primero logar donde se nombró, el cual está en las márgenes señalado, et verá su significaçión» (Introducción a traducción de *De inventione*).

Dado que Cartagena considera, además de la exactitud de la traducción del significado, el respeto a la «manera de fablar» de la lengua meta y el «dulçor» de la escritura (*ibidem*), como apunta y documenta Morrás (1995: 53), en su práctica traductora utiliza fundamentalmente latinismos y grecismos especialmente aclimatados en la norma de la lengua común, lo que le acerca singularmente a E. Dolet:

> «ynoçençia: esta palabra es latina, aun que ya es avida por común. E porque non ay una palabra sola castellana que contenga enteramente la virtud deste vocablo déxasse así. [...] triunfo. es palabra griega que ya non sola mente la auemos por latyna, mas tan clara commo si fuese lenguaje comun [*sic*]».

La regla transcrita de Dolet refleja claramente el espíritu de época, que valora la lengua común e incita a cultivarla. Desde luego que esta sensibilidad no rige la época del Tostado, quien no se pronuncia sobre el problema de los préstamos, pero sí nos depara una grandiosa sorpresa sobre la base de sólida argumentación lingüística respecto de su valoración del romance. Según él toda lengua es apta para la traducción utilizando sus propios medios, ya que

> «no ha cosa que sea significada por vocablos de un lenguaje que no pueda ser significada por vocablos de otra lengua mas la diferencia es que en lenguaje para una cosa ha un vocablo mas ponense muchos vocablos por uno» (*Comentarios*, folio xj^v, col. 1, línea 49 y sig., col. 2, líneas 1-3).

Y esto, por coherencia teórica, vale no sólo para las dificultades de traducción del latín a la lengua vulgar, sino también a la inversa:

> «esta diferencia paresce entre el latin e la vulgar lengua. Ca muchos vocablos ha en latin significantes algunas cosas para las quales cosas no ha vocablos enel vulgar ha vocablos para los quales fallescen correspondientes en latin» (*Comentarios*, folio xj^v, col. 1, líneas 43-48).

Antes del Tostado no encontramos tal dignificación de la lengua vulgar en España. Habrá que esperar hasta el Renacimiento para documentar afirmaciones semejantes.[30]

La quinta regla de Dolet exige al buen traductor producir un texto de lectura agradable, que respete las exigencias retóricas de la lengua meta:

«[...] qu'est ce, qu'elle contient? Rien aultre chose, que l'obseruation des nombres oratoires : c'est asscauoir une liaison, & assemblement des dictions auec celle doulceur, que non seulement l'ame s'en contente, mais aussi les oreilles en sont toutes rauies, & ne se saschent iamais d'une telle harmonie de langage [...] sans grande obseruation des nombres ung Autheur n'est rien : & avec yceulx, il ne peult faillir a auoir bruict en eloquence, si pareillement il est propre en diction, & graue en sentences, & en arguments subtil» (ob. cit., pp. 15 y 16).

La materia de esta regla constituye el punto central de discrepancia entre Edad Media frente a Renacimiento y Humanismo. Ninguno de los autores peninsulares coincide con la evaluación de la relación entre traducción y retórica sostenida por E. Dolet y los humanistas italianos del s. XV encabezados por L. Bruni.

Siguiendo el tópico de la superioridad de las lenguas clásicas sobre el romance, un grupo de autores descarta simplemente la posibilidad de que las traducciones al castellano puedan alcanzar alto valor literario. Así Pedro González de Mendoza, quien traduce la *Ilíada* sobre la base de una traducción latina de Pietro Candido Decembri, explica que en romance la obra no puede retener «aquella biueza [...] que en la primera lengua alcanço», por ser traducción secundaria; que su versión en prosa no puede alcanzar las cadencias del verso («Homero aquesta obra canto en uersos de los quales la prosa suelta no resçibe conparación bien que en ella aya hordenadas e distintas cadençias.»), y, sobretodo, que «no

---

[30] Cp. el siguiente diálogo entre C(oriolano), M(arcio) y V(aldés) en Juan de Valdés, *Diálogo de la lengua*. Madrid, Buenos Aires, 1940: 106 y sig.: «C.- Ea, quebradme el ojo con media dozena de vocablos españoles que no tengan latinos que les correspondan. V.- No os quebraré el ojo, pero daros he sin más pensarlo dos dozenas dellos por media que me demandáis. C.- Essos serán plebeyos. M.- No serán sino hidalgos [...] Y porque veáis si dezir y hazer comen a mi mesa, empeçad a contar [...] ¿He dicho hartos?». La siguiente explicación de Valdés (ob.cit., pág. 108) podría también haber estado en un texto de A. de Madrigal: «Y aun porque cada lengua tiene sus vocablos propios y sus propias maneras de dezir, ay tanta dificultad en el traduzir bien de una lengua en otra, lo qual yo no atribuigo a falta de la lengua, en que se traduze, sino a la abundancia de aquélla de que se traduze, a assí unas cosas se dizen en una lengua bien que en otra no se pueden dezir así bien, y en la mesma otra, otras que se digan mejor que en ninguna».

podemos conosçer su perfecçion, passando aquesta obra a nuestro uulgar, que nos no auemos tan conpendiosos uocablos para que en pocas palabras pudiessemos conprehender grandes sentençias. Commo sea que la eloquençia de fuerças caresca quando el ydioma uocablos no padesçe diuersos respectos significantes». El propio Marqués de Santillana, a quien se dedica la referida traducción, es consciente de que «la mayor parte ó quassi toda de la dulçura ó graçiosidat quedan é retienen en sí las palabras é vocablos latinos», pero dado que él no maneja bien dicha lengua, se conforma diciendo «É pues non podemos aver aquello que queremos, queramos aquello que podemos. É si caresçemos de las formas, seamos contentos de las materias» (carta al traductor, su hijo). Juan de Mena, que también traduce parte de la *Ilíada* de una versión latina, advierte que si «la qual obra pudo apenas toda la gramatica e aun eloquençia latina conprehender y en si rresçebir los heroicos cantares del vatiçinante poeta Omero. [¡]Pues quanto mas fara el rudo e desierto romançe[!]», razón por la cual desistió de traducirla completamente «por no danñar ni offender del todo su alta obra tragendogela enla humilde e baxa lengua del romançe». Por último, Pedro Díaz de Toledo, renuncia también en su versión romance de la traducción latina del *Fedón* de Platón a mantener «[...] la elegante e curiosa manera de fablar en la qual Leonardo el dicho libro traduxo en la lengua latina. Asy por la magestad del fablar de Platon e de las ylustres sentençias suyas commo porque non se sy muchas de sus razones se pueden bien aplicar al nuestro vulgar castellano».

Si bien E. de Villena apunta brevemente que traduce *La Eneida* «segund el entendimiento e por la orden que mejor suena, siquiere paresçe, en la lengua vulgar», son A. de Cartagena y A. de Madrigal quienes discuten con mucha amplitud el papel de la retórica en la traducción al romance.

Pese a que A. de Cartagena emplea el método de la traducción *ad sensum* igual que Dolet y los humanistas italianos del s. XV, difiere radicalmente de ellos en la evaluación de la importancia de la retórica en la elaboración del texto meta. Con especial claridad plantea su posición en su polémica con Leonardo Bruni, quien concede fundamental significado a la *eloquentia*, a la *elegantia sermonum*, convirtiéndolas en condiciones esenciales de la traducción. Para Cartagena, en cambio, que focaliza la traducción de textos especializados, esto es a menudo un motivo de confusión de la cosa misma, que impide la cabal comprensión de los términos científicos; dichos factores deben, por tanto, subordinarse a la estricta conservación de la propiedad de los vocablos, a la correcta comprensión de la ciencia:

«Multis ergo erroribus pateat oportet, qui scientiam sub eloquentia tradere nititur; sed sapienti uiro illud congruum iudico sub restrictis et propriissimis uerbis, quae scientifica sunt, discutere, post uero ad elimata documenta et purificatas doctrinas persuadendo uerbis eloquentibus acclamare. Non ergo ex eo translatio nostra mordenda est, quod oratorum etiam summorum usitatis uerbis discordet, sed in hoc examinanda est, an simplicitatem rerum et restrictam proprietatem uerborum obseruet. Saepe enim elegantia sermonum, si non stricto iudicio dirigitur, simplicitatem rerum confundit, quod maxime rectum scientiae intellectum perturbat» (BI: 175, 20-30).

[Por tanto, necesariamente se expone a muchos errores quien aspire a poner la ciencia bajo la elocuencia. No obstante, opino que la actitud conveniente de un sabio consiste en discutir con rigurosas y muy apropiadas palabras, que son las científicas, y luego producir textos perfeccionados y doctrinas depuradas, persuadiendo con palabras elocuentes. En consecuencia, nuestra traducción no debe criticarse por haberse apartado de las palabras usadas más frecuentemente por los mayores oradores, sino que debe examinarse si respeta la simplicidad de las cosas y la estricta propiedad de las palabras. Pues a menudo la elegancia del discurso, si no se maneja con severo juicio, introduce confusión en la simplicidad de las cosas, lo que perturba de modo extremo la recta comprensión de la ciencia.]

Después de sentar los principios en que debiera basarse la polémica, Cartagena defiende la exactitud de la elección de diversos vocablos filosóficos en la traducción objetada por Bruni. Como preámbulo a su análisis del concepto de *dolor* recalca que la producción del texto meta no debe guiarse por las reglas de la elocuencia, sino de la ciencia; el traductor debe sacar del significado originario de las palabras la verdad de la cosa a que se refieren:

«Sed quoniam, ut praemisimus, non eloquentiae, sed scientiae morem in hoc gerere debemus, ne uerborum uolubilitate decepti ipsis in rebus aberremus, non sic confestim praetendendum est, sed quid rei ueritas habeat ex ipsa uerborum proprietate excerpamus» (BI: 182, 31-35).

[Pero porque nosotros, tal como lo señalamos más arriba, no queremos atenernos aquí a las normas de la retórica sino a las de la ciencia para no equivocarnos en la materia misma engañados por la inconstancia de las palabras, no debemos adelantar [explicaciones] con tanta premura, sino que tenemos que extraer de las propiedades mismas de las palabras, lo que hay de verdad en ellas.]

Alonso de Madrigal, como hemos visto acerca de la cuarta regla, concede importancia inusitada al romance, de donde se explica que se acerque mucho más a la posición de Bruni respecto de la elocuencia en el texto meta que su maestro Cartagena: «[...] no puede alguno trasladar si no tiene saber de eloquencia aunque tenga conocimiento dela verdad de aquella cosa que interpreto» (*Comentarios*, folio vii[r], col. 2, líneas 16-19).

El traductor debe también por tanto aspirar a reproducir la «fermosura» del texto original, constituyendo un defecto el no lograrlo: «[...] todos los que de una lengua en otra interpretan desean apuesto escriuir lo que trasladaren segun condicion dela lengua en que escriuen guardando toda la fermosura dela original lengua: porque no paresca menos digno el traslado que el original» (*Comentarios*, folio xjʳ, col. 2, líneas 25-29), «Aquel grado de fermosura despues que trasladado tenga esto se requiere enla traslacion si fazer se puede: que no solo quede fermosura enla traslacion: mas aun aquella o tanta quanta era enla lengua original: e quando no queda tanta es defeto enla traslacion» (*Comentarios*, folio xjᵛ, col. 1, líneas 4-9).

Pero, pese al destacado papel que ambos autores conceden a la elocuencia, hay una diferencia esencial entre Dolet y el Tostado. El primero plantea la excelencia retórica casi como valor absoluto del texto traducido; el Tostado, en cambio, relativiza el principio («si fazer se puede»), señalando que su límite está dado por la «condición de la lengua» en que se traduce, que no siempre permite alcanzar la altura del original[31] ni suavizar sus propias durezas, y sobre todo, por el principio básico de fidelidad. Así, por ejemplo, el Tostado acepta la crítica de san Jerónimo a la traducción al griego del original hebreo de la Biblia realizada por setenta sabios, debido a que estos produjeron una obra de elevado valor literario, que no correspondía a la simplicidad estilística del original (v. *Comentarios*, folio xvᵛ, col. 2, 47-50 y folio xvjʳ, col. 1, líneas 1 y ss.). Por esto, Russell (1985: 32)[32] tiene en rigor razón cuando apunta que el Tostado «a fin de cuentas, se sumaba a la opinión defendida por Alfonso de Cartagena en su celebrada polémica con Leonardo Bruni, acerca del papel de la elocuencia en las traducciones».

Sobre la base de los resultados del método empleado en nuestras indagaciones pueden obtenerse las siguientes conclusiones acerca de los traductores antologados en el s. XV y de sus reflexiones sobre su propia actividad:

1. Los autores y las lenguas traducidos reflejan la evidente influencia del Humanismo italiano en la Península, la definitiva vernacularización de la difusión de la cultura y la hegemonía del castellano como lengua meta.

---

[31] «E quando auien alguna dificultad no puede el interpretador alcançar esto que deseo: e porque solas aquellas cosas alcançar no podemos que sobre nos altas estan: llamase aquella dificultad altura: porque nos faze no alcançar dureza se llama condicion de la cosa según la qual no se dexa ligeramente quebrantar o fazer e porque las ocurrientes dificultades fazen que los interpretes no puedan fazer toda la fermosura enla traslacion que era en el original llamanse durezas: para que lo que en agena lengua dicho bien suena» (*Comentarios*, folio xjʳ, col. 2, líneas 31-41).

[32] Russell, Peter, *Traducciones y traductores en la Península Ibérica (1400-1550)*. Bellaterra, 1985.

2. Los traductores antologados son letrados de formación académica depen-
    dientes de un mecenas, notables escritores y altos dignatarios eclesiásticos
    con grados universitarios superiores y muy destacada actividad intelectual
    y cortesana al servicio de reyes de Castilla, un príncipe heredero de la coro-
    na de Aragón y un jurisconsulto mallorquín, discípulo de los mayores huma-
    nistas italianos. Las reflexiones sobre la actividad traductora provienen pues
    de una elite intelectual del ámbito de las humanidades.

3. A diferencia de la centuria anterior, la protección monárquica, a la que se
    suma la enorme importancia del mecenazgo, tiene gran injerencia en la elec-
    ción y finalidad de las traducciones. No obstante, las dos mayores contribu-
    ciones a la reflexión traductora provienen de obras realizadas por iniciativa
    propia independientemente de ese tipo de relación: la polémica respuesta de
    A. de Cartagena a las invectivas de L. Bruni en contra de un traductor
    medieval de la *Ética* de Aristóteles y los comentarios de el Tostado al prólo-
    go de Jerónimo a la *Crónica Universal* de Eusebio, que constituyen hitos en
    la historia de la teoría de la traducción en Europa.

4. Atendiendo a los criterios proporcionados por las reglas de E. Dolet, puede
    decantarse la norma ideal de traducción sustentada por los traductores espa-
    ñoles del s. XV que reflexionaron al respecto. Dicha norma puede describir-
    se en los siguientes términos:

    — Claro predominio de la traducción *ad sensum*, que consiste, tanto en la
       Edad Media como en el Humanismo y en el Renacimiento, en reproducir
       fielmente el significado contextual de palabras y frases del original con
       los medios de la lengua meta. Defensores de tal método de traducción
       son P. de Toledo, E. de Villena, A. de Cartagena, A. de Madrigal, F.
       Valentí y Carlos príncipe de Viana. No existe por tanto en el s. XV una
       estructura cerrada sobre la base de la traducción literal, como sustenta
       Recio (1991: 113)[33].

    — Exigencia del dominio de la materia tratada en la traducción, según plan-
       tean P. de Toledo, A. de Cartagena y A. de Madrigal.

    — Naturalidad de la expresión en el texto meta, lo que significa directamente
       utilización (e indirectamente) valoración de la lengua común. E. de Villena
       y A. de Cartagena practican esta posición; A. de Madrigal no tematiza
       directamente el asunto, pero va mucho más allá que sus contemporáneos
       al igualar esencialmente latín y romance como lenguas de traducción.

---

[33] V. Recio, Roxana, «Alfonso de Madrigal (El Tostado): la traducción como teoría entre
      lo medieval y lo renacentista» en *La Corónica*, 19.2., 1991.

- Dominio tanto de la lengua original como de la lengua meta es un aspecto destacado solamente por el Tostado. ¿Parecería esto obvio a traductores de formación universitaria?
- Actitudes divergentes se observan respecto de la exigencia de producir el texto meta con elegancia estilística. Al respecto existen dos claras tendencias. Por una parte, P. González de Mendoza, el Marqués de Santillana y P. Díaz de Toledo, siguiendo el tópico de la inferioridad del romance frente al latín, descartan la posibilidad de que la traducción al romance pueda alcanzar brillo literario. E. de Villena, A. de Cartagena y, muy especialmente, el Tostado otorgan en cambio gran importancia a la calidad estilística del texto meta. No obstante dicho valor aparece supeditado a la exigencia básica de fidelidad de la traducción, sobre todo de la especializada, que posee caracteres distintos de la literaria. Es esta diferente evaluación del papel de la elocuencia en la traducción lo que distingue en esencia al s. XV español del Humanismo italiano representado por Bruni y del Renacimiento francés según E. Dolet. Por esto, estamos de acuerdo con Russell (1985: 62), que rechaza la calificación de «humanistas» o de «renacentistas» para las traducciones españolas del s. XV, pero sí, a diferencia de él, creemos haber demostrado que, en conjunto, a la concepción de la manera de traducir de los autores antologados cabe con absoluta justicia la denominación de «prehumanista» o «prerrenacentista», ya que los rasgos comunes que presenta con la vigente en esos movimientos, obliga a situarla en el umbral de ellos. Pero más allá de esto debe destacarse que todos los puntos centrales de la teoría renacentista de la traducción de E. Dolet son discutidos con mayor amplitud y tratados sistemáticamente por el Tostado en la centuria anterior, y que A. de Cartagena defiende una concepción marcadora de rumbos de la traducción especializada, por lo que ambos ocupan indudablemente un sitial de honor en la historia de la traducción europea, méritos que en todo caso tradicionalmente no han tenido el reconocimiento que se merecen.

AUTORES Y TEXTOS

GUILLEM CORRETGER DE MALLORCA

BIOGRAFÍA

La información contenida en Contreras (1984: 70-72) permite conocer los aspectos biográficos más relevantes del mallorquín Guillem Corretger. El nombre de Galien que se consigna en el prólogo que transcribimos proviene de un error del copista. Su identidad ha quedado aclarada en una nota que se encontró en el inventario de la biblioteca del médico cirujano de Valencia Francesc Moliner (1399) en la que se describe el libro *Cyrurgia* de Teodorico Borgognoni apuntando que está escrito «en romanç, esplant per En Guillem Corretger». Tradujo y anotó este libro entre fines del s. XIII y comienzos del XIV, siendo aún estudiante de cirugía en Montpellier. Ya en el prólogo hace referencia a los escasos conocimientos de latín de los cirujanos «que son en la senyoria del noble en Jacme por la gracia de Deu rey darago». Posteriormente también se incorporó a la corte de los reyes de Aragón Alfonso III y Jaime II, de quien llegó a ser su médico principal, probablemente por lo cual éste le concedió diversos privilegios en 1306.

Guillem Corretger ocupa un sitial de honor en la evolución de la medicina en la Baja Edad Media. La agria polémica entre los defensores de la medicina teórica y los promotores de la medicina práctica, quirúrgica, había conducido, por una parte, a la clara discriminación e incluso destierro de ésta en las universidades, y, por otra, al descuido de la preparación teórica de sus cultores. Corretger pretende superar estas diferencias y deficiencias, poniendo a disposición de sus colegas «los libres de cirugia los meylors», donde se aúnan teoría y práctica. Cifuentes (2001: 129) apunta que su traducción constituye un documento único del patrimonio históricomédico incluso europeo y, dejando de lado algunas obras lulianas y enciclopédicas, el texto científico más antiguo que se ha conservado en lengua catalana.

ORIENTACIÓN BIBLIOGRÁFICA

Badía, Lola. «Traductions al català dels segles XIV-XV i innovació cultural literària» en *Llengua i literatura de l'Edat Mitjana al Renaixement*. Edició a cura d'Albert Rossich i Mariàngela Vilallonga. Studi general, Revista de l'Estudi de Lletres. Universitat Autònoma de Barcelona, n.° 11, 1991: 31-50.

Contreras Mas, Antonio. «La versión catalana de la *Cirurgia* de Teodorico de Luca por Guillem Corretger de Mayorcha. (Un intento de mejorar la formación teórica de los cirujanos)» en *Estudis Baleàrics*. Institut d'estudis baleàrics, any IV, n.° 14, setembre 1984: 55-74.

Cifuentes i Comamala, Lluis. *La ciència en català a l'Edat Mitjana i el Renaixement*. Col·lecció Blaquerna, 3. Universitat de Barcelona, Universitat de les Illes Balears, 2001, especialmente 47-49, 60, 123, 129-130.

PRÓLOGO DE GUILLEM CORRETGER A SU TRADUCCIÓN DEL LATÍN AL CATALÁN (FINES DEL S. XIII Y COMIENZOS DEL XIV) DE LA *CYRURGIA* DE TEODORICO DE BORGOGNONI

EN

FOLIO 1 DEL MANUSCRITO 212 DEL FONDO ESPAÑOL DE LA BIBLIOTECA NACIONAL DE PARÍS[1].

TRANSCRIPCIÓN DE M.ª JOSÉ CARBONELL BORIA[2].

[Columna 1. Prólogo del traductor.]

Lo comencement dellibre lo qual compila frare Thederich del orde delç preicadorç explanat per Galien Correger de Mayorcha E conten (...) al comensament quina cosa es cirurgia.

En nom de la senta eno departable Trinitat ho essencia. So es assaber lo Pare, el fil, el Sent Sperit laqual Trinitat regonec e creu ésser III persones e I Déu e en nom delagloriosa Mare sua. En laqual la persona del pare e del Sant Sperit trameç la persona del Fil pendre carn humana laqual persona del Fyl noç per ci pressencia de la persona del Pare e del Sant Esperit. Comens io G. Correger de Mayorcha, aprenent en la art de cirurgia a translatar de latí en romans catalanesch aquesta obra de cirurgia cor en tots feytç deu hom apelar la aiuda del divinal nom ela gràcia del Sant Sperit que fassa locomensament ela migania ela fin acordat. Cor sen la aiuda de Déu res de ben no pot ésser feyt. Per asso io veent que alcuna partida delos siurgians qui son en la seyoria del noble en Jacme, perla gràcia deDéu rey d'Aragó, no entenen los vocableç latins. Cor tots los homenç daquestes nostres encontrades obren mes per pratica que perteorica cor aquela quax de tot meyns conexen e asso lus esdeven cor tots los libres de

---

[1] El referido folio está escrito a dos columnas, la primera de las cuales contiene el prólogo del traductor y la segunda el prefacio del autor. Para mayor información hemos decidido que se transcriban ambos.

[2] Convenciones:
   [xxxx] texto entre corchetes: denota punto y aparte o signo de separación; .... cadena de puntos denota texto ilegible; (xxxx) texto entre paréntesis: denota lectura dudosa; si lo que aparece dentro del paréntesis es una cadena de puntos, se trata de texto dudoso e ilegible.
   Se trata de una trascripción de texto, no de una trascripción adaptada a nuestras convenciones de escritura (por ejemplo: línea 1: cadena «dellibre» y no «del libre», línea 12 «nom delagloriosa Mare» y no «nom de la gloriosa Mare»).

cirurgia los meylors son compostz en latin e iassia que els los agen empero no poden treer enteniment acabat. Cor no aprengueren tant de gramatica que puguen saber la exposicio de los vocables latins. E per asso caen en error ho enconfusio per ignorancia. E axí no tantsolament (no.)a els lalur ignorancia anç es dampnosa a axi conper mort amolts qui cobesegen esserç curatz per ells de nafreç o de plagueç o dautres malaucieç aleç quals lo humanal corç es sotmes. Per asso io proppos Nostre Senyor atorgant a mi gracia de complir explenant la obra complida per frare Thederich del orde dels preycadors laqual obra trameç planerament laç complida.

Al honorable pare per la divinal gracia Nandreu bisbe de (València) Dequel mateix orde sots tenor de les letres queç

[2.ª columna]

seguexen:

[Prólogo del autor]

Alhonrat pare eamich nolt car Anandreu per la gràcia de Déu, bisbe de València frare Thederich daquela matexa paciencia de la esglesia dels betonçministre no digna. La obra desygada lonch temps a vos tramet O Pare molt car estans ensemç si enrera en lacort de Roma en aquel temps que io era vostre capela epenetencial del senyor Papa. Vos pregas molt desiyadament que io avos alscunes coses dela art de medicina de cirurgia, zoes assaber amagadeç e no explenadeç de los antichç diteç no acabadament. [*Calderó*³] Sobre asso faent I libre segonç lo dictament del senyor maestre Hugo de Luca en la devant dita sciencia molt savi declaradament escrivis hebreument esplanaç. [*Calderó*] Io empero volent enpartida esi no entot satisfet alç desigç vostres. Adonchs lo libre componi loqual en aquell temps enaxi com ben conagueç no acabat e no corregit per zo con no pogues aturrar ab vos en Espanya portaç. En apreç per molts misaggeç demanaç per espesseç letres que avos aquel matex libre trameseç esmenat complitz loç defalimenç daquel laqual cosa molt he trigat afer mas are quant me acost avaylla appellada laiuda de Nostro Senyor Iesu Christ qui eç maestre sobiran dela art de cyrurgia daquela totz los secrets posada tota (enveya voç) lo manifest obertament [*Calderó*] Donchs pare molt car aquesta obra poca e molt gran per forçes. Mas cor io estegui poch detemps ab lo devant dit maestre

---

³ En los manuscritos medievales y en los primeros tiempos de la imprenta, el signo [¶] indicaba el comienzo de los párrafos.

eno puxi veer ni retenir complidament leç molt beneventuroses e esprovades cures sueç per amor dasso io aure cura dacabar en aquesta part lo meu libre acabat per mom propri provament (...) los antichs. E mayorment per Galien loqual nos avem sabut que en neguna cosa si desacordas ab lodemont dit noble baro maestre Ugo. E per tal que aquest libre ara pus leugerament quina cosa eç scirurgia ni (...) es dita ne qualç obres licoven (a...) sobretot qual sia lenteni-ment (de leç) dites o obres ne en quanteç species sia departida breument o demost(rades). Eun ques cyrurgia es obra manual en lo(cors).

Berenguer Sarriera

Biografía

Detalles sobre la vida del cirujano Berenguer Sarriera, quien vivió entre los siglos XIII y XIV, fueron desconocidos hasta hace poco. Así, por ejemplo Batllori, ob. cit.: 75 informa que «el seu nom no apareix ni en la copiosa documentació arnaldiana coneguda, ni tampoc en la més abundosa de Jaume II publicada per Rubió i Lluch i per Finke». Actualmente se conocen algunos aspectos de su existencia. Cifuentes (2001: 99) le describe como «cap d'una nissaga» de cirujanos gerundenses formados en el galenismo a la sombra de la protección real. Ocupó el cargo de alcalde de Gerona, donde fue miembro de una familia de notables cirujanos al servicio de la corona catalanoaragonesa; entre sus intervenciones más destacadas se recuerda el exitoso tratamiento de hemorroides que aplicó en 1297 al rey Jaume II y la asistencia que prestó con su padre en 1302 al ejército real en el sitio de Monfalcó contra diversos nobles instigados por los condes de Foix. Con él la cirugía catalana alcanzó incluso prestigio internacional; a este respecto se sabe que a finales de 1305 el nuncio papal de Inglaterra, a quien médicos ingleses y franceses no habían podido curar de una dislocación de cadera, se hizo tratar por Sarriera, quien logró sanarle. Entre 1308 y 1310 traduce *Regimen sanitatis ad regem Aragonum* (1305-1308) de Arnau de Vilanova, tarea que le fue encargada por la reina Blanca de Anjou, quien no manejaba el latín, pero deseaba tener la obra en la lengua común. La exactitud y la calidad de su versión catalana del *Regimen* muestran que la elección del traductor fue del todo justificada. El rey premió sus servicios donándole las tierras de Quart i Palau-sacosta, donde construyó un castillo que todavía se conserva[4].

---

[4] La información básica precedente se ha obtenido de la *Enciclopedia catalana*, [http://www.enciclopedia.cat/].

ORIENTACIÓN BIBLIOGRÁFICA

Badía, Lola. «Traductions al català dels segles XIV-XV i innovació cultural literària» en *Llengua i literatura de l'Edat Mitjana al Renaixement*. Edició a cura d'Albert Rossich i Mariàngela Vilallonga. Studi general, Revista de l'Estudi de Lletres. Universitat Autònoma de Barcelona, n.° 11, 1991: 31-50.

Batllori, Miquel, *Arnau de Vilanova: Obres catalanes*, vol. 2 (*Escrits mèdics*). Barcelona, Editorial Barcino, 1947, especialmente 74-76 y 99-103.

Cifuentes i Comamala, Lluis. *La ciència en català a l'Edat Mitjana i el Renaixement*. Barcelona, Palma de Mallorca, Universitat de Barcelona ~ Universitat de les Illes Balears, Col·lecció Blaquerna 3, 2001, especialmente pp. 58, 98-101.

Prólogo de Berenguer Sarriera a su traducción del latín al catalán
(entre 1308 y 1310) de *Regimen sanitatis ad regem Aragonum* de Arnau
de Vilanova
en
Arnau de Vilanova. *Obres catalanes. Volum II - Escrits mèdics.* A cura del
P. Miquel Batllori, S.L. Pròleg de Joaquim Carreras i Artau, membre de
l'I d' E.C. Barcelona, Editorial Barcino, 1947: 99-103.

[REGIMENT DE SANITAT
A JAUME II
(Versió de Berenguer Sarriera)]

Ací comensa lo *Regiment de sanitat,* lo qual l'onrat maestre Arnau de Vilanova ha ordonat al molt alt senyor rey d'Araguon. E mestre Berenguer Sariera,
surgià, à'l treladat de lati en romanç, e à·y enadit aquest pròlec qui·s seguès.

Con Deus totpoderós, ple de misericòrdia, aja creat l'om, e aquel no aya
neguna carrera de fer neguna cosa ne aya nuyla rahó sinó per poder, e poder no
sia sinó [per], sanitat e sanitat no és sinó per egualtat de compleccion, e egualtat
de compleccion no és sinó per temprament de les humors; {e} per ço nostra
senyor Deus, con ac creat l'om, volc-lo amar e espirarl[5] de gràcia sobre tots los
animals, e féu-lo a la sua semblança, e volc-li donar remey que posqués aver
temprament a les humós per conservacion de sanitat, [e a] aquesta conservacion
ha vulgut il·luminar los savis metges, e, entre los altres filòsofs e mestres en
medicina, ha vulgut il·luminar lo molt savi maestre Arnau de Vilanova sobre
los altres mestres de medicina, a conèxer e a aordonar en quantes maneres sanitat és conservada.

E per ço con la art de medicina és fort longua, e·ls savis metges entichs ho
agen longuament escrit (axí qu·els grans senyors qui an los grans neguocis, ne
encare lo poble comú, bonament no o podem entendre), lo dit maestre Arnau, a
honor del molt alt senyor En Jacme seguon, rey d'Araguó, ha ordonat aquest
libre per donar doctrina de viure san e de venir a natural velea a aquels qui ho
volran entendra e metre en obra.

E per ço que aquest Regiment, qui tan planament és ordonat, pusca tenir o
fer profit a aquels qui no entenen latí, és vengut a plaer a la molt alta senyora
dona Blancha, per la gracià de Déu reyna d'Araguó, que ha manat a mi, Berenguer Sariera, surgian, que trelat aquest libre de lati en romanç; e yo, per satisfer

---

[5]   Cfr. *Gen.,* I, 26 i 2,7.

a son manament, són-me entramès de tresladar aquest libre. E prec los legidors d'aquest que, si per ventura en lo romanç ho en la sentència del libre trobaven nuyla cosa qui·ls semblàs no raonable, que ans que ho reprenguesen, que ho corregisen ab aquel del latí, per ço cor moltz vocables e [en]tenimentz ha en los libres de medicina, que a penes se poden metre en romanç.

Emperò jo vuyl enadir en aquest libre alscunes notes per los marges en manera de rúbliques[6], per ço que aquels qui legiran en aquest libre pusquen pus leugerament trobar la proprietat del ajudament ho del noÿment de les coses qui açí són nomenades per regiment de sanitat; per ço cor aquels qui s'an ajudar ab los libres qui són en romanç, no poden aver estudiatz tantz libres que leugerament pusquen trobar la proprietat del regiment dejús escrit, lo qual lo dit maestre Arnau ha aordonat en ?XVIII? capitols[7].

Lo primer és de triar bon àer.

Lo seguon és qual exercici és meylor.

Lo terç és del bayiar e de lavar lo cap e?ls peus.

Lo quart és del menyar e del boure en general.

Lo ·V· és de reposar, e de durrnir, e de vetlar.

Lo ·VI· és de nedeyar les sobrefluïtaz, e del ajustament carnal.

Lo ·VII·è és dels aççidens de la ànima, qui destruen fort lo cors, així con ira e tristor; e con ne en qual manera alegria ahordonada lo recrea e·1 comforta.

Lo ·VIII·è és de les coses qui donen nudriment, ço és dels grans, així con de forment e de sos semblantz, de què hom fa pan.

Lo ·IX·è és con deu hom usar dels legums.

Lo ·X·è és de les fruytes que hom usa.

Lo ·XI·è és de les ortalices e dels fruytz d'aqueles.

Lo ·XII·è és de les raïls que hom usa.

Lo ·XIII·è és de les diversitatz de les carns, e de qual manera les dega hom usar.

Lo ·XIIII·è és de les coses comunes qui són raebudes de la humiditat del bestiar.

Lo ·XV·è és del peys, ne en qual manera los deu hom usar.

Lo ·XVI·è és de les sabors e dels condimentz.

Lo ·XVII· és del regiment del boure.

---

[6] Ací ja es diu que les rúbriques marginals no són d'Arnau, sinó d'En Sarriera. Les intercalem al text, entre claudàtors. Tot sovint el tall dels marges n'ha llevat qualque lletra.

[7] Els textos llatins d'Arnau duen els capítols numerats i retolats en el cos de l'obra, almenys els textos impresos. El manuscrit català, en canvi, no fa aquestes divisions tan útils, però nosaltres les hem adoptades, per a major claredat, repetint al començament de cada capítol, entre claudàtors, els títols que dóna ací Berenguer Sarriera.

Lo ·XVIII· e derrer és del remeys e de la cura de les emoreydes, que, jatzsia que aquest regiment sia profitós a tot cors san generalment, mayorment és profitós als corses sanguinis e colèrics, e a aquels qui an acustumat d'aver emoreydes; per qué lo dit maestre Arnau mès en la fin d'àquest *Regiment* aquest capítol de emoreydes. E és cert que aquels qui observaran aquest regiment dejús escrit, que no·ls cal aver temor que sien agreuyatz per la dita malaltia.

JAUME CONESA

BIOGRAFÍA

Nace en Montblanc, Conca de Barberà en 1320 y muere en 1390 en Barcelona. Fue funcionario real desempeñándose como miembro de la cancillería real desde 1342, como secretario y luego protonotario (1365) de Pedro el Ceremonioso. Se conservan diversas cartas reales redactadas por él entre 1355 y 1360. En 1367 inicia la traducción al catalán de la *Historia destructionis Troiae* escrita en 1287 por Guido delle Colonne, la que lleva el título de *Històries troianes* y ha sido editada por Ramón Miquel i Planas en Barcelona en 1916. Su prosa clara y precisa, que adapta del latín diversos recursos sintácticos, permite considerarlo uno de los renovadores de la prosa catalana[8].

ORIENTACIÓN BIBLIOGRÁFICA

Badía, Lola. «Traductions al català dels segles XIV-XV i innovació cultural literària» en *Llengua i literatura de l'Edat Mitjana al Renaixement*. Edició a cura d'Albert Rossich i Mariàngela Vilallonga. Studi general, Revista de l'Estudi de Lletres. Universitat Autònoma de Barcelona, n.° 11, 1991: 31-50.

Crosas, Francisco. «El testimonio "perdido" de Jaume Conesa y sus *Històries troianes*» en *SIGNO. Revista de Historia de la Cultura Escrita*. Universidad de Alcalá, 8 (2001): 295-299.

Santoyo, Julio César. «El siglo XIV: Traducciones y reflexiones sobre la traducción» en *Livius. Revista de Estudios de traducción*. Universidad de León, Departamento de Filología Moderna, vol. 6 (1994): 17-34.

---

[8] La información básica precedente se ha obtenido de la *Enciclopèdia catalana*, [http://www.enciclopedia. cat/].

PRÓLOGO DE JAUME CONESA A SU TRADUCCIÓN DEL LATÍN AL CATALÁN (1367)
DE LA *HISTORIA DESTRUCTIONIS TROIAE* DE GUIDO DELLE COLONNE
EN
FOLIO 1 DEL MANUSCRITO SIGNATURA MSS 10215 DE LA BIBLIOTECA NACIONAL
DE MADRID.

TRANSLITERACIÓN DE NELSON CARTAGENA[9].

(folio 1ʳ)
A istancia et apregaries de un noble hom et de gran compte qui desijaua
auer en Romanz les istories Troyanes qui son en lati per com hauia hoyt dir qui
eren fort belles et que pertanyen asaber atot caualier yo Jachme Conesa protho-
notari del senyor Rey jatsia que fos asats ocupat de altres majors afers et no
agues belaer [*sic*] de ocopar me en aytals coses empero per satisfer ales sues
pregaries et car sabia que quell trobaua plaer en saber moltes istories et molts
fets antichs et era vollenteros en legir et saber fets caualleros et aytals com las
dites istories contenen jatsia quel ell entesses queacom de lati empero car la
suptilitat dels latins segons los quals les dites istories son compostes deya que
noles podia perfetament entendre per que non podia auer aquel plaer nila enten-
cio ques pertany del libre. Et per complaure aell de aromancar aquelles per
aqueles entreuals de temps que poria comenci diuenres a XVIII del mes de juny
del any M.C CC. LXVII protestant que nosia prejudicat ales dites istories en
lati. Car veraiment lo Romanz de aqueles en esguart del lati lo qual es molt
aptament posat es axi com plom en uers ffin aur. Et axi matex protestant que si
algunes paraules seran transportades o que paregua que no sien conformes de
tot en tot al lati no sia inputat a ultracuydament de mi mas que cascu entena que

(folio 1ᵛ)
aquel trasportament / o mudament es per donar antendre plenament e grosera
los latins qui son soptils al dit noble hom et tots altres lechs qui apres deles
dites istories legiran. Et en cara mes pot esser imputat a [i]gno[ran]cia mia qui
segons la suptilitat de aquel qui les composa no so bastant ni suficient afer tal
traslatacio de lati en Romanz / mas confiant enla gracia de deu et sabent que
per fer alguna mutacio del dit lati en Romanz no pot esser ami reprensio qant

---

9   Nuestra transliteración ha mantenido rigurosamente la ortografía del texto, resolviéndo-
se solamente las abreviaturas, utilizando mayúsculas con los nombres propios e introdu-
ciendo en dos casos entre [ ] elementos omitidos en el manuscrito. Salvo puntos y aisladas rayitas oblicuas el copista no usa otros signos de puntuación.

adeu atreueschme de fer a[que]sta obra pregant ab gran istancia atots los ligents
que si res hi aura que no les placia o que les torn anug que non donen carech
ami algun com yo aytant com mils pore me enten aconformar al test deles dites
ystories aytals com yo los he reduynt aqueles de lati en Romanz axi com dit es
et comenz en la forma que segue //.

FERRER SAYOL

BIOGRAFÍA

Ferrer Sayol vivió durante el s. XIV en Barcelona. Fue primero «escrivà de ració» y ya en 1356 protonotario de la reina doña Leonor de Sicilia, la tercera esposa de Pedro IV. En dicha calidad se conserva su firma autorizando diversos documentos en los años 1358, 1360, 1366 y 1374. Entre los años 1380 y 1385, por tanto seguramente a una edad relativamente avanzada, tradujo al español y al catalán el tratado *Opus agriculturae*, también llamado *De re rustica*, de Rutilio Tauro Emiliano Paladio, la obra de este género más utilizada en la Edad Media e incluso hasta comienzos de la Edad Moderna. La versión española procede de un códice de la biblioteca del Marqués de Santillana y la catalana se conserva en un manuscrito de fines del s. XV o principios del s. XVI en el Fondo Serrano Morales de la biblioteca del Ayuntamiento de Valencia. En el prólogo de dicha traducción censura duramente las versiones anteriores en lengua romance de la misma obra, lo que constituye un temprano testimonio de la crítica y análisis de traducciones. Ya como protonotario real estaba casado con la madre de Bernat Metge, quien llegó a ser uno de los mayores prosistas catalanes del prehumanismo, por lo cual es muy verosímil que influyera en la formación literaria de su hijastro, así como parece evidente que desde su alto cargo pudiera además haberle encauzado en la carrera de funcionario de la cancillería.

ORIENTACIÓN BIBLIOGRÁFICA

Badía, Lola. «Traductions al català dels segles XIV-XV i innovació cultural literària» en *Llengua i literatura de l'Edat Mitjana al Renaixement*. Edició a cura d'Albert Rossich i Mariàngela Vilallonga. Studi general, Revista de l'Estudi de Lletres. Universitat Autònoma de Barcelona, n.° 11, 1991: 31-50.

Butiñá Jiménez, Julia. «Sobre el prólogo de Ferrer Sayol al "De re rustica" de Paladio» en *Epos: Revista de Filología*, n.° 12, 1996: 207-228.

Capuano, Thomas M. «Introducción» a Palladius, Rutilius Taurus Aemilianus, *Obra de Agricultura traducida y comentada en 1385 por Ferrer Sayol*, edición a cargo de Thomas M. Capuano. Madison, Hispanic Seminary of Medieval Studies, 1990.

Cifuentes i Comamala, Lluis. *La ciència en català a l'Edat Mitjana i el Renaixement*. Barcelona, Palma de Mallorca, Universitat de Barcelona ~ Universitat de les Illes Balears, Col·lecció Blaquerna 3, 2001: 53-64, especialmente 59 y sig.

Santoyo, Julio César. «El siglo XIV: Traducciones y reflexiones sobre la traducción» en *Livius. Revista de Estudios de traducción*. Universidad de León, Departamento de Filología Moderna, vol. 6 (1994): 17-34.

PRÓLOGO DE FERRER SAYOL A SU TRADUCCIÓN DEL LATÍN AL ESPAÑOL (ENTRE
NOVIEMBRE DE 1380 Y JULIO DE 1385) DE *OPUS AGRICULTURAE* (TAMBIÉN
LLAMADA *DE RE RUSTICA*) DE RUTILIUS TAURUS AEMILIANUS PALLADIUS
EN
FOLIOS 1-4 DEL MANUSCRITO SIGNATURA MS 10211 DE LA BIBLIOTECA NACIONAL
DE MADRID.

TRANSLITERACIÓN DE NELSON CARTAGENA[10].

(Folio 1ʳ)
   [P]alladi Ruculi Emiliani fue noble hombre dela çibdat de Roma. E por la
grant afecçion que el hauia a la cosa publica. non tan sola mente dela çibdat de
Roma. mas encara a todas las partidas del mundo. la qual cosa publica non es
durable. nin se puede sustener menos de labradores e personas que labren y
conrreen la tierra / menos de industria. delos quales los hombres non podrian
auer conuiniente vida para ellos mesmos nin para los animales / los quales le
son nesçesarios. ya sea que se lea que en los primeros tiempos los hombres
biuian de los fructos delos arboles. (e)n tiempo/ es asaber antes del diluuio /
quando los hombres non eran tantos en numero / commo son agora. por la qual
rrazon Palladio ouo consideraçion que non tan solamente los fructos delos
arboles. antes aun los espleytos dela tierra eran

(Folio 1ᵛ)
nesçessarios para alimentar non sola mente los hombres e mas aun los animales
aellos nesçessarios. asi como son diuersas aues. bestias cauallares. asininas.
mulares. perros e gatos e otros. que ya sea que cada uno en su natura pudiese
veuir en los boscages. estando e remaniendo salvages./ (e)mpero non aproue-
charien mucho alos hombres que los han nesçesarios a su prouecho e deleyte./
Por la qual razon e aun por tal commo muchos nobles e exçelentes hombres e
de grant estamiento. commo son papas. enperadores. reyes. condes. e otros
grandes hombres. asi clerigos como legos. e otros de menor estamiento. asi por
su deleyte como prouecho se delectauan en ennoblesçer el mundo./ E algunos

---

[10]   Se ha respetado la ortografía del manuscrito, pero se han resuelto las abreviaturas y
escrito con mayúscula los nombres propios. Elementos añadidos al texto van entre [ ].
Especial problema constituye el frecuente uso de mayúsculas que deberían introducir un
nuevo sintagma, pero que dependen gramaticalmente de la oración o frase anterior, lo
que en diversos contextos nos ha obligado a reemplazarlas por la respectiva letra mi-
núscula, la que escribimos entre ( ) y en cursiva.

dellos hedificauan palaçios. castillos. casas ffortalezas. çibdades e lugares /.
(*o*) tros plantauan viñas. arboles fructifferos criauan boscages e prados que
siruian asus nesçesidades e plazeres. (*e*) encara a la cosa publica querientes
seguir la manera que touo Salamon. (*e*)l qual fazia su poder de ennoblesçer el
mundo. ço es la tierra. la qual dios espeçialmente auia asignada e dada alos
fijos delos hombres / E paresçe que tal doctrina ouiese querido dar el profeta su
padre Davit enel C.III. psalmo del salterio. enel qual escriuio un verso el qual
comiença/. ["]hoc mare magnum

(folio 2ʳ)
et spaçiosum manibus scilicet contractandum["]. quasi que quiere dezir que
aquesta grant mar e ancha que es la tierra deue ser tractada e en noblesçida
por las manos delos hombres hedifidcando e plantando e expleytando aquella /.
E por todas aquestas razones Palladio partio personalmente de la çibdat de
Roma. (*e*) çerco grant partida de Greçia. do fueron antiguamente los grandes
filosofos. (*e*) grant partida de Ytalia /. (*e*) quiso leer muchos e diuersos libros
que algunos filosofos auian escriptos e dexados en memoria enel fecho de agricultura o labraçion. E por ojo quiso prouar e ver la manera e practica que los
labradores e los foraños tenien en hedificar sus casas / o tierras / o en plantar
sus viñas e sus arboles. (*e*) como los enpeltauan o enxirian. (*e*) los tiempos en
que sembrauan e cogian e conseruauan cada simiente. (*e*) los nombres de cada
una./ (*e*) como criauan sus bestiares gruesos e menudos / e la natura dellos /.
(*e*) por sy quiso esperimentar e prouar muchas cosas las quales auia leydas vistas e oydas /. E apres por caridat que auia en dios. (*e*) por grant amor que auia
ala cosa publica copilo e ordeno el presente libro

(folio 2ᵛ)
en latin fuerte corto e breve e entricado e mucho sotil. no contrastant que en el
prohemio / o prefaçio de su libro ouiese pretestado e dicho que la arte dela agricultura deue ser tractada por hombres groseros e labradores./ a los quales non
deue el hombre fablar subtilmente asi commo sy eran hombres de sçiençia.
E es çierto que el libro de Palladio por la grant suptilidat e breuedat e vocablos
que non son en uso entre nos otros en Cataluñya nin aun en España. era e es
mucho aborrido e repudiado e menospreçiado por tal que non lo podian entender. ya sea que algunos se sean fechos arromançadores. los quales non han
auido cura de arromançar muchos vocablos los quales non son conosçidos nin
usados en nuestro lenguaje. (*m*)as han los puestos sinplement segunt que los
han fallados escriptos enel latin. (*e*)n tanto que si poco son entendidos enel
latin. asy tan poco son entendidos enel romançe /. E aun en muchas partidas
del romançe non han expresado nin dicho el entendimiento de Palladio. antes

han puesto el contrario en grant derogaçion e perjuyzio de Palladio. (*e*)l qual solamente por copilar atal libro meresçe auer grant gloria /. Porque yo Ferrer

(folio 3ʳ)
Sayol çibdadano de Barçelona que fuy prothonotario dela muy alta señora doñya Leonor reyna de Aragon de buena memoria /. la qual fue muger del muy alto señor rey don Pedro rey de Aragon agora regnant / (*e*) fija del rey don Pedro rey de Çiçilia. veyendo los grandes desfallesçimientos. los quales eran en los libros arromançados del Palladio / (*e*)veyendo aun que este libro es muy hutil e prouechoso a todos los hombres / asy de grant estamiento como baxo que quieran entender en agricultura / o lauor / ala qual natural mente son incli-nados en su vejez /. (*e*)n espeçial los hombres que son estados en su juuentut de grant e noble coraçon (*e*) han trabajado e entendido en fecho de armas e otros notables fechos a utilidat dela cosa publica ./ segunt que recuenta Tullio en un su libro intitulado ["]De vegez["] /. en el qual recuenta grandes perrogatiuas e grandes plazeres e delectaçiones e prouechos en la agricultura / o labor que es conrrear la tierra /. la qual segunt que el dize e asy es verdat /. que non sabe tor-nar asu labrador aquello que le encomienda menos de vsura /. quasy que diga que la simiente que ay siembra le restituye en mayor e en mucho mayor nume-ro que non la siembra / (*e*) muchas otras marauillas /. las quales serian largas de escriuir/. (*e*) mas resçi

(Folio 3ᵛ)
ta en aquel mesmo libro muchos sabios e antigos hombres e philosofos de grant estamiento que en su vegez labrauan e fasian labrar e conrrear sus tierras. E el mesmo faze testimonio / disiendo que cosa en el mundo non es mas delectable al hombre viejo de grant estamiento que faser conrrear las tierras e obrar obras de aquellas /. Empero entiende lo dezir que se quiere secrestar e apartar o alexar en su vegedat de los aferes mundanales e pensar e contemplar que la graçia diuinal faze engendrar la tierra sola mente a seruiçio del hombre. ca dios todo poderoso non ha menester de los espleytos dela tierra sy non el hombre sola-ment. E remirando e contemplando aquestas cosas e rendiendo graçias a dios todo poderoso. la [vegez]¹¹ ha puyado e subido el primer grado / o escalon de contemplaçion en dios./ (*e*) despues podra sobir mas ligeramente el segundo escalon de contemplar con Jesus Cristo dios e hombre fecho nuestro hermano. tomando natura humana. despues podra contemplar el çaguero e terçero esca-lon. (*e*)l qual es contemplar enel gozo que auran en parayso los amigos de dios.

---

¹¹ En el manuscrito se dice «vegada», probablemente en vez de «vegedat».

los quales auran trabajado por su seruiçio e dela cosa publica del mundo. del qual el es cabeça e mayor prinçipe /.

(folio 4ʳ)
E yo por todas aquestas cosas he querido nueua mente / arromançar e declarar tanto quanto la mi groseria e insufiçiençia ha bastado el dicho libro de Palladio tornando aquel nueuamente de latin en romançe /. E suplico a todos los leedores de aqueste libro que non me noten de presumpçion / (c)a a buen entendimiento e a prouecho dela cosa publica lo he fecho /. E sy por auentura yo non he bien interpretados algunos vocablos de simientes e de arboles / o de otras cosas aquesto ha seydo porque non los he fallados expuestos nin declarados en algunos libros / asy de gramatica commo de medeçina. ya sea que diligentemente en ello aya trabajado. E dexolo a correcçion de mayor e mejor interpretador que yo que le plega suplir e corregir e emendar los desfalleçimientos que y son por culpa mia. por tal que en los traslados si alguno fara faser non se sigua error. E aquesto por caridat de Dios e por dilecçion de la cosa publica /.

ffue acabado de romançar enel mes de jullio. año a natiuitate domini M.CCC.LXXXV.
(e) fue començado en nouiembre del añyo M.CCC.LXXX./

Pero López de Ayala

Biografía

Pero López de Ayala, quien nace en Vitoria en 1332 en el seno de familia noble y muere en Calahorra en 1407, se destacó por su protagonismo en los ámbitos político, diplomático, militar y literario de su tiempo. Inicialmente al servicio de Pedro I de Castilla en calidad de doncel apoya luego la rebelión de Enrique de Trastamara, quien resulta victorioso (1367) y premia su lealtad nombrándole alcalde mayor de Vitoria y Toledo y otorgándole diversas mercedes. Al servicio de Enrique II, Juan I, y por último, de Enrique III, durante cuya minoría de edad integró incluso el Consejo de Regencia, no sólo realizó intensa actividad diplomática en la Península y en Francia, sino que también empuñó las armas en la batalla de Aljubarrota (1385), que le trajo como consecuencia prolongado cautiverio. En 1398 alcanza la cúspide de su carrera, siendo nombrado Canciller mayor del reino.

Su obra poética fundamental es *Rimado de Palacio* (1385-1403), en la que describe, critica y satiriza fuertemente a la sociedad de su tiempo. Como cronista de los reyes a quienes sirvió produjo su ágil *Historia de los Reyes de Castilla*. También tradujo a autores contemporáneos como Guido de Colonne (*Historiae Destructiones Troiae*, versión escrita casi paralelamente a la de Jaume Conesa alrededor de 1367) y Boccaccio (los ocho primeros libros de *De casibus virorum illustrium*) y a clásicos como Tito Livio (las primeras Décadas de *Ab urbe condita*), Boecio (*De consolatione philosophiae*) y san Isidoro (*De summo bono*). Tuvo gran predilección por los comentarios morales de san Gregorio Magno al libro de Job, los que tradujo con el título de *Las Flores de los «Morales de Job»*; el enfoque de la traducción que se presenta en el prólogo aquí transcrito de esta obra, permite alimentar la interrogante acerca de si López de Ayala puede considerarse o no un protohumanista.

ORIENTACIÓN BIBLIOGRÁFICA

Branciforti, Francesco. Introduzione, testo critico y notas de *Las Flores de los «Morales de Job»*. Firenze, Felice Le Monnier, 1963.

Naylor, Eric W. «Pero López de Ayala: Protohumanist?» in *Livius. Revista de Estudios de traducción*. Universidad de León, Departamento de Filología Moderna, vol. 6 (1994): 121-127.

Santoyo, Julio César. «El siglo XIV: Traducciones y reflexiones sobre la traducción» en *Livius. Revista de Estudios de traducción*. Universidad de León, Departamento de Filología Moderna, vol. 6 (1994): 17-34.

Valbuena Prat, Ángel. *Historia de la literatura española*, I. Barcelona, Editorial Gustavo Gili, 1968, octava edición corregida y ampliada, pp. 192-210.

Prólogo de Pero López de Ayala a *Las Flores de los «Morales de Job»*, donde traduce del latín al castellano (ca. 1390) los comentarios morales de san Gregorio Magno al libro de Job

EN

Joseph Rodríguez de Castro, *Biblioteca Española. Tomo segundo que contiene la noticia de los escritores gentiles españoles y la de los christianos hasta fines del s. XIII de la Iglesia.* Madrid, Imprenta Real, 1786: 398 y sig.[12].

Este libro es llamado flores de los morales sobre Job que son dichos de muchos buenos enxenplos y de buenas dotrinas y de buenas reglas para bien biuir espiritualmente y moral y onestamente. E por eso son dichos flores porque asy como las flores en el arbol paresçen bien y fasen el arbol mas fermoso y son de muestra del fruto que llevara el arbol. ca dellas nasçe el fruto. bien asy como estos dichos en este libro contenidos son en sy muy fermosos y frutuosos fasen al onbre que es dicho en la escritura arbol muy conpuesto y fermoso y frutuoso en buenas obras delante dios y delante los onbres y dan en el olor de buena fama y fructo dulçe y muy sabroso y prouechoso de obras meritorias fasiendo lo que en este libro se dise. E fueron estos dichos apuradamente cogidos del grant arbol de virtudes que es el volumen y libro de los morales que fiso sant gregorio sobre Job. E sacados de latin en rromançe por mano del noble y onrrado señor prudente y discreto varon don pero lopes de ayala chançiller mayor del Rey de castilla y uno de los del su alto consejo y coronista. porque lo el quiso ser non resçibiendo salario por ello. E avn por las sus excellencias y virtudes fue escogido por uno de los del consejo del Rey de françia çerca del qual fue syenpre muy açepto. E paren bien mientes con atençion los que en este libro leyeren. sy quisieren saber quien fue el primero escriuano del libro de Job y sepan syn otra dubdança segunt que dise y prueua sant gregorio en el prologo deste dicho libro que non fue otro saluo ese mesmo Job ynspirado por el spiritu santo que lo en el dicto asy como en libro. porque los sus gloriosos fechos a nos por el quedasen en enxenplo. Nin se mueua ninguno a creer el contrario por algunas palabras de alabança de Job que se disen en el dicho libro que paresçe

---

[12] Según se indica en pág. 398, col. 1, el prólogo ha sido reproducido del manuscrito del s. XV ij.b.7 conservado en la Real Biblioteca de El Escorial. Por nuestra parte lo hemos copiado fielmente, salvo en el caso de tres abreviaturas que hemos resuelto: *espiritualmente* (pág. 398, col. 2, línea 14), *espiritu* (pág. 399, col. 1, líneas 4 y 16) y *santa* (pág. 399, col. 1, línea 11). El texto presenta claros rasgos seseantes (*fasen, fasiendo, fiso, dise, disen, disiendo, lopes, veses, rresa*).

que non las diria Job de sy mesmo. Ca costunbre es de la santa escritura que el que la escriue fable de sy como sy fablase de otro. asy fablo moysen. asy fablo sant Juan euangelista. asy fablo sant lucas. asy fablo sant pablo cada uno de sy disiendo lo que dictaua el espiritu santo. E por ende los que escriuen la santa escritura por voca de Dios pues que se mueuen por ynpulsion del espiritu santo asy dan de sy testimonio como sy lo diesen de otro alguno. Otro sy paren bien mientes los que en este dicho libro leyeren al romançe que el dicho trasladador fiso y la orden y manera quo touo guardando todavia la costunbre de los sabios antiguos filosofos y poetas. los quales syenpre guardaron en sus palabras y en sus dichos la virtud de los vocablos y la significacion dellos segunt la realidad. E guardaron syenpre este estillo de lleuar la sentençia suspensa fasta el cabo. y de anteponer los casos del verbo del qual han rregimiento los quales segunt la arte de la gramatica en costruyendo deuen ser pospuestos. E esto fiso el por guardar el color de la rretorica y la costunbre sobredicha de los sabios que dificultaron sus escrituras y las posieron en palabras difiçiles y avn obscuras porque las leyesen los onbres muchas veses y mejor las rretouiesen y mas las preçiasen quanto en ellas mas trabajo tomasen. Ca lo que con mayor trabajo se gana con mayor presçio se guarda. E la orden que guardo el sobredicho trasladador en este libro es esta. Començo primeramente en los prologos primero y segundo del dicho libro de los morales de sant gregorio. y tomó dellos lo mejor y mas fructuoso contando lo de cada uno dellos por su parte. E despues tomo de cada vno de los treynta y çinco libros de los morales bien lo que le paresçio ser mas enxenplar y prouechoso a los leyentes. allegando en muchos logares el testo de Job declarando lo que sobre ello dixo sant gregorio. E otras vegadas rresa el dicho de sant gregorio segunt que esta en el libro y pone sy es menester el enxenplo escrito en el libro syenpre contando el libro de los morales por sus capitulos como está todo el libro distinto y contado y ordenado. primero y segundo y tercero etc. E contando bien asy los capitulos del testo de Job. porque el que leyere en este dicho libro sy en alguna cosa dubdare requiera el dicho libro de los morales y falle cierto el libro y capitulo de los morales y el capitulo del testo de Job.

PEDRO DE TOLEDO

BIOGRAFÍA

Los escasos datos biográficos que se atribuyen al maestro Pedro de Toledo, «fijo de maestre Johan del Castillo», han sido propuestos por Schiff (1970: 443 y sig.) De acuerdo con ellos fue judío converso o hijo de judío converso, lo que testimoniarían su humildad y estilo a menudo de dudosa corrección. Probablemente sea el mismo Pedro que escribió hacia 1433 *De causa ob quam angeli in diversis locis simul esse non possunt* y su padre, el judío converso de Toledo, el maestre Juan el viejo, que escribió hacia 1416 el *Memorial de las cosas que atañen á nuestro señor Jesus e á la su santa Fee*. Pese a que conocía bien el árabe, como lo demuestran sus citas en esa lengua, utilizó como base de su traducción al romance del *More, el Moysen de Egipto* de Maimónides la versión hebraica de Jehuda Charisi, tal vez por la dificultad de encontrar el original árabe en la Península. Él mismo indica que terminó en 1419 en Zafra, residencia de su señor Gómez Suárez de Figueroa, la segunda parte de la traducción, la que finalizó en Sevilla en 1432, después de la muerte de su protector ocurrida en 1429. Dado que Gómez Suárez de Figueroa había desposado a una hermana del Marqués de Santillana y éste, a su vez, a una hermana del señor de Feria y Zafra, es muy probable que el marqués después de la muerte de su doble cuñado hubiese tomado bajo su protección a Pedro de Toledo, por lo que su traducción pasó a formar parte de la colección de códices de la biblioteca de don Íñigo López de Mendoza. Según fuentes presentadas por M. Lazar, ob. cit., pág. XV, es también posible que nuestro traductor sea cierto maestro Pedro, médico personal del arzobispo Pedro de Toledo, quien en 1395 le habría nombrado alcalde y juez mayor de los judíos de su diócesis, por lo cual al convertirse puede haber adoptado el nombre de su protector.

ORIENTACIÓN BIBLIOGRÁFICA

Cartagena, Nelson. «Cómo se debía traducir en España en el siglo XV» en A. Gil, D. Osthus, C. Polzin-Hausmann (Hg.) *Romanische Sprachwissenschaft.*

Zeugnisse für Vielfalt und Profil eines Faches. Festschrift für Christian Schmitt zum 60. Geburtstag. Frankfurt, Peter Lang, 2004: 437-454.

Lazar, Moshe. Introducción a *Maimonides Guide for the Perplexed. A 15th Century Spanish Translation by Pedro de Toledo (Ms. 10289, B.N. Madrid)* edited by Moshe Lazar. Labyrinthos, 1989: XI-XVIII.

Russell, Peter. *Traducciones y traductores en la Península Ibérica (1400-1550)*. Bellaterra, Universidad Autónoma de Barcelona, Escuela de Traductores e Intérpretes, 1985.

Prólogo de Pedro de Toledo a su traducción (1.ª parte, antes de 1419; 2.ª parte, 1419 y 3.ª parte, 1432) del hebreo al castellano de *More Nebuchim* de Maimónides.

En

folio 1 del manuscrito signatura MS 10289 de la Biblioteca Nacional de Madrid[13].

Transliteración de Nelson Cartagena[14].

(Folio 1ʳ, col. 1)

Enel nonbre de dios todo poderoso. yo maestre Pedro de Toledo fijo de maestre Johan del Castillo fue rrogado e mandado por mi señor Gomez Suares de Figueroa fijo del muy alto cauallero don Lorenço Suares de Figueroa maestre que fue de la muy onrrada e alta orden de la caualleria de Santiago que romançase el muy altisimo libro del More que fizo el muy famoso sabio ./ maestre Moysen de Egipto el Cordoui fijo del grande juez rabi Maymon de Cordoua. enla muy alta sçiençia e sapiençia dela philosofia e meta fisica e delas profeçias e ley santa de Moysen. El qual nonbre More quiere dezir mostrador e enseñador delos turbados. Esto se entiende por los muy profundos judios sabios en filosofia que auian dubda en sus coraçones e fuertes turbaçiones de muchas cosas dela santa escriptura que pareçian ser contra naturaleza e razon. Ende la voluptad del dicho señor conponedor de este More fue juntar e amigar la santa escriptura de Moysen e de los profectas conla muy altisima esçelente filosofia primera e moral e natural segunt enel dicho libro es mayor mente contenido. E yo el dicho maestre Pedro entendiendo seer el dicho mi señor muy grande e prudente sabio e noble de condiçiones. e por le fazer plazer e seruiçio plogome de volunptad ponerme al trabaio para lo trasladar de abrayco a romançe lo mas mejor que supiere e pudiere. fiando en un verdadero dios dador de todo ser e entender e su gracia a quien le plaz que yo fare lo que deuo e seguire la regla e costunbre delos trasladadores letrados que a mi son antiçipados. E por quanto los traslados son

---

[13] El manuscrito presenta en los márgenes, e incluso entre las últimas líneas de ambas columnas del folio 1ʳ, comentarios críticos de un curioso corrector anónimo, los cuales hemos omitido por no tener relevancia para nuestros propósitos. En todo caso pueden leerse en Schiff, ob. cit., notas a pp. 432-434.

[14] Hemos transliterado el texto respetando su ortografía literal, acentual y puntual. Al respecto sólo hemos resuelto las abreviaturas, utilizado mayúsculas para los nombres propios y eliminado el signo ℂ que antecede a todas las mayúsculas iniciales de párrafo del texto, con excepción de la primera de ellas.

diuersos e de diuersos letrados buenos e comunales e ningunos. E los escriuanos otros y todos por ser non letrados erraron yerros manifiestos. yo. lo que fiziere sy errare non sea en culpa e delo que bien dixiere a dios las graçias

(folio 1ʳ, col. 2)
sean dadas quanto mas que amos trasladadores erraron en muchas cosas. E el uno mas que el otro sin conparaçion por que es sabido ser bueno e conplido en lenguaje e muy sinple enla sçiençia e nonbrase Harizi. E el mejor en la sçiençia nonbrase Auentabbon. Mas fio enel Dios alto e en la sçiençia maguer poca. que ami plogo endonar que fare todo lo mas e mejor que pudiere tanto que en la sçiençia non aya error en todo mi poder/. E segunt mi pequeño entender. Pero sepa el mi señor e todo aquel que por esta mi trasladaçion leyere o viere que la entençion del noble maestre Moysen non fallesçera de todo su libro de comienço fasta la fin cosa alguna ayudandome el verdadero dios comoquier que los libros onde conçierto e traslado son traslados de traslados onde conprehenden forçada mente errores muchos asi por las diuersidades delos trasladadores en diuersas errores commo enlas diuersas errores delos diuersos escriuanos. Ende segunt la costumbre oue a fazer de un vocablo dos e de dos vocablos uno / e añader en algunt lugar e menguar en otro / e en uno declarar e en otro a cortar. E en otro poner la razon vocablo por vocablo tal qual esta. E mayor mente dela mejor trasladaçion que es segunt yo e otros mas letrados espuesta e dada por muy mas notable. E muchas vezes tomo un renglon de la una trasladaçion e otro de la otra e algunas vezes lo tomare tal qual esta por lo yo non entender segunt la trasladaçion esta non segunt deue. E por non errar ni poner uno por al. he lo de poner segunt esta en la dicha mejor trasladaçion// e

(folio 1ᵛ, sólo col. 1)
por quela vuestra merçet sea mas contenta auiendo o veniendo algunt maldezidor que se faze sabio letrado. la vuestra merçet sea de mandar leer el capitulo del abrayco de qualquier trasladaçion de quatro que fasta oy son. E la vuestra merçet acatando e mirando cada capitulo de esta mi trasladaçion. ende vera la vuestra señoria la lealtad del buen leal seruidor que a la vuestra merçet plaze e ama todos tienpos seruir. E señor sy alguna de algunas errores por mi fueren fechas en aquesta mi trasladaçion. señor auet la en exenplo de aquel que yerra a dios serviendo non entendiendo a Dios errar. mas entendiendo a Dios seruir. E de Dios principe del mundo aya ayuda e de mis pecados perdon e de la vuestra señoria grant prez e buen galardon. Amen.

ENRIQUE DE VILLENA

BIOGRAFÍA

Nace en Cuenca en 1384 y muere en Madrid en 1434. Criado y educado por Enrique II y por Enrique III fue miembro de la nobleza de origen aragonés que vivió en Castilla sin títulos propios. Casó con María de Albornoz, señora de numerosas villas, pero rompió su matrimonio declarándose impotente para dejar lugar a Enrique III que convirtió a doña María en su manceba y concedió a Villena el grado de maestre de la Orden de Calatrava, cuyos frailes a la muerte del monarca le negaron obediencia y anularon su elección.

Fue hombre de profunda erudición en astronomía, teología y medicina, destacando también en el ámbito literario y sobre todo como traductor. Por su afición a las ciencias ocultas y artes adivinatorias se le ha conocido como el nigromántico, llegando incluso a ser más famoso como mago que como escritor. Fue personaje muy discutido en la corte por su ineptitud para la guerra y la vida política, y por su marcada tendencia a disfrutar de los placeres mundanos.

Dentro de su obra médica se destacan *Tratado de la Lepra*, *Libro de la Peste* y *Tratado de la Alquimia*. Su mayor obra en el campo de las artes mágicas fue *Tratado del aojamiento o fascinología*, pero lamentablemente después de su muerte fue quemada su biblioteca por orden del rey Juan II, perdiéndose así la mayor parte de sus escritos sobre el tema. Representativas de su creación literaria son *Arte de trovar*, en la que introduce en castellano el arte poético de los provenzales y *Arte cisoria* o *Tratado de cortar del cuchillo* preceptiva del buen servicio de mesa palaciego.

Con sus traducciones de varias lenguas prepara el camino de los primeros renacentistas españoles; del latín, *La Eneida* de Virgilio, primera versión completa en lengua moderna (antes sólo existían compendios en catalán o italiano), y *La retórica nueva* de Cicerón; del italiano, *La divina Comedia* de Dante. *Los doce trabajos de Hércules*, libro de mitología moral, donde cada uno de los trabajos simboliza la victoria de las virtudes sobre los vicios, fue redactado por Villena primero en catalán en 1417 y luego traducido por él mismo al castellano.

ORIENTACIÓN BIBLIOGRÁFICA

Cartagena, Nelson. «Cómo se debía traducir en España en el siglo XV» en A. Gil, D. Osthus, C. Polzin-Hausmann (Hg.) *Romanische Sprachwissenschaft. Zeugnisse für Vielfalt und Profil eines Faches*. Festschrift für Christian Schmitt zum 60. Geburtstag. Frankfurt, Peter Lang, 2004: 437-454.

Méndez Rayón, D. «La Eneida de Virgilio traducida por D. Enrique de Villena» en *Revista Ibérica de ciencias, política, literatura, artes é instrucción pública*. Madrid, Imprenta de Manuel Galiano, tomo I, 1861: 443-455.

Morreale, Marguerite. Prólogo a Enrique de Villena, *Los doce trabajos de Hércules*. Madrid, Real Academia Española, Biblioteca Selecta de Clásicos Españoles, 1958: VI-LXXX.

Russell, Peter. *Traducciones y traductores en la Península Ibérica (1400-1550)*. Bellaterra, Universidad Autónoma de Barcelona, Escuela de Traductores e Intérpretes, 1985.

Santiago Lacuesta, Ramón. Introducción a *La primera versión castellana de «La Eneida» de Virgilio. Los libros I-III traducidos y comentados por Enrique de Villena (1384-1434)*. Anejo XXXVIII del Boletín de la Real Academia Española. Madrid, 1979: 7-32.

Valbuena Prat, Ángel. *Historia de la literatura española*, I. Barcelona, Editorial Gustavo Gili, 1968, octava edición corregida y ampliada, pp. 234-239.

Presentación de *Los doce trabajos de Hércules* a la traducción (1417) del catalán al castellano hecha por su propio autor don Enrique de Villena
En
Biblioteca Virtual Miguel de Cervantes
[http://www.cervantesvirtual.com]

Comiença el tractado de los *Doze trabajos de Ércules,* ordenado por el muy alto señor don Enrique de Villena, del alto e magnífico señor don Pedro, Condestable de Castilla, fijo, e del muy alto, claro e poderoso señor don Enrique, de Castilla rey, nieto, las almas de los cuales Dios en su gloria resçiba. E fízolo a preçes e instançia del virtuoso cavallero mosén Pero Pardo, consegero del alto e poderoso señor el de Aragón rey, señor de la varonía de Albaida e de Corbera, escripto en romançe catalán. E acabóse en Valençia del Çid la biéspera de Ramos del año del nasçimiento del nuestro salvador Jhesú Christo de mill e cuatroçientos e diez e siete años, en el mes de abril. E despúes trasladólo él mesmo en lengua castellana, a suplicaçión de Johán Fernández de Valera el moço, su escrivano en la su casa e notario público en todas las villas e logares de la su tierra, deseoso saber las declaraçiones d'estos trabajos de Ércules, que otras vezes en departidos logares oyera contar e plaziéndole la manera como eran en este puestos tractado. En la cual trasladaçión en algunos passos el dicho señor alongó más de lo que en el original catalán fizo, e en otros acortó, según lo requería la obra a mayor declaraçión por el trocamiento de las lenguas, non mudando la substançia del primero conçebimiento nin la orden del proçeder, usando del común fablar e fuyendo o apartando, siquiera esquivando, cuanto pudo de los intricados e menos entendidos por legos vocablos, a fin que a muchos pudiese aprovechar e comunicarse.

CARTA AL REY, PROHEMIO Y AVISACIONES DE ENRIQUE DE VILLENA A SU
TRADUCCIÓN (CA. 1428) DEL LATÍN AL CASTELLANO DE *LA ENEIDA* DE VIRGILIO
EN
SANTIAGO LACUESTA, RAMÓN. *LA PRIMERA VERSIÓN CASTELLANA DE «LA ENEIDA»*
DE VIRGILIO. ANEJO XXXVIII DEL BOLETÍN DE LA RAE. MADRID,1979: 33-46[15].

[pág. 33 y sig.]

(*Titulo*)
   Traslado de latin en romançe castellano de la eneyda de uirgilio, la qual ro-
manço don enrrique de uillena por mandado e jnstançia del muy alto e poderoso
sennor Rey don johan de nauarra.

(*Carta*)
   E ante de todo, siguese la carta que el dicho don enrriq*ue* embio al dicho
Rey presentando le la trasladacion ya dicha.

   Muy alto e muy poderoso sen*n*or: ¡con quantas humildat, sudiecçion e reuerençia puedo significar la ynterior disposiçion, en mi habituada, ha u*ue*stra obediençia e secundaçion preçeptiua, mi mesmo recomendando en la protecçion
de u*ue*st*r*o fauor, por cuya contemplaçion e mandado se atreuio mj desusada
mano tractar la pen*n*ola escriujente la uirgiliana doctrina e*n* la eneyda contenida, vulgarizando aquella en la materna lengua castellana, maguer anxiedades
penosas e adu*er*sidades de jnfortunjos desujauan mj cuydado de tancta opera-
cio*n* e*n* q*ue* todas las fuerças corporales dirigir co*n*uenja! E maguer la rudiçia e
jnsufiçien*ç*ia mjas no*n* consintiese*n* tan eleuada materia a las usadas humjliar
palabras, njn equjualentes fallar uocablos en la romançial texedura para ex-
premjr a*qu*ellos angelicos conçebimjentos virgilianos, con todo eso tan prompta
era la uoluntad ha n*ue*stro futuro mandado que ya esperaua lo q*ue* le fuese por
uos, sen*n*or, jnjuncto.
(...)   Al presente, suplico a v*ue*stra çelsitud digne resçebir e açeptar la presente
traslaçion con esta preuia epistola que a uos, sen*n*or, embio (...) Onde por que
mejor a v*ue*st*r*a Real notiçia llegue la yntinçion collectiua de la eneydal compu-

---

[15]   Dada la gran extensión del referido texto nos hemos limitado a citar los pasajes relevantes para nuestros propósitos. Además hemos suprimido las referencias técnicas al códice
propias de una edición crítica, remitiendo sólo a las páginas en que aparece el texto citado.
También reemplazamos el signo convencional τ por **e**.

siçion, ante puse vn prohemjo que da gran jntroduçion al leedor, mayor mente
ha los q*ue*l mar de las ystorias non han nauegado.
(...)

(Prohemio o preambulo)
    Siguese el prohemio ho preambulo por dar mayor notiçia de la obra e difi-
cultad della.

[pág. 35]
    Conuenible cosa paresçer deue al juyzjo de qualqujer entendido cumple ante
poner, al comienço de tancta obra e tan entrincada materia, alguna preambula declaraçion , mayor mente pues a notiçia de uos, sen*n*or, e de los que se pagan
de la vulgar lengua venir deue, en la qual, por mengua de vocablos, non se puede
tan propia mente significar los conçebimjentos mentales segund en la lengua
latyna se fazer puede; eso mesmo a qujen estos modos de reçitar poethicos que
virgilio touo serian muy escuros e ha los que no han visto sus exposiçiones, si
alguna preuia jntroduçion aquj non les fuese dada; e por ende, pues hose traladar
tancta obra, non dubde ante poner la jnformaçion presente.
    E por quanto el deseo del entendido leedor, ante de començar la ystoria ,
cobdiçia saber qual actor la fizo e de que nombre titulada e que es lo que tracta
e a que fyn es fecha e a cuya parte de philosophia pertenesçe, por ende , sen*n*or, a
v*ues*tra çelsitud e ha la discreçion de aquellos a qujen esto fuere comunicado,
sea manifiesto que (...)

[pág. 43 y sig.]

(Avisaçiones)
    E ansi terminando el prohemio uengo ha la reduçión de la obra ante ponjen-
do algunas auisaçiones al nueuo leedor complideras saber.
    Ha uos, sen*n*or, muy esclaresçido, e ha los otros leedores sea manifiesto q*ue*
en la presente traslaçion toue tal manera q*ue* non de palabra ha palabra, ne por
la orden de palabras q*ue* esta en el original latyno, mas de palabra ha palabra
segund el entendimiento e por la orden que mejor suena, siquiere paresçe, en la
vulgar lengua, en tal guisa que alguna cosa non es dexada ho pospuesta, siquiere obmetida, de lo contenido en su original, antes aqui es mejor declarada e sera
mejor entendido por algunas expresiones que pongo, aculla subjntellectas,
siquiere ympriçitas ho escuro puestas, segund clara mente uera el que ambas
las lenguas latyna e vulgar sopiere, e uiere el original con esta traslaçion com-
parado. Esto fize por que sea mas tractable e mejor entendido, e con menos
estudio y trabajo uos, sen*n*or, aquellos podaes sentyr, siquiere mental mente

gustar, el fructo de la doctrina latente, siquiere cubierta, en el artifiçioso dezjr.
E por que se no*n* enoje u*ues*tra mer*ç*ed ne los otros leedores syn diferençias, los
diuersos actos de cada libro partj por capitulos, ansi que distincta mente podaes
uer lo que mas plazible uos fuere, maguer uirgilio syn distinçion capitular fizo
cada libro, solo texiendo aquel de continuados uersos.
(....)[16]

[pág. 46]

Fenesçido el prohemio e la jntroducçion de la reducçion e la preuia auisa-
çion, tiempo congruo es començar el texto de la eneyda de uirgilio vulgarizada
e reduzjda en la materna castellana lengua por qujen, com*m*o, e cuya instançia
de suso dicha es.

---

[16] A continuación, entre las páginas 44 y 45, Villena da una serie de explicaciones acerca
de la puntuación, de la acentuación y de las pausas de los versos en su traducción.

ALFONSO DE CARTAGENA

BIOGRAFÍA

Alfonso de Cartagena nace en Burgos en 1384, siendo su padre el rabino Salomón Levi, quien se convierte al cristianismo con toda su familia en 1390 y llega a ser posteriormente incluso obispo de Cartagena. Estudia teología y derecho en la Universidad de Salamanca, obteniendo los grados de «bachiller en leyes en 1405, licenciado en 1410 y doctor en leyes y bachiller en decretos entre 1414 y 1415» (González *et alii*, 2000: 95). Tuvo la fama de ser gran orador, el segundo Séneca por su afinidad con el estoicismo, y junto al Tostado uno de los más grandes eruditos de su época. Fallece el 22 de julio de 1456 en Burgos, donde yacen sus restos en la catedral en la capilla consagrada a la Visitación de Nuestra Señora, cuya construcción él mismo había favorecido.

Durante su vida obtiene sus más señalados éxitos en los ámbitos eclesiástico, político y literario.

Empieza su carrera eclesiática como maestresala de la catedral de Cartagena, en 1916 es nombrado deán de Santiago de Compostela; en 1417, nuncio apostólico; en 1419 o 1420, deán de Segovia y en 1421, canónigo de Burgos. En 1435, a la muerte de su padre, el papa Eugenio IV le confía el obispado de Burgos, el cual asume cuatro años más tarde por encontrarse en el extranjero en servicio diplomático. Durante su obispado realizó notables obras culturales y materiales. Fundó una escuela en la que se formaron los mayores latinistas que actuaron luego en el período de los Reyes Católicos, favoreció con fuertes aportes la construcción del monasterio de San Pablo de Burgos y la reedificación de iglesias y monasterios, entre los que se cuenta el edificio de la propia catedral, cuya construcción había estado largamente interrumpida.

En su calidad de auditor de la Audiencia Real inicia en 1415 su carrera diplomática. Juan II de Castilla le confía la conducción de las negociaciones de paz con Portugal, que realiza con éxito entre 1421 y 1424. En 1434 participa al frente de la legación castellana en el Concilio de Basilea, donde logra con un famoso discurso que se reconozca el derecho preferente del rey de Castilla sobre el de Inglaterra, y, como conciliarista moderado, se granjea el favor del

Papa Eugenio IV, quien al año siguiente, le nombra obispo de Burgos. Luego de una prolongada estancia de estudio en Roma, volvió a demostrar su talento diplomático al mediar con éxito en conflictos entre el emperador Alberto II y el rey Ladislao III de Polonia, así como entre los reinos de Castilla y Aragón.

Alfonso de Cartagena escribió tanto en latín como en español. Sus obras tratan fundamentalmente temas histórico-políticos, morales y religiosos, entre las cuales mencionamos *Anacephaleosis* (una genealogía de los reyes de España, de Francia, de los Papas y de los obispos de Burgos), que fue traducida al español con el nombre de *Genealogía de los reyes de España* (1463); *Allegationes factae in consilio Bassilensi super conquestam insularum Canariae contra Portugalenses anno Domini 1435*; *De concordia*, colección de textos jurídicos para la defensa de las pretensiones españolas en el concilio de Basilea frente a Portugal e Inglaterra así como diversos textos de las misiones diplomáticas del autor; *Oracional, Contemplación y oración sobre el salmo Júzgame, Dios* y *Glosas sobre un prefacio de San Crisóstomo* (Murcia, 1487); *Memorial de virtudes, Doctrinal de caballeros* (Burgos, 1487), *Defensorium unitatis christianae* (1450), alegato en defensa de los judíos conversos. No se han conservado sus obras *Libro de las mujeres ilustres*, escrita a petición de la reina doña María, y el *Tractatus et questionis domini Alphonsi Burgensis*, colección de apuntes sobre los discursos y memoriales del Concilio de Basilea, así como un *Devocional*. Mención especial merece su intensa actividad traductora, por lo general al servicio del príncipe heredero y posterior rey Juan II de Castilla. Destacan sus traducciones de los *Tractados* y *Tragedias* de Séneca (Sevilla, 1491), autor de su predilección; de algunos escritos de Cicerón (*De oficiis*, *De senectute* (Sevilla, 1501)). Lamentablemente, no se ha conservado su traducción *Las éticas de Aristóteles partidas en diez libros*.

Para nuestros intereses son de especial importancia sus ideas sobre la traducción, que expuso principalmente en el prefacio a *De la Rethorica*, su traducción de la obra de Cicerón *De inventione* realizada «a ynstançia del muy esclaresçido Prínçipe don eduarte Rey de portugal» entre 1421 y 1433, así como en su polémica con Leonardo Bruni sobre la, a su juicio, injusta crítica del humanista italiano a la traducción medieval de la Ética de Aristóteles. El prólogo a la traducción de Leonardo de la *Ética* de Aristóteles publicada en 1418 es el que origina la respuesta de Alfonso de Cartagena, la que según F. González *et alii*, 2000: 91, quienes traducen por primera vez al español todos los textos de dicha controversia, debe de haberse escrito en 1432 y según A. Birkenmaier, 1922: 144, alrededor de 1430, siendo conocida en Basilea e Italia muy posteriormente en 1436.

ORIENTACIÓN BIBLIOGRÁFICA

Birkenmaier, Alexander. «Der Streit des Alonso von Cartagena mit Leonardo Bruni Aretino» en *Vermischte Untersuchungen zur Geschichte der mittelalterlichen Philosophie. Beiträge zur Geschichte der Philosophie des Mittelalters*, XX, 5 , 1922: 129-236.

Cartagena, Nelson. «Cómo se debía traducir en España en el siglo XV» en A. Gil, D. Osthus, C. Polzin-Hausmann (Hg.) *Romanische Sprachwissenschaft. Zeugnisse für Vielfalt und Profil eines Faches*. Festschrift für Christian Schmitt zum 60. Geburtstag. Frankfurt, Peter Lang, 2004: 437-454.

Fallows, Noel. «Alfonso de Cartagena: An Annotated Tentative Bibliography» en *La Corónica*, 1991-1992; 20,1: 78-93.

González Rolán, T./Moreno Hernández, A./Saquero Suárez-Somonte, P. *Humanismo y teoría de la traducción en España e Italia en la primera mitad del siglo XV*. Edición y estudio de la *Controversia Alphonsiana* (Alfonso de Cartagena vs. L. Bruni y P. Candido Decembrio). Madrid, Ediciones Clásicas, 2000.

Morrás, María. «Latinismos y literalidad en el origen de (*sic*) clasicismo vernáculo: Las ideas de Alfonso de Cartagena (ca. 1384-1456)» en Recio, Roxana (ed.), *La traducción en España. Ss XIV-XVI*. León, Universidad de León, Anexos de LIVIUS, I, 1995: 35-58.

Russell, Peter. *Traducciones y traductores en la Península Ibérica (1400-1550)*. Bellaterra, Universidad Autónoma de Barcelona, Escuela de Traductores e Intérpretes), 1985.

Serrano, Luciano. *Los conversos D. Pablo de Santa María y D. Alfonso de Cartagena, obispos de Burgos, gobernantes, diplomáticos y escritores*. Madrid, 1942.

Introducción de Alfonso de Cartagena a su traducción (ca. 1430) del
libro primero de *De inventione* de Marco Tulio Cicerón
EN
Menéndez Pelayo, Marcelino. *Bibliografía hispano-latina clásica, II,
(Catulo-Cicerón ...)*. Edición preparada por Enrique Sánchez Reyes.
Santander, Aldus, S.A. de Artes Gráficas, 1950: 307-312[17].

[pág. 307]

*Libro de marcho tullio çiçeron que se llama de la Retorica, trasladado de latin
en romance por el muy reuerendo don alfonso de Cartagena obispo de burgos
a ynstancia del muy esclaresçido Principe don eduarte Rey de portugal.*

[págs. 309-311]

Introducción

Muchos fueron los que de la rethórica en los tiempos antiguos fablaron, así
griegos como latinos. Pero aunque de la elocuencia de asaz dellos hoy dura la
memoria, et de algunos sus famosas oraciones, así como entre los griegos de
Demóstenes et de Eschines, et entre los latinos de Salustio et de otros; más
libros compuestos de la arte liberal mesma que llaman Retórica, yo non sé que
de aquellos muy antiguos, en este tiempo parezcan sinon de dos auctores: el
uno griego, el otro latino. El griego fue Aristóteles, que fabló en ello profundamente, ca non entendió aquel filósofo que del todo acababa la obra moral, si
después de las *Éticas* et *Políticas* no diese doctrinas de lo que a la elocuencia
pertenesce, e compuso un libro que se llama de la *Retórica*, en que escribió
muchas et nobles conclusiones pertenecientes a esta arte, de las cuales, así por
teólogos como por juristas, son muchas en diversos logares allegadas cada una
a su propósito. El otro fué latino, et éste es Marcho Tullio Çiçerón, el cual escribió muchos libros et tractados de diversas materias, escriptos so muy elocuente
estilo. Entre ellos compuso algunos pertenecientes a la doctrina desta arte. Ca
aunque en todos guarda él bien las reglas de la elocuencia, pero non fabló en
todos della; ca una cosa es fablar según la arte, et otra es fablar de la arte. E él

---

[17] Hemos reproducido fielmente la transcripción de la introducción contenida en el manuscrito de la Biblioteca Escurialense (ij-I2) incluso con la nota explicatoria sobre los libros
de Cicerón. Cabe anotar que en esta versión se ha modernizado, aunque no con total
consecuencia, la ortografía acentual y literal del códice. Dicho texto satisface no obstante plenamente nuestros propósitos.

en todos guarda la arte; pero non en todos, mas en algunos, fabló de la arte. Éstos, si son muchos o cuántos son, non lo sé, mas los que comúnmente parescen son los siguientes: el libro *de la Retórica vieja* et otro *de la Retórica nueva* et un libro que dicen *Del Orador,* e otro *Del Orador menor,* et un breve tractado que se llama *de la muy buena manera de los oradores,* et otro que se intitula la *Tópica,* los cuales, aunque por diversas maneras, todos tienden a dar doctrinas de la elocuencia[18]. E destos, porque el de la *Retórica vieja* es primero, et aun porque fabla más largo, fué por vos escogido para que se posiese en nuestro lenguaje, et fízose así por vuestro mandado, en la traslación del cual *non dubdo que fallaredes algunas palabras mudadas de su propria significación e algunas añadidas,* lo cual fice cuidando que complía así: ca non es este libro de Sacra Scriptura, en que es error añadir o menguar, mas es composición magistral fecha para nuestra doctrina. Por ende, guardada cuanto guardar se puede la intención, aunque la propiedad de las palabras se mude, non me paresce cosa inconveniente: ca como cada lengua tenga su manera de fablar, si el interpretador sigue del todo la letra, nescesario es que la escriptura sea obscura et pierda gran parte del dulzor. Por ende, en las doctrinas que non tienen el valor por la autoridat de quien las dixo, nin han seso moral nin místico, mas solamente en ellas se cata lo que la simple letra significa, non me paresce dañoso retornar la intención de la escriptura en el modo del fablar que a la lengua en que se pasa conviene, la cual manera de trasladar aprueba aquel singular trasladador sant Hierónimo en una solemne epístola que se sobreescrive *de la muy buena manera del declarar* que envió a *Pamachio,* entre otras cosas, diciéndole así: «Yo non solamente lo digo, mas aun con libre voz lo confieso, que en la interpetración de los libros griegos non curo de exprimir una palabra por otra, mas sigo el seso et efecto, salvo en las Sanctas Escripturas, porque allí la orden de las palabras trae misterio.» E esta manera seguí aquí, porque más sin trabajo lo pueda entender quien leer lo quisiere, e aun por lo más aclarar, como quier que en latín está todo junto et non tiene otra partición, salvo la de los libros, es a saber, entre el primero et segundo; pero *yo partí cada libro en diversos títulos[19], según me paresçió que la diversidad de la materia pidía;* e donde el vocablo latino del todo se pudo en otro de romance pasar, ficelo, donde non se pudo buenamente,

---

[18] La *Retórica vieja* llamaban entonces a los dos libros [de] *De inventione.* La *Retórica nueva* a la *Retórica a Herennio.* El *Orador* son los tres libros [de] *De oratore,* el *Orador Menor* es el *Orator ad M. Brutum,* y el *de la muy buena manera de los oradores,* el *De optimo genere dicendi.* Nada hay que advertir en cuanto a la *Tópica.*

[19] (Nota nuestra.) En la edición de Rosalba Mascagna (Alfonso de Cartagena, *La Rethorica de M. Tullio Ciceron.* Napoli, Liguori, 1969, pág. 31, línea 153) se añade «e los títulos en capítulos».

por otro cambiar, porque a las veces una palabra latina requiere muchas para se bien declarar. E si en cada logar por ella todas aquellas se hoviesen de poner, farían confusa la obra en el tal caso. Al primero paso en que la tal palabra ocurrió, se fallará declarada, et aunque después se haya de repetir, non se repite la declaración; mas quien en ella dubdare, retorne al primero logar donde se nombró, el cual está en las márgenes señalado, et verá su significación.

Pero, aunque esto todo se faga, las composiciones que son de ciencia o de arte liberal, para bien se entender, todavía piden estudio, porque no consiste la dificultad de la ciencia tan solo en la obscuridad del lenguaje; ca si así fuese, los buenos gramáticos entenderían cualesquier materias que en latín fuesen escriptas. E vemos el contrario; ca muchos bien fundados en la arte de la gramática entienden muy poco en los libros de teología et derecho, et de otras ciencias et artes, aunque son escriptas en latín, si non hobieren doctores[20] que los enseñasen. Por ende, aunque esta retórica sea traspuesta en llano lenguaje, quien entenderla quisiere, cumple que con atención la lea.

(...)

---

[20]   (Nota nuestra.) En Mascagna, ob.cit., pág. 32, línea 175 se lee «si non hovieron doctores d'ellas».

Respuesta de Alfonso de Cartagena (redactada después de 1430 o 1432 y dada a conocer en 1436) a las críticas a la antigua traducción medieval de la *Ética* de Aristóteles hechas por Leonardo Bruni, *el Aretino*, en el prólogo de su traducción de la misma obra[21]
en
Birkenmaier, Alexander. «Der Streit des Alonso von Cartagena mit Leonardo Bruni Aretino» en *Beiträge zur Geschichte der Philosophie des Mittelalters*, 20, 1922: 162-186.
y en
González Rolán, T./Moreno Hernández, A./Saquero Suárez-Somonte, P. *Humanismo y teoría de la traducción en España e Italia en la primera mitad del s. XV*. Madrid, Ediciones Clásicas, 2000: 194-264[22].

Traducción de Nelson Cartagena.

Sigue el libro de Alfonso, obispo de Burgos

Cuando hace poco una legación real me había llevado, mi excelente Fernando[23], a la provincia del extremo occidental[24], y, si lo recuerdas, la naturaleza de

---

[21] La traduccion al español del referido prólogo de Leonardo Bruni puede leerse en el Apéndice 1.

[22] Para asuntos puntuales también consideramos el Códice 672 de la *Evangelische Kirchenbibliothek* de Wertheim, República Federal Alemana, «Tractatus domini episcopi burgensis yspani editus contra quendam leonardum aretinum librorum aristotilis in prologo sue noue translationis. Editus in concilio basilensi».

Inicialmente sólo utilizamos el referido texto de A. Birkenmaier, cuyas omisiones y variantes dudosas fueron posteriormente completadas y corregidas con la excelente edición crítica de T. González *et alii*, salvo en los escasos pasajes en que ella presenta omisiones y variantes a nuestro juicio inadecuadas, o simplemente gazapos, a saber, omisión de *enim* (línea 127) en comparación con Birkenmaier (pág. 166, línea 4) y Wertheim (fol. 81r, línea 5), de *propter* (línea 638) en relación a Birkenmaier (pág. 79, línea 25) y Wertheim (pág. 89r, línea 29); *cognouit* y *laudauit* (líneas 84 y sig.) por *cognoui* y *laudaui* (Birkenmaier, pág. 164, línea 35) y Wertheim, que trae *cognoui* (fol. 80r, línea 22) y, también en primera persona singular, *laudabam* (fol. 80r, línea 23); *petineant* (línea 328) por *pertineant* (Birkenmaier, pág. 171, línea 22 y Wertheim, folio 84r, línea 24); *turpidini* (línea 352) por *turpitudini* (Birkenmaier, pág. 172, línea 10 y Wertheim, folio 84v, línea 17).

[23] A. de Cartagena da a su opúsculo la forma de carta dirigida a su alumno y amigo Fernando Pérez de Guzmán. Acerca de éste véanse las referencias de Birkenmaier, ob. cit., pág. 138.

[24] Portugal.

las negociaciones me había obligado a permanecer allí durante algún tiempo, como suele ocurrir, por la demora hice un uso más liberal de mi tiempo y algunos hombres de letras de aquella provincia se reunieron conmigo para conversar con toda familiaridad. Pero como ellos habían estudiado en Boloña y yo en Salamanca, traían a colación a sus maestros, que se habían destacado en la jurisprudencia, de los cuales yo sólo conocía a algunos de ellos, aunque no personalmente, sino por los títulos de sus libros; por mi parte, para no salir con las manos vacías de estas reuniones, alababa a alguno de nuestros mayores, que habían cultivado con gran dedicación los estudios jurídicos, no para poner a los nuestros en el mismo nivel que en el de las obras de los italianos, ya que al respecto hay evidente desproporción, sino porque entre nosotros se encuentran a menudo en las actividades académicas y en las contiendas procesales hombres de calidad, que si se hubieran dedicado plenamente a su trabajo tal vez habrían escrito algo bueno. Pero entre nosotros ya desde la Antigüedad misma prevalece la costumbre de llegar lo más pronto posible a la corte real, mientras que los italianos cuando empiezan a poseer conocimientos cogen la pluma. De aquí resulta que éstos mantienen ocupado al mundo con gran variedad de libros, en tanto que aquéllos se contentan con la lectura de libros ajenos y piensan que han hecho lo suficiente, discutiendo invenciones ajenas con su elevado ingenio. En medio de los frecuentes intercambios sobre este tema, en los que pasábamos largas horas, uno de los que habían estudiado retórica ensalzó por su elocuencia a cierto Leonardo Aretino, quien, segun él, dominaba tanto la lengua griega como la latina. Esto me agradó, sobre todo porque en nuestros tiempos las corrientes del griego fluyen muy raramente. Sin duda que desde los tiempos de la primitiva iglesia y de los tempranos concilios carecemos casi de todo trato con los griegos y las fuentes áticas se secaron por completo. Por eso, con razón, todo lo que se saque nuevamente de aquel antiguo almacén de sabiduría, parece aportar, en vista de su enorme antigüedad, por así decirlo, una novedad no poco considerable. Y cuando vio que yo oía con agrado su información dijo que tenía en casa algunas obritas traducidas del griego al latín por el Aretino, e interrumpiendo nuestra conversación, salió en el acto volviendo rápidamente con los famosísimos discursos de Aeschines contra Ctesiphon y de Demóstenes contra Aeschines a favor de Ctesiphon escritos en Atenas en los tiempos de Filipo de Macedonia. No sólo nuestro Jerónimo, sino el propio Cicerón los alaba cuando en su tratado sobre la óptima manera de hablar se precia no poco de haberlos traducido, exponiendo competentemente en un breve prólogo su contenido. No sé si Leonardo conoció esta traducción, pero entre nosotros no la tenemos. De hecho leo que, según afirma, él los tradujo, pero yo no he leído esta traducción. El experto en retórica me mostró además un librito de Basilio, que el mismo Leonardo había traducido del griego al latín para su amigo Coluccio. Después de leer estos trabajos contemplé con cierta admiración la elocuencia con que en aquel siglo contendían aquellos tan diestros oradores, y la dulzura[25] de su moderna traducción me hizo sentir gran aprecio por ese desconocido Leonardo, pues expuso todo en latín con riqueza y elegancia, con tal manejo de las palabras que, sin extenderme más en alabarlo, le llamaría un nuevo Cicerón.

Cuando después de casi cuatro años llegamos [la víspera] con nuestro príncipe[26] a aquella misma ciudad que es en España la madre de los estudios[27], charlábamos a veces, en momentos de descanso, con profesores; yo me divertía mucho con ellos, porque precisamente en esta ciudad había pasado con tales ejercicios mi niñez y gran parte de mi adolescencia; y no deja de ser agradable acordarse de los tiempos de estudiante. Tú, sin embargo, aunque estás ocupado con inmensa multitud de asuntos que te sobrecargan tanto más allá de la capacidad humana, que no se puede fácilmente creer, que los hombros de una sola persona puedan soportar tan pesada carga, muchas veces te has escapado de esa multitud de tareas en las noches, pues durante el día no te era posible ante tanta gente que te asediaba; y, como quien llega a puerto tranquilo, participaste las más de las veces en esas conversaciones. Y en las prolongadas noches de aquel invierno de vez en cuando extendíamos la conversación hasta muy tarde, de tal modo que a menudo sólo la medianoche nos obligaba a separarnos. Cuando, como acostumbras hacerlo, hablábamos de diversos opúsculos científicos, ellos mencionaban obras de reciente edición tanto en ambos derechos, como en las otras artes y ciencias, para que no sólo admiráramos los antiguos ingenios, sino también la sutileza moderna, la que ¡ojalá añadiera tanta utilidad como acertada ambigüedad en la resolución de las causas! Ahora bien, entre otras cosas, tu sobrino, un ingenioso joven, en una de las noches en que la conversación se había adentrado en cuestiones sobre moral, presentó una nueva traducción de la *Ética*, la que, según nos hizo saber, Leonardo había escrito recientemente. Después de leer el prólogo y hojear somera y superficialmente algunos pasajes, reconocí la energía de su estilo y alabé la elocuencia del hombre, pero detesté la finalidad que se había propuesto y soporté con desagrado que atacara —a rienda suelta— una obra tan excelsa, que estaba incorporada en casi todas las ciencias por varias

---

[25] De las posibles traducciones del lat. *suavitas* hemos elegido la de 'dulzura' —así como más adelante la de 'dulce' para *suavis*— pues los traductores castellanos de la época empleaban el vocablo 'dulçura' para designar una serie de cualidades positivas de la lengua latina (v. Russell, ob. cit, pp. 12 y sig.). El mayor elogio al estilo de la traduccion de Bruni constituía pues asignarle esta propiedad.

[26] Juan II de Castilla.

[27] Salamanca.

razones. No debe forjarse lo nuevo destruyendo totalmente lo antiguo. Sin embargo, es muy loable añadir algo a las obras antiguas; pero querer añadir de manera que los textos bien escritos sean eliminados enteramente, parece contrario a la razón. En efecto, si Leonardo hubiese querido entregarnos esa compilación en forma de apostilla o breve glosa, en mi opinión habría que aceptarla con no poco agradecimiento, o si la hubiera puesto al lado de la antigua y así nos la hubiera transmitido, de manera que se hubiese podido elegir a voluntad algo de cualesquiera de las dos, estaría de acuerdo en que también eso pudiera tolerarse pacientemente. Pero como él agredió la antigua traducción a tal punto que no sólo le imputa defectos sino, más aún, total nulidad, en cuanto afirma que los libros de la *Ética* aún no han sido traducidos al latín, como si no existiese una traducción defectuosa, sino ninguna en absoluto, he considerado que había que oponerse con razón, para que la jauría a la caza de nuestra traducción refrenara el ímpetu de su moderna osadía. Y como, cuando de repente invasores irrumpen en una casa, todos los habitantes y vecinos corren desde distintos lados hacia el tumulto, ya sea armados o inermes, para que la casa pueda defenderse por lo menos con piedras, si no se dispone de otra clase de armas, así me apresuro yo honestamente a participar en la polémica, despojado de las armas de la elocuencia y de la sabiduría, con sólo la piedra de la razón, que es común a todo animal racional, no con la intención de ofender a Leonardo, sino de tratar de defender al antiguo traductor. No pretendo recorrer todos los libros de la *Ética*, sino demostrar la exactitud de la traducción sobre la base de muy pocos ejemplos, para que los argumentos sacados de ellos sirvan para reconocer otros casos. No pienso que debo elegir yo mismo estos pasajes, en lugar de los que Leonardo destacó en su prólogo, considerándolos muestras de errores y merecedores más que otros de reprobación. Si no solamente abordamos estos pasajes, sino mostramos que las doctrinas (*scil.* de Aristóteles) han sido expuestas (*scil.* en la traducción) con mucho cuidado y entendimiento, creo que conseguiremos perfectamente nuestro propósito. Y esto ocurrirá claramente si seguimos el camino de la razón y presentamos evidentes testimonios de la corrección de la traducción. Por este motivo, siguiendo más bien el orden que nos dicta la pluma que la estructura del libro, examinaremos qué pasajes y con qué razones impugnó Leonardo.

Capítulo primero

Antes que nada, y para evitar toda fuga hacia defensas protectoras, hay que eliminar, por así decirlo, las propias fortificaciones en cuanto atañan a la presente discusión. Por eso creo necesario advertir que no asumimos ninguna controversia sobre la lengua griega, ya que quien pretendiese discutir sobre textos griegos, sin haber aprendido siquiera el alfabeto griego, estaría muy próximo a la majadería.

No pretendemos por tanto indagar si en griego algo está escrito de tal modo, sino si se pudo escribir así, como nuesto traductor lo hizo en aquellos pasajes en que ha sido atrozmente criticado. Porque la razón es común a todas las naciones, aun cuando se expresa en diversas lenguas. Por tanto examinaremos atentamente si la lengua latina lo admite, si se ha escrito correctamente y si concuerda con las cosas mismas, y no si está en consonancia con el griego, pues en justos términos no contenderíamos con iguales armas si un erudito en la lengua griega ante nosotros, que ignoramos lo que está admitido, puede afirmar con plena convicción que el texto griego lo dice así. Un antiguo proverbio reza: un anciano puede inventar historias a su gusto en su patria; un joven, en cambio, en tierras extrañas. El único fundamento de esta limitación es que la avanzada edad de uno y la lejanía de su tierra del otro no permiten la comprobación mediante testigos. De igual manera, cualquiera que lo quisiese, podría presentarnos algo admirable de una lengua extranjera y desconocida, ojalá sin faltar a la verdad. Por supuesto que no debe creerse que Leonardo haría esto, pero seguramente podría hacerlo si lo deseara. Ahora bien, como Aristóteles mismo no ha derivado la razón de la autoridad, sino la autoridad de la razón, hay que pensar que todo lo que armoniza con la razón debe corresponder a palabras de Aristóteles; y también asumiremos que pertenece al texto griego, todo lo que en términos latinos nuestra traducción revela con sabiduría. En consecuencia, entremos ahora en la materia misma.

Capítulo segundo

En primer término Leonardo ataca al antiguo traductor, del cual afirma que por pertenecer a la Orden de los Predicadores realizó una traducción confusa, deforme y cuasi bárbara, en tanto que Aristóteles sobresalió por su no escasa afición a la elocuencia. En verdad no debe discutirse sobre su origen de predicador; en cuestiones regidas por la razón hay que atender más bien a lo que se dice que a quién lo dice. No obstante, con pleno derecho puede dudarse del mérito [de haber hecho una traducción tan temprana], ya que la Orden se inició en la época de Inocencio III[28] y que en nuestras Partidas[29], que fueron escritas cerca de

---

[28] La primera comunidad formal de la Orden de los Predicadores, conocida popularmente como Dominicos u Orden Dominicana, fue fundada en Toulouse, Francia, por santo Domingo de Guzmán hacia 1215, es decir, todavía en tiempos del papa Inocencio III (1161-1216), siendo aprobada oficialmente por el papa Honorio III en 1216. V. *Diccionario de historia eclesiástica de España, II, Ch-Man*. Madrid, 1972, s.v. «Dominicos».

[29] Las *Siete Partidas* (o simplemente *Partidas*) son un cuerpo normativo redactado en Castilla, durante el reinado de Alfonso X (1252-1284), considerado el legado más importante de España a la historia del derecho, al ser el cuerpo jurídico de más amplia y larga vigencia en Iberoamérica (hasta el siglo XIX). De acuerdo a uno de los códices

aquellos tiempos, leemos algunos pasajes insertados de la *Ética*. Tampoco parece ser verdad que en el propio comienzo de la Orden se haya escrito en seguida una traducción y se la haya traído tan rápidamente a estas regiones de España, de modo que se difundiera así en el ámbito de la lengua española. Pero si esto es así, no lo discuto, porque se descubren algunas verdades que acaban siendo inverosímiles. No obstante, hay algunos que afirman que Boecio ha sido el traductor, lo que hemos oído de nuestros antepasados, y que el propio estilo de la traducción nos induce a suponer. En todo caso, a quienquiera que haya sido el autor, no se le debe acusar de oscuridad, porque en casi todas las ciencias los autores de textos cultivaron la concisión. Porque así como maneras de hablar diferentes convienen a un príncipe y a un orador, y como al juez conviene hablar de otra manera que al abogado, así también el estilo de textos y comentarios debe diferir, puesto que el texto nos enseña con pocas palabras, en tanto que los comentarios suelen revelar el sentido del texto. Esto se da a menudo tanto en las artes liberales como en las ciencias naturales y en las doctrinas jurídicas, de manera que a sus representantes, por lo general, les bastan sólo aquellas palabras, con las cuales apenas puede abarcarse el sentido del concepto. Y esto va tan lejos, que la mayoría cree que los elementos básicos de las disciplinas han sido inventados por el amor a la concisión. En consecuencia no debe atacarse una traducción, que acertadamente delimita con brevedad todos los conceptos. Pues sin duda esta traducción parece defenderse de algún modo frente a los primeros ataques y rechazar vigorosamente la violencia del lector. Pero cuando con el talento del estudioso o con la ayuda del comentario la traducción es forzada a revelar los pensamientos que contiene, entonces resplandece su agradable expresión, de manera que tenemos que admirar su majestad y además comprendemos que no sólo no falta ninguna palabra, sino ni siquiera una sílaba, porque reconocemos que lo que parecía defectuoso había sido redactado con plena intención.

Capítulo tercero

Pero cuán curiosa debe parecer a los hombres doctos la acusación de que se han dejado sin traducir vocablos griegos, sobre todo cuando no sólo en casi todas las ciencias y artes, sino también en el uso coloquial y en el uso forense

---

más antiguos de las *Partidas*, éstas se redactaron entre el 26 de junio de 1256 y el 28 de agosto de 1265 por una comisión compuesta por los principales juristas castellanos de la época, bajo la dirección personal de Alfonso X. Para una sucinta descripción y evaluación general de las obras jurídicas del rey Sabio, consúltese Ángel Valbuena Prat, *Historia de la literatura española, I*. Barcelona, Editorial Gustavo Gili, 1968, octava edición corregida y ampliada, pp.117-120.

de la lengua usamos no pocas palabras griegas, algunas de las cuales se han vuelto tan familiares, que no se consideran griegas y ni siquiera latinas, atribuyéndose a la lengua común, porque se han desgastado mediante su uso tanto por las personas cultas como por las incultas. Lee al respecto *Academica* [Cuestiones académicas] o *De finibus bonorum* [*et malorum*] [Del supremo bien [y del supremo mal]] o *Paradoxa* [Las paradojas] de Cicerón o bien muchos otros escritos donde se ha referido extensamente a este tema; lee las *Etimologías* de Isidoro[30], o bien hojea el volumen que llamamos *Catholicon*[31]; escucha a no pocos varones de indudable inteligencia, que las han empleado para diversos fines, y encontrarás que, no diré todas, pero gran parte de las palabras latinas tienen una raíz griega y que algunas en efecto han permanecido totalmente griegas, si no las hemos asimilado a la declinación latina. Aunque no considero necesario dar una prueba de ello, es no obstante un argumento muy sólido el hecho de que las derivaciones de palabras latinas dejan de operar en cuanto las devolvemos a la fuente griega de donde surgen. ¿Acaso son de origen latino 'grammatica', 'logica', 'rhetorica', 'philosophia' y 'theologia', que ya andan en boca de la gente sencilla? ¿Acaso todas estas palabras no fueron y son totalmente griegas, pero ya incorporadas a nuestro uso? Si no quieres dejar fuera las leyes civiles a este respecto, a cuya autoridad están sometidas la vida y las facultades humanas, entonces con seguridad encontrarás en ellas muchas palabras griegas; de modo que si buscas con cuidado en los tres libros del Código [Civil] siguiendo las divisiones marcadas en rojo y negro, las hallarás sin problema[32]. También les convino a casi todas las ciencias y artes conservar en el medio latino algunas palabras griegas con las cuales habían crecido, casi como consuelo y en memoria de su origen, del mismo modo que las doncellas nobles que iban a casarse a tierras distantes, llevaban consigo algunas jóvenes criadas. ¿Sólo la filosofia moral tendrá que desterrar de sus dominios a

---

[30]   *Etymologiae* u *Originum sive etymologicarum libri viginti* es la obra más conocida de Isidoro de Sevilla (ca. 560-636) escrita entre 627 y 630. Se trata de la primera enciclopedia producida en la cultura occidental, que constituye una inmensa compilación en la que se almacena, sistematiza y condensa todo el conocimiento de su tiempo. Toma su nombre del procedimiento de enseñanza que utiliza: explicar la etimología de cada palabra relacionada con el tema.

[31]   *Summa grammaticalis, quae Catholicon nominatur*, obra enciclopédica, que va introducida por una gramática, y que fue compilada por el dominico Juan Balbo de Génova en 1286. Originariamente se concibió como obra de consulta para explicaciones bíblicas.

[32]   Los tres libros del *Corpus Iuris Civilis* se refieren al código Justiniano, a instituciones y a digestos y pandectas. Posteriormente se añadió el *Authenticum*, o *Novellae Constitutiones*, una recopilación de nuevas leyes emitidas durante el reinado de Justiniano. Los títulos estaban marcados con tinta roja y los párrafos con tinta negra. (V. http://es.wikipedia.org/wiki/Justiniano_I)

todas estas palabras a instancias de Leonardo? No censuramos pues la pobreza de la lengua latina, porque con sosiego incorpora continuamente, como la crecida de un río, expresiones griegas e incluso provenientes de naciones extranjeras. Por el contrario, esto testimonia su singular excelencia, su ilimitada grandeza, porque, como si estuviera capturada por enemigos, trae a su dominio expresiones y nombres extranjeros por cierto derecho de gentes; muy pobre y mezquina sería si se encerrara dentro de límites fijos. Pero su poder expresivo es enorme y casi ilimitado, tiene la libertad de tomar lo que le plazca no sólo de los griegos, sino también de los bárbaros y de todas las naciones del mundo. ¿Acaso crees que porque llamamos latina a la lengua, ésta sólo ha adoptado las palabras de los latinos que le dieron el nombre y reinaron en Italia en tiempos antiguos? Como percibimos claramente todo lo contrario cuando reconocemos en palabras latinas muchos elementos de nuestro idioma, del de los galos, del de los germanos y de los de otros pueblos, pensamos que una demostración de ello no es necesaria ni útil, ya que esto parece evidente a cualquier observador. Yo mismo he tenido la experiencia de que algunas palabras, que como joven jurista me parecían oscuras, las he encontrado luego en el vocabulario común de los galos. ¿Cuál es por tanto la inconveniencia de que nuestro traductor haya dejado sin traducir algunos vocablos griegos, sobre todo en aquellos pasajes, en que su particular significado no podía expresarse en latín con similar concisión? ¿No fue mejor dejar tal cual en su lengua esas palabras, de modo que declinadas según nuestras reglas las incorporáramos a las latinas y comprendiéramos su significado mediante descripciones y el contexto, en vez de que una traducción perifrástica perturbara la fluidez del texto? De hecho no encontrarás préstamos griegos, salvo en los casos donde igual brevedad de las sílabas con igual fuerza semántica no era posible en latín, lo que le parecerá claro al que investigue con aplicación y cuidado. Pero retomemos sólo los casos que Leonardo consideró más evidentes, con el fin de que nuestra argumentación valga también para el análisis aquí omitido de los restantes.

Capítulo cuarto

En la disquisición sobre el justo medio referido al campo de las bromas llama a nuestro traductor «hombre de hierro»[33], porque dijo 'ludus' [juego] en vez de 'iocus' [broma], y llamó a la virtud 'eutrapelia'; a la superabundancia de jocosidad , 'bomolochia', y a su carencia, 'agrichia', es decir, porque mantuvo esas palabras griegas. También le ataca duramente, porque cree que omitió traducirlas

---

[33]   Lat. *ferreus homo*, que en este contexto significa «traductor iletrado, incapaz de distinguir matices».

por ignorancia, aun cuando el latín abunda en palabras equivalentes. Pues según Leonardo en vez de virtud debiera haber traducido 'urbanitas' [amabilidad], 'festivitas' [festividad], 'comitas' [afabilidad, comedimiento] o 'iucunditas' [alegría], y en vez de 'bomolochia' [chocarrería], 'scurrilitas' [bufonada]. Creo, sin embargo que a esta acerba crítica debe responderse con paciencia, ya que nuestro propósito no fue atacar sino defender. Que baste, por tanto, decir lo siguiente: si demostramos que nuestra traducción ha evitado estas palabras con intención y sabiamente, para no cometer errores de contenido, no deberíamos hablar de un «hombre de hierro», sino más bien de un «varón de oro»[34]. Pues en filosofía no debe relajarse el valor de las palabras, ya que entonces su impropiedad hace nacer paulatinamente graves errores de referencia a las cosas mismas. Para que lo veas más claramente te daré a este respecto un ejemplo adecuado de la lengua española. 'Scurra' [bufón, juglar] es propiamente el que siguiendo a la corte, recorre las mesas, hace reír a unos y solaza a los otros, obteniendo provecho para sí mismo. Nosotros llamamos a esta gente 'aluardanos' [albardanos][35]. Por eso dijo Micol, cuando increpó a David que estaba bailando frente al Arca de la Alianza, «se desnudó, como si se desnudara un 'scurra' cualquiera»[36]. Un 'bomolochus' [chocarrero] es en cambio el que busca siempre la diversión y se aparta del justo medio donde está la virtud; a toda costa procura ser gracioso, pues es un pelma impertinente que no deja de contar chistes, aun cuando estos sean obscenos, con tal de producir gran cantidad de situaciones ridículas. De esto creo que puedes concluir lo siguiente: no se puede llamar al 'scurra' 'bomolochus' ni a éste 'scurra'. Fines diferentes conducen a comportamientos diferentes. He conocido hombres de mediana y otros de mayor fortuna, que se regocijaban con la risa más allá del justo medio; si das fe a lo que afirma Leonardo tendrías que llamarlos 'scurrae' [bufones], lo que es grotesco, pues no viven de esa vulgaridad. También Cicerón enseña en su obra *Sobre el orador* que incluso éste debe decir algo divertido de vez en cuando para

---

[34] Lat. *aureus vir* significa consecuentemente en el contexto,,«versado, sutil traductor».

[35] Del hispanoárabe *bardân* (v. Corominas, J./Pascual, J.A. *Diccionario crítico etimológico castellano e hispánico*, I. Madrid, Gredos, s.v. albardán).

[36] El respectivo pasaje (II, Samuel, 6, 20) de la Vulgata presenta variación léxica y sintáctica («[Michol filia Saul in occursum David, ait: Quam gloriosus fuit hodie rex Israel discooperiens se ante ancillas servorum suorum,] et nudatus est quasi si nudetur unus de scurris»). La traducción española de todo el pasaje dice: «Micol, la hija de Saúl le salió al encuentro [a David], diciendo: "¡Qué gloria hoy para el rey de Israel haberse desnudado a los ojos de las siervas de sus siervos como se desnuda un juglar"» (*Sagrada Biblia. Versión directa de las lenguas originales* por Eloíno Nácar Fuster y Alberto Colunga Cueto, O.P., Madrid, Biblioteca de Autores Cristianos, quincuagésima cuarta edición (reimpresión), 1999: 362.

ganarse a los oyentes[37]. Ahora bien, ¿es acaso el orador un 'bomolochus' [chocarrero] si se sobrepasa diciendo cosas divertidas, o un 'eutrapelus' [bromista moderado][38] si se mantiene en la justa medida? Sin duda que no, pues no bromea para provocar risa, sino para persuadir y poner de su parte a los oyentes. Y esto porque la diversidad de los fines confiere a los actos categoría también diversa. Como ha dicho la mayoría de nuestros mayores, los actos adquieren su categoría según su finalidad. Veréis entonces cómo en una sola palabra se encierran dos errores, puesto que ni un chocarrero es un bufón ni éste, un chocarrero. Necesariamente caeremos en dos errores si traducimos la palabra 'bomolochus' por 'scurra'. El primero, porque el 'scurra', que es un 'aluardanus' y hace bromas no por solazar sino por la ganancia que le reportan, recibirá el nombre de 'bomolochus', que es muy diferente de aquel; el segundo, porque al que es excesivamente bromista y lleva sus gracias más allá del límite de la decencia, siendo por tanto un 'bomolochus', llamaremos 'scurra', y, en consecuencia, 'aluardanus', aunque la mayoría de los hombres nobles de reducida fortuna, a quienes no podemos poner de ningún modo en conexión con los albardanos, tienden a veces a este vicio. Creo que esto no entra en contradicción con el hecho de que desaprobemos a menudo bromas obscenas y deshonestas con la palabra 'scurrilitas' [bufonada], porque solemos usarla en sentido metafórico para abominar de ese vicio. Así como un hombre indiscreto dista mucho de ser un asno, cuando reprendemos su imprudencia diciéndole «asno», así generalmente llamamos 'scurrae' [bufones] para vituperarlos a los que se chancean de modo indecente y exagerado, con el fin de que se avergüencen intensamente, se abstengan de usar palabras propias de bufones, aunque sean personas que están muy lejos de la vulgaridad de éstos.

Cuán inconveniente es traducir 'eutrapeli' por 'urbani' [amables], 'festiui' [festivos] y 'iucundi' [alegres] lo proclaman ya las palabras mismas. En efecto,

---

[37] M. T. Cicero, *De oratore*; II, 235 (Stuttgart, Reclam, pág.358): «De risu quinque sunt, quae quaerantur: unum, quid sit; alterum unde sit; tertium sitne oratoris risum velle movere; quartum, quatenus; quintum, quae sint genera ridiculi» (En lo que atañe a la risa hay cinco cuestiones que deben ser investigadas: primero, lo que es; segundo, de dónde viene; tercero, si el orador desea provocarla; cuarto, hasta qué punto debe hacerlo; quinto, cuáles son las especies de lo risible); *ibidem*, II, 236: «[...] est plane oratoris movere risum; vel quod ipsa hilaritas benevolentiam conciliat ei, per quem excitata est; vel quod admirantur omnes acumen uno saepe in verbo positum maxime respondentis, non numquam etiam lacessentis» ([...] es del todo asunto del orador, provocar risa; sea porque la misma hilaridad le trae simpatías al que la ha producido, sea porque todos admiran la agudeza, que se encuentra a menudo en una formulación, especialmente en las respuestas del interpelado, pero a veces también en las palabras del provocador).

[38] V. más adelante las explicaciones de Cartagena sobre el significado del vocablo griego 'eutrapelia' y nuestra nota [41].

'iucunditas' [alegría] muestra cierto regocijo; 'festivitas' [festividad], en cambio, solemnidad en la expresión del rostro y en la vestimenta que, como lo indica la palabra, se lleva en festividades y días muy especiales, lo que dista notoriamente de alegre graciosidad; 'urbanitas' [amabilidad] por su parte suele designar aquella cortesía que se expresa tanto en las palabras como en los gestos de un trato respetuoso; 'urbani' llamamos a quienes acostumbran arrodillarse, hacer reverencias; no aceptan ir delante y renuncian a los primeros asientos incluso entre iguales. También les llamamos 'curiales' [curiales] o, si no deseas usar esta palabra por su diferente significado en derecho civil[39] y prefieres la expresión coloquial, 'corthesios'; y a la 'urbanitas' la llamamos 'curialitas' [curialidad] o, con la expresión castellana 'corthesia' [cortesía]; lo distante que esta palabra se encuentra del significado de broma, puedes verlo tú mismo. El 'comis' es un bromista gracioso, mas sólo mediante palabras, pero como las bromas se hacen no sólo con palabras, sino también con gestos, con el modo de andar y movimientos del cuerpo, provocando risas continuas con uno u otro recurso, y, la eutrapelia abarca todos estos elementos suyos, entonces no puede ser traducida realmente con el concepto de 'comitas' [afabilidad]. Consecuentemente habría sido mucho mejor que Leonardo hubiese propuesto 'facetus' [chistoso], o como lo ha escrito Tomás [de Aquino] 'gratiosus' [gracioso][40], ya que estos conceptos incluyen tanto la cosa como

---

[39] Decurión, magistrado de las colonias y de los municipios.

[40] El pasaje referido de Tomás de Aquino se encuentra en un comentario suyo a un párrafo del siguiente texto de la traducción latina de la *Ética* de Aristóteles: «Qui quidem in derisione superabundant, bomolochi videntur esse et onerosi, desiderantis omnino risum et magis coniectantis risum facere quam dicere decora et non contristare conviciatum. § Qui autem neque ipsi utique dicunt aliquod ridiculum et dicentibus molesti sunt, agri et duri videntur esse. § Moderate autem ludentes eutrapeli appellantur, puta bene vertentes. § Moris enim tales videntur motus esse; quemadmodum autem corpora ex motibus iudicantur, ita et mores. § Redundante autem risu et pluribus gaudentibus ludo et ipso conviciari magis quam oportet, et bomolochi eutrapeli appellantur ut gratiosi. Quoniam autem differunt et non parum, ex his quae dicta sunt manifestum» (Los que gastan bromas en demasía buscando generalmente la risa y están más interesados en hacer reír que en decir cosas decentes y evitar ofender a las personas de quienes se burlan, son tenidos por chocarreros ['bomolochi'] y pesados ['onerosi']. § Los que en cambio nunca dicen ellos mismos algo divertido y se molestan con los que lo hacen, son tenidos por agrestes ['agri'] y rudos ['duri'] § Empero los que bromean moderadamente, como los que dan un giro divertido a las cosas, son tenidos por bromistas moderados, graciosos ['eutrapeli']. § Tales acciones parecen pertenecer al carácter, porque así como el cuerpo se juzga atendiendo a sus movimientos, así también los caracteres. § Pero dado que las risotadas son algo muy común y la mayoría goza con las bromas y las burlas más allá de lo conveniente, entonces también los chocarreros ['bomolochi'] son llamados 'eutrapeli' a fuer de graciosos ['gratiosi']. Pero difieren entre sí y no poco como resulta manifiesto después de todo lo que se ha dicho). El comentario de Tomás al párrafo correspondiente

las palabras. Tú, en cambio, si quieres recurrir a tu lengua materna dirás 'donoso'. Con discernimiento nuestro traductor ha evitado en mi opinión dar lugar a nuestra tendencia a estas discusiones, dejando sin traducir la palabra 'eutrapelus', movido además, más allá de tales divergencias, por una razón de mayor importancia, a saber, que la 'eutrapelia'[41] designa un hábito selectivo, por lo que el 'eutrapelus' bromea prudentemente de acuerdo con un hábito y una elección, mientras que las personas que designamos con las palabras latinas muestran cierta inclinación a las bromas, pero no un hábito. Quien en verdad quiera hablar irreprochablemente sobre las virtudes, debe considerar todas estas cuestiones.

Si bien la palabra 'iocus' [broma] se usa más frecuentemente para expresar todo lo gracioso, el vocablo 'ludus' [juego], sin embargo no está tan fuera de uso que suene al oído como una voz desterrada, porque 'ludus' es el género y 'iocus', la especie. Y aunque bromeamos con palabras, también jugamos con las manos y con gestos provocando risa con ambos recursos, como ya hemos dicho. Por eso a menudo usamos indistintamente estos vocablos, diciendo 'iocus' por 'ludus' y 'ludus' por 'iocus'. Este uso alterna Séneca al decir «mezclarás a veces bromas [*ioci*] con asuntos serios» y añadir poco después «y mientras otros juegan/bromean [*et cum ab aliis luditur*], tú tratarás algo virtuoso y honorable»[42].

---

es «Deinde cum dicit: *Redundante autem risu* etc., ostendit quomodo extremum quandoque sumitur pro medio. Et dicit quod, quia risus ad multos redundat et multi sunt qui magis quam oportet delectantur in ludo et in hoc quod dicant aliis convicia iocosa, inde est quod apud eos bomolochi vocantur eutrapeli, quia sunt eis gratiosi; superabundant enim in ludo, quem plures hominum superabundanter diligunt. Differunt tamen non parum bomolochi ab eutrapelis, ut ex supra dictis patet» (Donde dice *Redundante autem risu* etc., explica cómo a veces el extremo se toma por el justo medio. Y dice esto, porque muchos ríen en exceso y se deleitan más de lo conveniente chanceando y haciendo a otros reproches jocosos. De allí que les den el nombre de 'eutrapeli' a estos 'bomolochi', porque les parecen graciosos ['gratiosi'], ya que la mayoría de los hombres gusta del exceso de bromas. No obstante, los 'bomolochi' difieren no poco de los 'eutrapeli', como resulta manifiesto por lo dicho anteriormente). Se ha citado de Sancti Thomae de Aquino. *Opera Omnia*. Iussu Leonis XIII P.M. Edita. Tomus XLVII. *Sententia Libri Ethicorum*. Cura et studio Fratrum Praedicatorum. Volumen II, Libri IV-X. Indices. Romae, Ad Sanctae Sabinae, 1969; 16, pp. 255 y 257. La traducción al inglés de ambos textos puede verse en St. Thomas Aquinas, *Commentary on Aristotle's Nicomachean Ethics*. Translated by C.I. Litzinger, O.P. Notre Dame, Indiana, Dumb ox Books, 1993: 269 y 271.

41   Este helenismo y su derivado *eutrapélico* se usan todavía en español actual con el valor de 1. Moderación en las diversiones o entretenimientos. 2. Broma o gracia; y, respectivamente, de «de la eutrapelia» (M. Seco, *Diccionario del español actual*. Madrid, Aguilar, 1999).

42   Hemos documentado ambos textos en *Formula vitae honestae [De quattuor virtutibus]*, 4, obra que en la Bibliotheca Augustana se atribuye a san Martín de Braga

Incluso el propio Cicerón dice lo siguiente sobre 'iocus' en su tratado *Sobre los deberes*: «Es por tanto fácil la distinción entre la broma [*iocus*] de buen tono y la vil: la primera es digna del hombre, si se hace oportunamente y con el ánimo tranquilo, la segunda no es digna ni siquiera de un licencioso, si a la vileza del contenido se suma la obscenidad de las palabras. También en el juego [*ludendi*] hay que guardar cierta mesura para no tirar todo por la borda y evitar caer en alguna vileza seducidos por el mero deseo de divertirnos»[43]. Aquí vemos claramente que Cicerón examina los conceptos de 'iocus' y 'ludus' conjuntamente, como si fueran hermanos que poseyeran una herencia indivisa. No creas por tanto que esta traducción utilizó por ignorancia la palabra 'ludus' como concepto general, sino que, aun cuando tal vez hubiese podido emplear correctamente 'iocus', prefirió usar 'ludus', porque el significado de éste incluye el de 'iocus', o por lo menos la mayor parte de las veces se usan indistintamente.

Capítulo quinto

¿Pero por qué me detengo en estas cuestiones? Ocupémonos de asuntos que parecen de mayor peso. Leonardo sostiene que el antiguo traductor se ha apartado de las palabras aprobadas por Cicerón y otros consagrados varones, traduciendo en todos los libros 'bonus' [bueno] en vez de 'honestus' [honorable[44]], 'delectatio' [deleite] en vez de 'voluptas' [placer], 'tristitia' [aflicción] en vez de 'dolor' [dolor], 'malitia' [maldad] en vez de 'vitium' [vicio]. Y no sólo le acusa por esto de rusticidad y puerilidad, sino del delito de haberse desviado por ignorancia, según él cree, de las palabras comunes usadas por tantos antepasados en discursos habituales. En verdad hay que responder a esto, a no ser que eliminemos la raíz del asunto y no examinemos si en la discusión de las doctrinas

---

(entre 510 a 520-579 u 80); v. http://www.hs-augsburg.de/~Harsch/a_html.Los referidos pasajes son en todo caso los siguientes: «Miscebis interdum seriis iocos sed temperatos et sine detrimento dignationis et verecundiae» (Mezclarás a veces las bromas con los asuntos serios, pero moderadas y sin menoscabo de la dignidad ni del pudor) y «Quies tibi non desidia erit, et cum ab aliis luditur tu sancti aliquid honestique tractabis» (Que el reposo no sea para ti indolencia, y cuando otros bromeen tú tratarás algo virtuoso y honorable).

[43]   *De officiis*, I, 104 (http://www.thelatinlibrary.com). Marcamos en negrita las divergencias con la cita de Cartagena: «Facilis igitur est distinctio ingenui **et** [por **ac**] illiberalis ioci. Alter est, si tempore fit, **ut** [por **aut**] si remisso animo, [**severissimo**] homine dignus, alter ne libero quidem, si rerum turpitudo [por turpitud**ini**] adhibetur [después de verborum] et verborum obscenitas. Ludendi etiam est quid**am** [por quid**em**] modus retinendus, ut ne nimis omnia profundamus elatique voluptate in aliquam turpitudine delabamur».

[44]   V. nota 49.

morales, Cicerón, Séneca y otros representantes del estoicismo, cuyas concepciones vemos en sus obras, deben seguirse con tan gran confianza. Pues no se debe ponderar lo que ellos mismos pensaron, sino lo que confiaron a sus escritos, ya que analizamos las doctrinas y costumbres de los antiguos, a quienes no conocimos, no a través de la naturaleza intrínseca de sus espíritus, sino a través de sus actos externos y de sus escritos. Es en efecto bien sabido que Cicerón ocupó el sitial más alto de la elocuencia entre los latinos, así como Demóstenes entre los griegos, de manera que hasta el día de hoy no se ha encontrado a nadie que a juicio de los oradores parezca superarle o siquiera igualarle; y que debía congratularse en extremo quien lograra en pequeña medida imitar en un discurso su elocuencia. Tanto se destacaba, que se ha difundido el antiguo dicho, según el cual Cicerón arrebató su fama a Demóstenes para que éste no quedara como el único orador y Demóstenes a Cicerón, para que éste no fuera considerado el primer orador[45]. Pero no leemos que se le haya concedido esta preeminencia respecto del discernimiento científico de las virtudes y de la sutil investigación de la tradición ética, aun cuando vemos que ha transmitido estas cuestiones en diversos lugares, y reconozco, en pulido estilo, pero no exhaustivamente. Omitamos aquí las *Disputaciones tusculanas* [*Tusculanae disputationes*], su librito *Del supremo bien y del supremo mal* [*De finibus bonorum et malorum*] y el resto de sus opúsculos, en los cuales se propuso tratar en particular ciertas cuestiones con muy lúcido estilo, pero a los que no puede criticárseles por no agotar las materias tratadas, ya que allí no prometió hacerlo. En los libros de *Sobre los deberes* [*De officiis*] en cambio, en los que anunció expresamente que trataría la filosofía moral más ampliamente que en otros lugares —los llamó libros de filosofía, prometiendo completar lo que faltaba en Panaecius— se le hará evidente al lector atento sin necesidad de presentar testimonios la gran cantidad de deficiencias, de doctrinas desviadas de la verdad que se encuentran allí. Y para no hablar del resto [sólo diré que] cuando quiso tratar las virtudes del entendimiento las subordinó todas a la investigación de la verdad, si bien siguiendo sus enseñanzas no sabemos distinguir ni separar la sabiduría de la ciencia o del entendimiento, ni la prudencia del arte, ni cada una de ellas de las demás. Y si hay alguien que las ha transmitido más acabadamente, ése es como sabemos Aristóteles en el libro sexto de su *Ética*. ¿Pero qué queda por decir, cuando a lo largo de todos sus libros nunca distinguió la continencia de la virtud y la incontinencia

---

[45] Cp. Jerónimo, *Epist.*, 52,8.: «Marcus Tullius, ad quem pulcherrimum illud elogium est: "Demosthenes tibi praeripuit ne esses primus orator, tu illi ne solus"» (Marco Tulio, a quien se le hace el hermosísimo elogio: «Demóstenes te arrebató anticipadamente la gloria de ser el primer orador, y tú a él la de ser el único») en *Saint Jérôme Lettres*, Tome II. Paris, Société d'éditions «Les belles lettres», 1951: 184.

de la maldad, con lo cual confunde casi toda la doctrina moral? Sin duda que uno de los más importantes elementos que conforma la moral de los hombres y caracteriza los espíritus es esta misma sutil diferencia entre la continencia y la perseverancia, la incontinencia y la debilidad de carácter, y entre la virtud y la maldad. Quien la conozca perfectamente y, dejando de lado sus inclinaciones, la lleve de la teoría a la práctica, conocedor de sus entrañas y justo juez, la eludirá. Aun cuando todo esto se discute en el libro séptimo de la *Ética*, no se trata en los libros de *Sobre los deberes*. Por último ¿Qué diremos sobre el hecho de que alaba la muerte de Catón como un acto de valentía, cuando el suicidio proviene de mera debilidad?[46] También pueden encontrarse muchas otras cosas semejantes, las que aquí no es nuestra intención ni propósito repetir. ¿Cómo pudo suceder, que a menudo deba sorprenderme de cómo un varón de tan aguda inteligencia haya podido, si ha leído a Aristóteles, desviarse de tal modo de sus doctrinas tan puras? ¿Y si no lo ha leído, cómo pudo citarlo tan frecuentemente tanto en *La Retórica* [*De inventione*] como en muchos otros escritos? Mientras continúo sorprendiéndome, he llegado finalmente a la siguiente conclusión: o Cicerón, aunque haya visto los otros libros de Aristóteles, no vió sin embargo la *Ética*; o bien, cuando trató los deberes como ciertos actos fuera del ámbito de la virtud, se alejó de la investigación cuidadosa de ella, ya que a menudo ocurren actos parecidos ante los ojos del observador, pero que proceden de fuente diversa, ya sea de la maldad o de la virtud. No estamos sin embargo en condiciones de decidir fácilmente si las personas dominadas por la sensualidad son incontinentes o inmoderadas, porque sobre la base de diversas circunstancias y de una larga conversación apenas podemos conocer lo que se esconde en un corazón ajeno. Por eso quiso tal vez Cicerón examinar los deberes morales en elegante estilo, dejando deliberadamente a otro el estudio de las concienzudas distinciones entre los vicios y la virtud. Sea como fuere, queda no obstante indudablemente muy claro que, en el análisis de esta materia, él no puede de ninguna manera igualarse al Filósofo[47].

---

[46] Marco Porcio Catón, político romano también llamado Catón de Utica o Catón el Joven (para distinguirlo de su bisabuelo Catón el Viejo o Catón el Censor) nació en Roma, 95 adC. y murió en Utica, 46 adC. Enemigo de César se negó a vivir en un mundo gobernado por éste y rehusando a concederle el poder del perdón, se suicidó. De acuerdo a la crónica de Plutarco, Catón trató de suicidarse arrojándose sobre su propia espada, pero falló en su intento al tener la mano herida. Uno de los esclavos de Catón le encontró en el suelo y llamó a un médico para que atendiera sus heridas. Catón esperó hasta que terminaron de atenderle y le dejaron, para posteriormente quitarse los vendajes y, con sus propias manos, extraerse los intestinos, completando de esta horrible forma su suicidio. (V. http://es.wikipedia.org/wiki/Catón_el_Joven)

[47] Aristóteles.

Nadie ignora en realidad con cuán dulces consejos y sutilísimas represiones Séneca nos incita a la virtud. En efecto, cuando leemos sus *Epistolas* [*Epistulae morales*], que dirigió muy a menudo a Lucilio y a otros coetáneos, se conmueven los sentimientos, tiemblan las entrañas y le respetamos como a un maestro. Cuando leo estas sanas admoniciones mi ánimo parece siempre conmoverse de igual modo como si estuviera escuchando salubérrimos consejos. Así pues se empeña en imprimir y fijar, con algo como los clavos del dolor que producen los pecados, lo que se refiere a las costumbres y al desprecio del mundo, superando a todos los escritores paganos en lo que atañe al rechazo de la perdición de éste y al repudio de sus vanidades, como si le inspirara la fe católica. Aunque no la mencione expresamente en sus escritos, no pocos piensan, conmovidos, que la puede haber recibido de Pablo, gracias a las cartas que éste le dirigiera. Piadosamente podemos opinar que fue un santo, porque, si sus obras estaban en consonancia con sus escritos, sus costumbres junto con la fe católica le habrían creado merecidamente el camino hacia la verdadera beatitud. No obstante es muy fácil darse cuenta de cuán sumariamente se ha ocupado de la investigación y discusión científica de las virtudes, cuán impropiamente ha argumentado. Prescindiendo pues de sus *Epístolas* y de otras obras menores, que en alto grado esparcen un perfume de dulce oratoria, aun cuando habla de las cuatro virtudes, que hoy llamamos cardinales, es de toda evidencia que ha producido una gran mezcla de conceptos y ha abandonado sin resolver o sin tratar muchos puntos, donde uno cree que había hablado el maestro. Pues ha ampliado bastante el dominio de la prudencia con elementos ajenos y no sólo incluyó la continencia en las virtudes, sino que también subordinó a ella la generosidad y otras nociones ajenas, asociando la fortaleza a la magnanimidad como algo accesorio, de modo que, indudablemente, la complementación de su libro exige un volumen más extenso que el entero tratado de las virtudes de su pluma.

No creas que he dicho esto para criticar a estos dos ilustres oradores, los que por supuesto deben ser exaltados, sino para cortar inmediatamente de raíz el error, que sospecho de alguna manera se desliza en quienes piensan que una sentencia moral debe estar subordinada a la elocuencia, aun cuando en verdad debe valorarse más que ésta, lo cual ni el propio Cicerón, fuente misma de la elocuencia, niega. En cierto modo con razón reclama él para sí el arte de la oratoria, pero afirma que ha dejado a cargo de otros la filosofía. Créeme, pues; quien pretenda someter a las reglas de la elocuencia las muy bien acotadas conclusiones de la ciencia, no sabe que al rigor de la ciencia le repugna añadir o quitar palabras para endulzar la persuasión. Por tanto necesariamente se expone a muchos errores quien aspire a poner la ciencia bajo la elocuencia. No obstante, opino que la actitud conveniente de un sabio consiste en discutir con rigurosas y muy apropiadas palabras, que son las científicas, y luego producir textos perfeccionados y doctrinas depuradas, persuadiendo con palabras elocuentes. En consecuencia, nuestra traducción no debe criticarse por haberse apartado de las palabras usadas más frecuentemente por los mayores oradores, sino que debe examinarse si respeta la simplicidad de las cosas y la estricta propiedad de las palabras. Pues a menudo la elegancia del discurso, si no se maneja con severo juicio, introduce confusión en la simplicidad de las cosas, lo que perturba de modo extremo la recta comprensión de la ciencia.

Ya no repito más los nombres de otros que Leonardo invocó como testigos, porque estoy de acuerdo con el orador, que piensa que deben preferirse las moderadas palabras de Cicerón y de Séneca. Pero no deseo omitir una cosa: si quiere traer a colación a Boecio, se verá que éste argumenta en contra suya, como se mostrará más adelante; Jerónimo en cambio sin lugar a dudas dará testimonio a nuestro favor, en la medida en que se haya ocupado de nuestro tema. No obstante, si tal vez ha querido citar a cierto Jerónimo que Cicerón menciona en *Sobre el bien supremo*[48], a éste no le conocemos ni sabemos en dirección de qué punto cardinal vivió, ni jamás sus escritos alcanzaron fama entre nosotros. Cuánta es la credibilidad de testigos desconocidos te lo explicarán tus juristas. Después de haber tratado separadamente los puntos que poseen no poca autoridad en su respectivo lugar para una argumentación convincente, discutiremos de modo breve y preciso en los próximos capítulos lo que se refiere a la ciencia, con la razón como guía.

Capítulo sexto

Desde hace ya tiempo que todos aceptan que el bien es a lo que todo aspira, de tal suerte que toda la voluntad humana tiende a él; y todo ser que sea llamado bueno y verdadero es, sin embargo, en su calidad de 'bueno', objeto de la voluntad; en su calidad de 'verdadero', del dominio del entendimiento. La razón de esto es, si bien recuerdo, la siguiente. Es claro que la apetencia es la inclinación del apetente hacia algo, pero también es claro que algo sólo puede inclinarse hacia lo que le parece similar a sí mismo y conveniente. Ya que toda cosa, en cuanto ser y substancia, es algo bueno, ocurre necesariamente que toda inclinación se dirige hacia el bien. De esto surge no obstante una pequeña diferencia entre los seres sensitivos y los que carecen de esta facultad; porque, si

---

[48]   Se trata de Jerónimo de Rodas (s. III a. C.), filósofo griego de la escuela peripatética que consideraba que la vida sin dolores era el bien supremo. V. Cicerón, *De finibus bonorum et malorum*, edición de Reclam (Stuttgart, 2003 (1983[1])), 2, 8 (p. 128); 2,16 (p. 136); 2,19 (p. 142); 2,32 (p.156); 2,35 (p.160) y 2,41 (p.164); 4,49 (p. 364); 5,14 (p. 408); 5,20 (p. 412) y 5,73 (470).

toda inclinación consigue una forma, entonces también la apetencia natural consigue una forma existente en la naturaleza; no pende pues de sí misma, sino que se inclina hacia aquello, que según su naturaleza le conviene; la apetencia sensitiva o también la intelectiva o racional, que llamamos voluntad, parece en cambio perseguir una forma aprehendida. De aquí resulta que, así como la apetencia natural tiende al bien que está fuera en la cosa, del mismo modo la apetencia de los sentidos o de la voluntad tiende al bien que ha aprehendido a partir de la cosa, ocurriendo a veces que esa aprehensión lleva a no pocos errores, porque frecuentemente se considera como bien lo que no está en la realidad de la cosa. Pues no es necesario que efectivamente sea el bien aquello hacia lo cual tiende la voluntad humana, sino aquello que debe aprehenderse como tal con la razón: el fin de las acciones humanas es, pues, el bien o lo que aparenta ser bueno. Porque si la voluntad humana no errara nunca en el reconocimiento del bien, todos aspiraríamos concordemente a las virtudes, y no habría tan gran diferencia entre hombres injustos e íntegros. Pero, ¡oh, dolor!, la cosa no es así, porque en vez del bien la mayoría de nosotros persigue a menudo lo que está más alejado de él, ya que atraídos por el placer o ilusionados por una falsa utilidad queremos lo que de ningún modo conviene a hombres buenos. Por tanto, para evitar este error se han desarrollado esos comportamientos selectivos que llamamos virtudes morales, que corrigen la apetencia y la voluntad y alejan nuestra alma de la falsa apariencia del bien, conduciéndola hacia el bien verdadero. Es así que nuestro traductor no ha escrito a partir de la cosa «hay que actuar con vista al bien», como si quisiera excluir la mentirosa apariencia del bien. En consecuencia llamaremos correctamente virtuoso el comportamiento que tiende al bien verdadero y no a la falsa apariencia del bien. De la consecución del bien verdadero resulta cierta honorabilidad (lat. *honestas*[49]), porque si se debe honor a la virtud y la honorabilidad no es otra cosa que un determinado estado del

---

[49] No hemos traducido *honestas* por 'honestidad' ni consecuentemente *honestus* por 'honesto', pues pensamos que se trata de falsos amigos. En efecto, en español moderno estos vocablos, pese a su valor etimológico, limitan fundamentalmente su significado a los de honradez, rectitud, sin ponerse necesaria ni primordialmente en conexión con la idea de 'honor' (v. Seco, ob. cit.), con la que se combina claramente en latín, como se aprecia en el texto de Cartagena y en los diccionarios latino-españoles. Cp. por ejemplo A. Blánquez, Diccionario Latino-Español, I, A-Laberius. Barcelona, Sopena, s.v. *honestas*: «honor, dignidad, consideración de que uno goza [...] honradez, honestidad, cualidad de hombre honrado» y s.v. *honestus* «honroso, decoroso, honrado, honorable, digno de estima, que goza de consideración, distinguido, insigne, ilustre, noble». La validez de esta distinción se aprecia indirectamente si incluimos al alemán como *tertium comparationis*. En efecto, lat. *honestas, honestus* y esp. *honorabilidad, honorable* corresponden al al. *Ehrenhaftigkeit, ehrenhaft* y no a *Ehrlichkeit, ehrlich* que se traducen al español por *honradez, honestidad; honrado, honesto*.

honor entonces debemos llamar merecidamente honorable (lat. *honesta*) a toda
acción virtuosa, porque es digna del honor. Así ocurre en consecuencia que un
hombre virtuoso actúa por amor al bien y que de la propia acción virtuosa surge
a su vez necesariamente lo honorable, según ella está sometida al curso del
tiempo, pero la razón percibe ambas cosas en un contexto único. Esto incluso
lo muestra en forma análoga el propio Cicerón, cuando sentencia que lo honorable es bello y que la belleza —según dice— no puede separarse de la honorabilidad; pero siguiendo el orden del pensamiento, en primer término se considera la honorabilidad, de la cual resulta en seguida cierta belleza. Y no quiero,
inculpado con las doctrinas de Séneca, lanzarme con ira en contra de ellas, pues
creo que no en vano he adelantado en la introducción que estos elocuentísimos
varones —dado que estos temas constituyen las bases de la doctrina moral—
no deben ser oídos en contra del Filósofo[50]. A tal punto no flaquea mi memoria
que no me venga a la mente que Séneca en diversas epístolas, especialmente en
un pasaje de una carta a Lucilio, quiso referirse a este principio y envolvió en
complicadas formulaciones la diferencia entre la honorabilidad y el bien[51];
pero si mi ignorancia no me induce a error, quiso decir en verdad, que en primer
término se considera lo honorable y luego el bien, como si el bien naciera de lo
honorable y no lo honorable del bien. Si otro hubiera dicho esto, me habría
parecido totalmente absurdo, pero convencido por vuestra autoridad le perdo-
no la absurdidez, aunque no acepto la conclusión, pues es más que manifiesto
que la honorabilidad nace de la bondad. De hecho no aspiramos a lo bueno,
porque es honorable, sino que buscamos lo honorable, porque es bueno. También parece corresponder a esto, lo que en otras disciplinas y en el uso del habla
cotidiana ya hemos llevado a la lengua común, a saber, que alabamos la moderación externa con la palabra honorabilidad; en efecto las leyes canónicas se
propusieron conciliar la vida y la honorabilidad de los clérigos, como si la pro-
bidad de la vida fuera una cosa y la honorabilidad otra; de igual manera solemos
alabar como honorable a quien camina y se viste decorosamente, se abstiene de
palabras y hechos indecentes y ejecuta todo con cierta moderación externa.
Cuando queremos elogiar en conjunto a alguien ya no podemos decir solamente
«hombre honorable» sino «hombre bueno», como si la honorabilidad fuera cierta parte de la bondad. No porque crea que alguien, cuya vida no concite aproba-
ción, deba ser calificado de honorable, cuando sus acciones externas parezcan
ser acordes con la virtud —ya que en tal caso no es honorable, aunque parezca
serlo— sino porque he querido elegir esto de entre todas estas consideraciones,

---

[50]   Aristóteles.
[51]   Séneca, *Epistula* CXX,1-5 (v. http://www.thelatinlibrary.com).

para que te des perfectamente cuenta, tanto mediante el uso de la razón como del empleo activo de la lengua, de que lo honorable resulta de lo bueno y no lo bueno de lo honorable. Por esto pues se ataca a nuestro traductor, quien previendo sutilmente todas estas dificultades, sostuvo que es común a todas las virtudes actuar por amor del bien y estableció la verdadera amistad respecto del bien. Pues no... nos rebelamos en contra de lo honorable, antes bien lo alabamos cuanto podemos con excelsos elogios, hasta que tú reconozcas, que lo honorable verdadero tiene su origen en el bien verdadero. Y no viene al caso, que los epicúreos, como dice Leonardo, querían el bien; porque no es esta la razón por la cual han sido reprendidos, sino porque consideraban que el placer era el sumo bien.

En rigor, cuando lo honorable se distingue respecto del bien, puede calificarse de útil y agradable, pero no de 'bueno', aun cuando tenga a veces la apariencia del bien. Este tema ha sido ampliamente discutido en *Sobre los deberes* por Cicerón, quien no sólo no considera bueno lo que se llama útil, cuando se aparta de lo bueno honorable, sino que ni siquiera admite que sea útil[52]; y en las *Paradojas* se queja con elegancia de nuestros mayores, que llamaban 'bienes' a las riquezas y al patrimonio, debido a que se considera que distan mucho del bien. Que Cicerón y todos los estoicos empleen por tanto la palabra 'honorable' a su antojo y con gran libertad, porque lo honorable no son las virtudes sino su ejercicio, por lo cual hablan de 'honorable'; que, en cambio, los investigadores de la doctrina moral, que se ocupan del tema con mayor profundidad, nos autoricen a usar el vocablo 'bien'. Pues de esta fuente manan todos los riachuelos de la honorabilidad.

Capítulo séptimo

Nadie ignora empero que el vocablo 'delectatio' [deleite] es más conveniente y aceptado que 'voluptas' [placer], ya que tanto las doctrinas sagradas como las admoniciones humanas han entendido 'voluptas' simplemente como placer carnal, lo que tampoco negará Boecio, en el caso de que sea presentado como

---

[52] *De officiis* (Reclam, Stuttgart, 2003): «Cui quidem ita sunt Stoici assensi, ut et, quicquid honestum esset, id utile esse censerent, nec utile quicquam, quod non honestum» (3, 11, pág 232) (Los estoicos estaban tan decididamente de acuerdo con él [Sócrates], que sostenían que todo lo honorable es útil y que nada es útil si no es honorable); «Vicit ergo utilitas honestatem? Immo vero, honestatem utilitas secuta est» (3, 19, pág. 238) (¿Ha vencido por tanto la utilidad a la honorabilidad? Por el contrario, la utilidad ha seguido a la honorabilidad). El segundo ejemplo se da en un contexto en que se acepta que es un crimen alevoso asesinar a un amigo y se pregunta luego si lo es también el hecho de quitar la vida a un tirano, siendo su amigo.

testigo en contra nuestra, ya que demostró que, en el recuerdo de las pasiones humanas, el término de los placeres es triste, e incluso afirmó en una tesis general que «esto tiene todo placer, que aguijonea a los que lo disfrutan e hiere gravemente los corazones con fuerte mordisco»[53]. Queda así claro que habla sin duda alguna del placer corporal, ya que las alegrías espirituales incluidas en el significado de la palabra 'delectatio' [deleite] no conllevan la angustia o el pesar, sino que son puras, estables y duraderas, y alegran infatigablemente el alma. Pues la dulzura de la contemplación y el conocimiento de lo verdadero o —para expresarlo más elevadamente— de la esencia divina, en la medida en que ella misma se manifiesta, la reflexión humilde y devota no deja ningún arrepentimiento, sino que regocija al alma con sumo gozo. También la realización de las virtudes, para hablar de la vida activa, llevada a cabo por hombres virtuosos ocurre, no sólo placenteramente, sino que además alegra no poco a la mente cada vez que viene a la memoria, pues el recuerdo de las buenas acciones es gozoso en grado extremo. Por tanto, o 'voluptas' en sentido propio significa solamente los placeres corporales, o, Boecio habría escrito falsedades y Catón muy especialmente, a quien las manos de los niños despedazan de tanto leerlo[54]. ¿No testimonia él que se debe poco al placer?[55] Pero si el significado de 'voluptas' es tan enormemente amplio, que abarca por completo todo tipo de gozos, entonces vemos que en efecto graves varones le han añadido no poco sino muchísimo, cuando unos a causa de la dulzura de la sabiduría y otros a causa de diversas especulaciones, que los deleitan sobremanera, han rechazado noblemente todo lo terrenal junto con sus placeres.

¿Pero, por qué gasto la pluma en estos temas? Los fundadores del derecho han establecido que hay que recurrir en caso de dudas acerca de un arte a los maestros de las artes. Por tanto, cuando discutimos sobre la propiedad de

---

[53] La cita de Cartagena dice «omnem hoc uoluptatem habere, ut stimulis agat fruentes ac nimis tenaci morsu corda feriat». El correspondiente texto de Boecio (*Consolatio philosophiae*, III, 7.c. en http://www.hs-augsburg.de/~Harsch/augustana.html) es un verso más extenso: «Habet hoc uoluptas omnis, / Stimulis agit fruentes / Apiumque par uolantum, / Ubi grata mella fudit, / Fugit et nimis tenaci Ferit icta corda morsu» (Esto tiene todo placer, aguijonea a los que lo disfrutan, [como] abejas que revuelan huye y donde dispensó gustosa miel, con fuerte mordisco hiere gravemente los corazones abatidos).

[54] Referencia a *Disticha Catonis* [*Dísticos de Catón*], nombre de una colección anónima de preceptos éticos que proviene de fines del s. III o comienzos del s. IV d.C. Su título la atribuye a Catón el Viejo, cuyo nombre era símbolo de autoridad moral. Los *Dísticos* se utilizaron hasta el s. XIX como lectura escolar para el aprendizaje del latín y como texto para la formación moral básica (v. http://de.wikipedia.org/wiki/Disticha_Catonis).

[55] *Disticha Catonis* II, 28; v. http://www.thelatinlibrary.com/cato.dis.html: «[...] Pauca voluptati debentur, plura saluti» (Pocas cosas se deben al placer, muchas a la salud).

los vocablos, ¿quién dirimirá mejor la controversia que quien ha tratado profundamente el tema en una minuciosa investigación? Lee pues el *Catholicon*, obra que ya citamos más arriba, y allí se responderá que el placer debe entenderse propiamente como satisfacción carnal. ¿Por tanto, para qué necesitamos todavía otros testigos? Citaría muchos, casi innumerables testigos, si una multitud de ellos precisamente en las cosas que son conocidas no fuera rechazada por la autoridad judicial. Pero sirvámonos del testimonio de dos ilustres varones que fueron lanzados en contra nuestra. Uno de ellos, Séneca, dice: «No busques el placer [sibarita], sino el alimento»[56]. A decir verdad este virtuoso varón no la censuraría sin más, si la voz del placer no llevara en sí cierta porción de vileza. A su vez el propio Cicerón bajo cuyas banderas Leonardo osó hacer todas sus críticas ha dicho lo siguiente, siguiendo a otros, en el pasaje en que tradujo la correspondiente palabra griega por 'voluptas': «¿Por qué hay que añadir el placer al grupo de las virtudes, así como una prostituta al círculo de las respetables madres de familia? Ésa es una palabra llena de engaño, infamia, suspicacia»[57]. Poco más adelante, al referirse más favorablemente al placer, continúa diciendo: «Pero todos los que hablan latín acostumbran usar la palabra 'voluptas' en el sentido de un goce que estimula los sentidos»[58], lo que indudablemente significa

---

[56]   Muy probablemente el sentido de la cita de Cartagena formulada con su típico estilo conciso y seco, «Nec ad voluptatem, sed ad cibum accede», alude al siguiente pasaje de la Epístola 95, 15 de Séneca, que transcribimos en su contexto total: «[Medicina quondam paucarum fuit scientia herbarum quibus sisteretur fluens sanguis, vulnera coirent; paulatim deinde in hanc pervenit tam multiplicem varietatem. Nec est mirum tunc illam minus negotii habuisse firmis ahhuc solidisque corporibus et] FACILI CIBO NEC PER ARTEM VOLUPTATEMQUE CORRUPTO: [qui postquam coepit non ad tollendam sed ad inritandam [*sic*] famem quaeri et inventae sunt mille conditurae quibus aviditas excitaretur, quae desiderantibus alimenta erant onera sunt plenis]» (Seneca, *Epistulae morales ad Lucillum. Liber XV.* Stuttgart, Philipp Reclam, 1996, pág. 64) ([Antaño la medicina era el conocimiento de algunas pocas hierbas, con las cuales se contenía una hemorragia, se cerraban las heridas; poco a poco se ha ido convirtiendo en la tan diversificada disciplina de la actualidad. No es de admirarse, que en aquel tiempo tuviera menos tareas, ya que la constitución corporal era todavía firme y resistente, y] LOS ALIMENTOS ERAN FÁCILES DE DIGERIR Y NO ESTABAN DAÑADOS POR UNA REFINADA PREPARACIÓN SIBARITA [Pero cuando se empezó a adquirirlos no para calmar el hambre, sino para excitar la avidez, los que eran alimentos para los que tenían hambre, se convirtieron en cargas para los que estaban hartos]).

[57]   El texto latino citado («Quid enim necesse est tamquam meretricem in matronarum coetum, sic voluptatem in virtutum concilium adducere? Inuidiosum nomen est, infame, suspectum») se encuentra en Cicerón, *De finibus bonorum et malorum*, Liber secundus, 12 (pág. 132 de la edición de Stuttgart, Reclam, 1989).

[58]   El texto latino citado («In eo autem voluptas omnium Latine loquentium more ponitur, cum percipitur ea, quae sensum aliquem immoueat, iocunditas») corresponde a *ibid.* Liber secundus, 14, (pág. 134).

estimulación corporal. Por tanto, en la medida que quieras captar con sutileza este concepto, nunca separarás el placer de la satisfacción corporal.

No viene al caso, que los escritores casi siempre usen en algunos pasajes la palabra 'voluptas' con el significado de deleite del alma o alegría espiritual, porque esto es inadecuado y ocurre sólo metafóricamente. En mi opinión, por la razón de que mientras muy pocos conocen la dulzura del deleite espiritual, en cambio muchos o casi todos están familiarizados con la fuerza de los placeres, incitados por la palabra 'voluptas' la trasladan al gozo de las virtudes, el que está en un nivel mucho más alto que el placer. Por eso es que todos, tanto los peripatéticos como los estoicos y los representantes de ambas Academias[59], condenan la opinión de los epicúreos, quienes establecían el placer como el sumo bien. Jerónimo llama a Joviniano Epicuro[60], porque favorece en su doctrina al placer, como si no pudiera mancharlo con ningún otro nombre más vergonzoso. Y lo mismo que aquél, que, en cuanto predicador del placer, se había apartado de las doctrinas filosóficas moderadas, fue recriminado por todos los filósofos, así también todos los católicos condenaron a Joviniano, quien prefería el placer del matrimonio a la pureza virginal, aun cuando ya resplandecía la doctrina de los evangelios y desalojaba las tentaciones de los corazones de los fieles. Todo esto pone de manifiesto que la palabra 'voluptas' en su sentido propio sólo comprende esa especie de deleite que se siente con los órganos del cuerpo y no aquella que radica en lo intelectual. En verdad, Epicuro no habría sido atacado por todos con singular vehemencia, si hubiera puesto la felicidad en el deleite. Porque aun cuando el deleite no sea la felicidad misma, sin embargo no puede ser separado de ella, pues el sumo deleite está ligado a la verdadera beatitud, que esperamos alcanzar después de esta vida terrenal en la futura eternidad; y por eso va siempre unido a la felicidad que buscan los filósofos. Porque así como la hermosura no es la juventud, sino que suele estar ligada a ella, del mismo modo la felicidad no es idéntica al deleite, pero éste siempre está en conexión con la felicidad. Así pues, si Epicuro hubiese concebido el placer como todo tipo de deleite, no habría sido considerado tan indecente y obsceno; tal vez se le habría culpado de un error, pero no de indecencia, ya que el deleite hubiera podido entenderse en parte como algo honorable. Pero porque la palabra 'voluptas' por sus propiedades semánticas sólo incluye aquellos placeres más comunes, que compartimos con los animales y que el freno de la temperancia

---

[59] Para una sucinta descripción e historia de las Academias véase
      http://de.wikipedia.org/wiki/Platonische_Akademie.
[60] «Epicurum christianorum» («el Epicuro de la cristiandad») y «Epicurum nostrum»
      («nuestro Epicuro») en Hieronymus, *Adversus Iovinianum*, I, 1 y II, 36, respectivamente.
      V. también traducción inglesa Jerome, *Against Iovinianum* en Internet.

debe dirigir, Epicuro ha sido censurado con toda razón por todos, tanto por los griegos como por los latinos, los católicos y los gentiles.

Todo lo dicho pareciera ser suficiente. Pero si quieres cavar más profundamente hasta la raíz del problema, entonces hay que tener de nuevo presente que el deleite se produce cuando se consigue lo deseado. Pero el deseo ocurre de dos maneras, o bien causado por impulso natural o por la razón. Por esto han surgido también dos géneros de deleites, los que han sido distinguidos de manera diferente por los tratadistas. Nosotros seguimos a Gregorio de Nacianzo y llamamos a unos corporales y a los otros, culturales [lat. *civiles*]; los primeros producen la unión entre los animales irracionales y los segundos pertenecen únicamente a los seres humanos. Pero pese a que la palabra 'delectatio' cubre todos estos fenómenos, no obstante a cada especie se le ha dado un nombre especial, llamándose 'gaudium' [alegría] al deleite que surge de la razón y 'voluptas' [placer] al que nace de la naturaleza sensitiva. Así no decimos que los animales irracionales «se alegran», porque si queremos atenernos al significado estricto de la palabra, en rigor el león no «se alegra» [lat. *gaudet*] cuando oye mugir a un vacuno sino que a lo sumo se relame de antemano [lat. *laetatur*][61]. Otros nombres del deleite han resultado en cambio de sus respectivos efectos. Así hablamos de 'laetitia' [alegría] como si fuera una 'latitatio', derivándola de la amplitud [lat. *latitudo*] del corazón[62]: porque por el deleite los corazones suelen derramarse y dilatarse del todo. 'Exultatio' [salto de alegría], 'jubilum' [gritos de gozo], 'jocunditas' [gozo apacible] y otras eventuales designaciones semejantes del regocijo, han recibido en cambio su nombre de las acciones que suelen realizar las personas que se alegran cuando o con pala-

---

[61]   En español no puede hacerse mediante oposición lexemática directa la distinción asumida por Cartagena para el latín, ya que todos los lexemas del respectivo campo léxico (*alegrarse, alborozarse, ponerse contento, regocijarse, solazarse,* etc.) se aplican tanto a animales irracionales como a seres humanos. 'Relamerse' (según Seco, ob. cit. «lamerse los labios de gusto después de comer o beber»), además de calzar mejor en el contexto que cualquiera de los verbos indicados, es un acto placentero que no se produce racionalmente sino por reacción sensitiva, claro está, que se da también tanto en los humanos como en los animales. A decir verdad, los diccionarios bilingües de latín consultados no documentan la oposición semántica de los verbos de alegría *gaudere/laetari* sobre la base de los semas humano/animal; más aún, ejemplifican normalmente el significado de ambos verbos con sujetos referidos a personas.

[62]   Cp. «"Laetus" per dipthonga scribitur, quia laetitia a latitudine vocata est, cuius e contrario est tristitia, quae angustiam facit» [«*laetus*» [alegre] lleva diptongo, porque *laetitia* [alegría] deriva de latitudo (anchura) y su contrario es *tristitia*, que produce *angustia* [estrechez]] en San Isidoro de Sevilla. *Etimologías*. Edición bilingüe. Texto latino, versión española y notas por José Oroz Reta y Manuela Marcos Casquero. Madrid, Biblioteca de Autores Cristianos, 1993, Libro I, 27, 14, págs. 277 y 278.

bras o con hechos dan señales de su ánimo regocijado. Por eso saltó con alegría [lat. *exultavit*] el niño en el útero de la madre y nosotros manifestamos nuestra alegría [lat. *exultamus*] en honor de Dios, nuestro auxilio, y aclamamos con júbilo [lat. *jubilamus*] al dios de Jacob. Es decir, la característica del deleite que sentimos se expresa en las palabras utilizadas. Si, no obstante, a veces usamos la palabra 'voluptas' para asuntos espirituales o la palabra 'gaudium' para cuestiones puramente corporales, intercambiamos sus significados. Por supuesto no controlamos a tal punto el uso estricto de las palabras, que resulte un sacrilegio emplear a veces una en vez de otra, pero si queremos investigar atentamente esta materia, tenemos que volver al significado estricto de las palabras. Sabiamente se ha usado por tanto en nuestra traducción la palabra 'delectatio' [deleite] en su sentido más general, que abarca tanto lo corporal como lo espiritual, para que cada cual sea conducido desde allí al significado que más pueda convenir al respectivo tema. El uso de la palabra 'voluptas' [placer] podría pues inducir a no pocos errores, si se difundiera en materia de moral. Tampoco contradice esta verdad que el deleite, como dice Leonardo, parece provenir del exterior. En efecto, así sería si 'delectatio' se hubiera derivado de un verbo transitivo, pero no si se ha formado de un verbo deponente de dirección interna. Es así que deleitamos [lat. *delectamus*] a otros, pero nos deleitamos a nosotros mismos [lat. *delectamur*]. Por supuesto que, si hablamos con propiedad, la voz tanto de un verbo deponente como de uno impersonal o incluso de uno activo, designa siempre una acción en cierto sentido interior. Pero esta cuestión, a mi modo de ver, debe dejarse a cargo de los gramáticos.

Capítulo octavo

Los médicos, que han tratado muy cuidadosamente esta cuestión, saben que se llama 'dolor' [dolor] cualquier malestar que sentimos cuando se rompe la armónica unidad de la carne. Decimos pues que nos duelen la cabeza o las piernas, cuando dicha unidad es atacada en estas partes por impulsos internos o externos. Esto parece haberlo confirmado suficientemente nuestro Agustín, quien, como expone en *La ciudad de Dios* [*De civitate Dei*], manifiesta que el dolor radica en lo corporal y la aflicción [lat. *tristitia*], en el alma[63]. Pero tanto

---

[63] Cp. Augustín, ob. cit., XIV, 7: «[...] fugiens quod ei adversatur, timor est, idque si acciderit sentiens tristitia est [...] De tristitia vero, quam Cicero aegritudinem appellat, dolorem autem Vergilius, ubi ait: "Dolent gaudentque", (sed ideo malui tristitiam dicere, quia aegritudo vel dolor usitatius in corporibus dicitur) scrupolosior quaestio est, utrum inveniri possit in bono.» (tomado de http://www.latein-pagina.de/iexplorer/autoren.htm) [[...] el temor consiste en huir de lo que es desfavorable, y si alcanza los sentimientos, es

fue el uso, más bien abuso, de los elocuentes varones que emplearon la palabra 'dolor' en sus tratados y opúsculos, que trajeron a su lado a los sabios en contra de su voluntad, por así decirlo, y les obligaron a usar la palabra 'dolor' como noción general. Pero porque nosotros, tal como lo señalamos más arriba, no queremos atenernos aquí a las normas de la retórica sino a las de la ciencia para que no nos equivoquemos en la materia misma engañados por la inconstancia de las palabras, no debemos adelantar [explicaciones] con tanta premura, sino que tenemos que extraer de las propiedades mismas de las palabras, lo que hay de verdad en ellas. Algunos sabios consideraron que el dolor se opone al deleite. Por tanto, así como el deleite que surge de la razón se llama 'gaudium' [alegría] y el que es producido por los órganos del cuerpo se conoce comúnmente como 'delectatio' o ha aceptado, como dijimos, el nombre de 'voluptas', así también de modo semejante llamamos 'tristitia' [aflicción] al malestar opuesto a la alegría [lat. gaudium], el cual no nos atormenta a nivel del sentido del tacto, a pesar de ser experimentado por los otros sentidos, y, 'dolor' al malestar que resulta de algún tipo de contacto tactil. Si por tanto, según estos presupuestos, la aflicción y el dolor son especies distintas, de las cuales la una se opone a la alegría del alma y la otra, al deleite corporal, entonces nuestro traductor prefirió usar la especie principal, es decir, la aflicción ['tristitia'], porque ésta nace de una aprehensión interior, y en la indagación de las virtudes consideramos más bien los fenómenos interiores que los exteriores. En efecto, quien se abstiene por continencia de los placeres parece no sentir dolor alguno, pero sí un cierto malestar, tal como el ayuno no le produce dolor, sino malestar a una persona débil. No viene al caso el que a veces usemos la palabra 'dolor' impropiamente porque decimos sentir dolor por la muerte de un amigo, por una desgracia, por un acto infame; empleamos pues este vocablo para intensificar la expresión de la aflicción. Pues ya que el dolor es una forma más amarga de afligirse, para expresar que nos apesadumbramos intensamente, nos apropiamos del vocablo 'dolor'. Por consiguiente en nuestra traducción se ha empleado sabiamente la palabra 'tristitia', pues la virtud moral debe a menudo expulsarla totalmente, moderarla a veces y encerrarla dentro de los límites de la razón, ya sea que surja del auténtico dolor, ya sea que, permaneciendo dentro de sus límites, cause cierto malestar o embotamiento. Pero si insistes en que la palabra 'dolor' ha de tener un sentido más amplio, de modo que se dé respecto de 'tristitia' la relación de género a especie, como lo han pretendido algunos, lo que en mi opinión ha

---

aflicción [...] Ciertamente respecto de la aflicción, que Cicerón llama enfermedad [lat. aegritudo] y Virgilio, dolor [lat. dolor] donde dice «Sienten dolor y alegría» (pero por eso prefiero decir aflicción, porque enfermedad o dolor se dice más comúnmente de lo corporal) el asunto es más delicado, si acaso puede conducir al bien].

ocurrido más bien gracias a la influencia de los oradores que a la naturaleza de los vocablos, entonces el mencionado traductor ha usado correctamente la palabra 'tristitia' para expresar esa especie de dolor que la fuerza de la virtud debe reprimir especialmente. Por tanto no hay que ultrajar a quien tradujo de ese modo no por cortedad de entendimiento, como creyó aquél [Leonardo], ni por cierta falta de cuidado, sino que lo hizo reflexionando profundamente sobre todo esto con escrupulosa diligencia.

Capítulo noveno

Cualquiera que desee reflexionar [sobre esto], deducirá fácilmente cuán ambigua y peligrosa es la palabra 'vitium' [vicio] en la discusión de cuestiones éticas. Como todo lo que es vergonzoso y reprobable pertenece al vicio —y por eso de allí, como dice Leonardo, ha adoptado ese nombre, porque es vituperable [lat. *vituperabilis*] o, como dicen otros, deriva de 'vincire' [atar], porque ata y encadena a los seres humanos— así también dentro de lo vergonzoso y de lo vituperable, que a menudo encadenan al hombre, la diversidad es enorme, lo mismo que en el género de los delitos. Una cosa es, pues, si se peca por cierta impotencia o debilidad o por ignorancia, y, otra diferente si se peca a sabiendas. O, si quieres que abandonemos el dominio de los teólogos de la moral y usemos las palabras sobre las que hablamos, es totalmente diferente pecar por decisión consciente a perpetrar una mala acción llevado por la pasión; en el primer caso se trata de maldad y en el segundo, de incontinencia. Si por tanto —como dice Jerónimo en su ataque a Joviniano y el mismo Leonardo reconoce— al bien nada le es contrario salvo el mal[64], y si la virtud moral consiste en una actitud electiva que se funda en el justo medio, de la cual se dice correctamente que es buena, se llega necesariamente a la conclusión de que lo que le es contrario, es decir, una actitud electiva que tiende a los extremos, se considera con toda razón mala. Y así como aquella actitud es la bondad, ésta es llamada la maldad. Pese a que, en efecto, el vicio de la incontinencia se desvía de la virtud, no es sin embargo absolutamente contrario a ella, porque un incontinente participa también de la recta razón en la medida en que concierne a lo universal, que es común a la virtud, aunque llevado por la pasión se desvíe a veces de la razón en una situación determinada. Pero el que peca por decisión consciente contradice propiamente a la virtud, porque desprecia la razón no sólo en lo particular sino también en lo universal mismo. Puedes imaginarte cuánta confusión se introduciría en la ética si llamáramos generalmente vicios a las actitudes contrarias a la

---

[64] Jeronimo, *Adversus Iovinianum*, I, 7.

virtud, si la palabra vicio también se aplicara a la incontinencia, y si de esta confusa doctrina se sacara tal vez la conclusión de que los incontinentes pecan por decisión consciente, lo que es ajeno a la incontinencia. Por tanto, con no poca prudencia nuestro traductor procuró evitar esto; y así llamó 'malitiae' [maldades] a las actitudes contrarias a la virtud, no porque no sean vicios, sino para que cuando los lectores leyeran 'vitium', engañados tal vez por el significado general de este vocablo, no fueran a creer que los incontinentes o los débiles de carácter pecan por decisión consciente, cuando lo hacen a causa de la pasión. Por tanto, en el sentido más propio de los vocablos considerados, el mal se opone a la virtud; la incontinencia, a la continencia; la debilidad de carácter, a la perseverancia. Con respecto de esto, si hubieras dicho que los tres conceptos negativos están contenidos en el vocablo 'vitium', simplemente te lo reconoceré; pero por eso me empeñaré sobremanera, en que este vocablo debe ser usado en la enseñanza de las doctrinas morales [como lo hemos definido], a fin de que el entendimiento de las cosas no sea cegado por la confusión y generalidad de las palabras. Y no creas que he hecho todas estas afirmaciones irreflexivamente, como si no hubiese leído a Agustín, quien manifiesta que el vicio es cierta cualidad, según la cual el alma es mala[65]; y como la virtud es una cualidad que hace bueno al que la posee, entonces parece seguirse necesariamente de esto que el vicio es contrario a la virtud. Pero los que analizan con mayor sutilidad esta sentencia de Agustín han dicho que hay que entenderla porque <......> la esencia de la virtud se ha de examinar directamente, pues cierta [?][66] <......> a la disposición de alguno que se mantiene convenientemente según el modo de su naturaleza [?]. La virtud es, pues, la disposición de lo perfecto hacia lo óptimo. Pero cuando analizamos la consecuencia de ello resulta como hecho incontrovertido que la virtud es una cierta bondad, en tanto que la maldad se opone la bondad. En consecuencia, como los investigadores de la ética se ocupan fundamentalmente de la bondad de la virtud, han escrito con razón que la maldad se opone a la virtud moral. Por este motivo, soportaría en todo caso con serenidad, si Leonardo al hablar de otras virtudes de las cosas o del cuerpo, que no tocan el comportamiento humano, hubiera dicho que los vicios son contrarios a ellas.

---

[65] Lo dice en *De perfectione iustitiae hominis*, 2.4. «vitium [...] est qualitas, secundum quam malus est animus». V. http://www.hs-augsburg.de/~Harsch/augustana.html.

[66] <......> significa que según Birkenmaier el códice original utilizado por él tiene un espacio en blanco en esos pasajes. Añadimos [?] para indicar que por la misma razón surgen dudas irresolubles en la traducción de los fragmentos conservados en dichos contextos. El códice de Wertheim presenta el mismo problema en este caso; en el siguiente, en cambio, el texto coincide con el de Birkenmaier, pero sin indicar espacio en blanco alguno. La edición crítica de González Rolán *et alii* presenta iguales omisiones que el códice polaco utilizado por Birkenmaier.

No obstante, quien investiga la mente de los hombres, debiera permitir que se llame 'malitia' [maldad] a la actitud contraria a la virtud moral, a fin de no incluir cruelmente bajo el concepto general de vicio a los incontinentes y a los auténticos malvados.

Capítulo décimo

Te he resumido apresurada y sucintamente todas estas cuestiones, no porque no haya muchas otras, más bien muchísimas otras, en las que reconocerías la excelencia de nuestra traducción, aun cuando pudieras descubrir en ella con los ojos del espíritu algunos pequeños errores. Pero nuestra intención no fue indagar sobre la base del volumen mismo lo que deseábamos demostrar, sino delinear lo que se encuentra en el libro mediante los muy pocos ejemplos aducidos en el prólogo, del mismo modo que los médicos determinan a través del examen del pulso una enfermedad de las partes interiores del cuerpo. Respecto de las cuestiones que aborda Leonardo, sin duda que rápidamente habría podido escribir sobre ellas con mayor extensión y profundidad, pues me invitaba a hacerlo la materia misma, que de hecho es riquísima, ofrece un sinnúmero de asuntos para escribir, y cuánto más se despliega, tanto más da a luz fecunda abundancia de temas para tratar, semejándose a una fuente, de la cual manan hermosas oleadas de dulces enseñanzas. Tú, saca de esta breve polémica, la siguiente concisa enseñanza: atente a la antigua traducción cuando busques respuestas a cuestiones de moral; en cambio, considera la traducción moderna, de la cual hemos hablado, como un comentario de aquellos pasajes en que parezca explicarte algo con mayor claridad. Pero no la aceptes como texto.

Aquí termina el libro de Alfonso, obispo de Burgos, contra las invectivas de Leonardo contra la traducción de los libros de la *Ética* de Aristóteles.

JUAN DE MENA

BIOGRAFÍA

Nace en Córdoba en 1411 y muere en Torrelaguna (Madrid) en 1456. Probablemente de origen judío converso quedó huérfano muy pronto. Comenzó sus estudios a los veintitrés años en su ciudad natal y los continuó en Salamanca donde obtuvo el grado de *magister artium*. Acompañando al cardenal Torquemada viajó a Florencia en 1441 y luego a Roma. En 1443 de vuelta en Castilla entró al servicio de Juan II como «secretario de cartas latinas», al tiempo que ejerció el cargo de «veinticuatro» (regidor) de la ciudad de Córdoba. En 1444 el monarca le nombró cronista oficial del reino. Pese a su vida retraída de hombre entregado al estudio y alejado de las cosas humanas mantuvo, no obstante, gran amistad con el condestable Alvaro de Luna y con el Marqués de Santillana. Su biografía explica los rasgos esenciales de su obra: profundo arraigo en la poesía tradicional cancionerista, cultismo cordobés, influencia del Renacimiento italiano y del clasicismo humanista.

En la obra en verso de Mena hay dos estilos que se desarrollan paralelamente. El primero tiene dos fases; una amorosa, en que utiliza motivos ligeros, amorosos, de juego y circunstancias, propios de los poetas de «cancionero», y otra doctrinal, en la que los poemas encierran una enseñanza moral. La forma empleada en este primer estilo es la copla de pie quebrado y primordialmente el verso octosílabo, con tendencia a la concisión y con relativa sencillez lingüística. Su segundo estilo, acentuado en la madurez, es el de la poesía culta, alegórica, nacional, heroica, en la que emplea preferentemente la combinación de octavas de arte mayor y menor, de versos octosílabos y dodecasílabos, con un lenguaje refinado que introduce con frecuencia el hipérbaton latino y una serie de neologismos procedentes del latín (*vulto* por rostro, *circuncingir* por rodear, etc. y formas esdrújulas como *nubífero*, *clarífico*, etc.) y que a la vez hace gala de abundantes referencias y símbolos mitológicos. Las dos obras mayores de este estilo culto son *Coronación del Marqués de Santillana* o *Las Cincuenta*, que contrasta la visión infernal con la claridad del Parnaso, combinando la tradición alegórico-dantesca con la lírica de cancionero, y su obra maestra

Labyrintho de Fortuna (1444), también llamada *Las Trezientas* en la primera edición (Sevilla 1496), poema alegórico al estilo de Dante Alighieri y con influencia de Lucano y Virgilio, que tiene como tema el papel de la providencia en la vida humana y el destino nacional de Castilla.

También nos ha legado obras en prosa, a saber, el *Comentario a la Coronación* (1438) y *Homero romançado* (1442), versión en castellano de un resumen latino de *La Ilíada* de Homero, y probablemente *De los remedios de amor*, obrita de índole moral en la que distingue entre amor lícito e ilícito, contra el que da consejos y remedios.

Juan de Mena fue el primer escritor castellano que planteó crear un lenguaje poético distinto de la lengua vulgar, con lo cual contribuyó a renovar y enriquecer profundamente la lengua y la tradición literaria de la época.

ORIENTACIÓN BIBLIOGRÁFICA

Blecua, José Manuel. Prólogo a su edición de Juan de Mena, *El Laberinto de fortuna o las trescientas*. Madrid, Espasa-Calpe, Clásicos Castellanos, 1968.

Cartagena, Nelson. «Cómo se debía traducir en España en el siglo XV» en A. Gil, D. Osthus, C. Polzin-Hausmann (Hg.) *Romanische Sprachwissenschaft. Zeugnisse für Vielfalt und Profil eines Faches*. Festschrift für Christian Schmitt zum 60. Geburtstag. Frankfurt, Peter Lang, 2004: 437-454.

González Rolán, Tomás/Barrio Vega, M.ª Felisa del. «Sumas de la Yliada de Omero» en *http://www.ucm.es/BUCM/revistas/fll/0212999x/artículos/RFRM89891101147A.PDF*

Russell, Peter. *Traducciones y traductores en la Península Ibérica (1400-1550)*. Bellaterra, Universidad Autónoma de Barcelona, Escuela de Traductores e Intérpretes), 1985.

Valbuena Prat, Ángel. *Historia de la literatura española*, I. Barcelona, Editorial Gustavo Gili, 1968, octava edición corregida y ampliada, pp. 243-263.

Proemio de Juan de Mena a su traducción del latín al castellano (ca. 1438) de la *Iliada* de Homero[67]

EN

Juan de Mena, *El Omero Romançado*, manuscrito 3666, folios 1-3, Biblioteca Nacional de Madrid[68].

Transliteración de Nelson Cartagena[69].

[folio 1ʳ]

Al muy alto e muy poderoso prinçipe e muy humano señor don Juan el segundo por aspiraçion dela diuinal graçia muy digno rey de los reynos de Castilla e de Leon. Vuestro muy humil sieruo Juan de Mena. las rodillas en tierra beso vuestras manos e me encomiendo en vuestra alteza e señoria. Muy alto e muy bienauenturado Rey. por eso los marauillosos fechos. a bueltas con los que los fallan se gozaron jamas occurrir a la exçelençia dela real dignidad. porque alli son las cosas puestas en rico presçio e proueydas de deuido nonbre e mesurado acatamiento donde mejor especuladas e conosçidas. Por aquesto los rrieptos e desafios ante la sacra magestad de los reyes se mandan fazer. Por que los buenos que su virtud ofrescan al riguroso fecho delas armas esperen dela real casa corona de meritos en aprouacion de sus oppiniones/ ansi como aquella que es estudio de profanas e seglares virtudes. E aun esta virtuosa occasion Rey muy poderoso trae a vuestra real casa todavia las gentes estrangeras con diuersos presentes e dones. Vienen los vagamundos aforros que conlos napales e

---

[67] Santoyo (1987: 35, nota) apunta que «la traducción no es tal, sino tan sólo un resumen de 48 pp., aparentemente tomado de las *Periochae* de Ausonio y del *Epítome* del seudo Píndaro tebano».

[68] González/del Barrio (v. orientación bibliográfica) sostienen con sólido fundamento en el texto mismo que el título que Juan de Mena dio a su trabajo es *Sumas de la Yliada de Omero*.

[69] Nos limitamos a transliterar las letras góticas al alfabeto latino, a resolver las abreviaturas, a escribir sin excepción con mayúscula todos los nombres propios y vocativos referidos al rey y a añadir en paréntesis cuadrado signos de interrogación, de exclamación y comillas cuando corresponde para facilitar la lectura. Las demás particularidades ortográficas, sintácticas y léxicas del texto se conservan. Los signos de puntuación utilizados en el códice son rayita oblicua, con o sin gancho en el extremo superior, punto y **C**, que indican progresivamente independencia del texto siguiente. El último signo lo hemos reemplazado por punto seguido de mayúscula. Agradecemos al colega Manuel Pruñonosa y a los servicios bibliotecarios de la Universidad de Valencia por habernos hecho llegar una copia electrónica del manuscrito, cuya numeración de folios hemos seguido.

casas movedizas se cobijan desde los fynes de la arenosa Libia dexando a sus espaldas el monte Athalante a vos presentar leones yracundos. Vienen los de Garamanta y los pobres arexes concordes en color con los ethiopes por ser vezinos dela adusta y muy calida zona a vos offresçer los tigres odoriferos. Vienen los que moran çerca del bicorne monte Bromio e açechan los espiraculos delas bocas çirreas poluorientas delas çenizas de Fiton pensando saber los secretos delas tripodas e fuellan la desolada Thebas a vos traer espingos bestias questionantes. Traen a vuestra alteza los orientales yndios los elefantes mansos conlas argollas de oro cargados de leños anoelas alias linaloes. los quales la creçiente de los quatro rios por grandes alluuiones de alla donde manan destorpa e somueve. Traenvos los relunbrantes paropos/ los nubiferos achates/ los duros diamantes/ los claros rubies/ e

[folio 1ᵛ]
otros linages de piedras. los quales la circundança de los solares rayos en aquella tierra mas bruñen e clarifican. Vienen los de Syria gente amarilla de escudriñar el tibar que es fyno oro en poluo a vos presentar lo que escaruan e trabajan. Traenvos muy exçelente Rey los rios setentrionales que beuen las aguas del ancho Danubio e aun del elado Reno que syente primero el boreal viento cuando se comiença amouer/ los blancos armiños e las finas martas e otras pieles de bestias diuersas/ las quales la muy secreta sagaçidad dela naturaleza por guardarlas dela grand intenperança de frior en aquellas partes de mas espesso e mejor pelo prueua e provee. Vengo yo vuestro muy humilde siervo natural a vuestra clemençia benigna. No de Ethiopia con relunbrantes piedras. no de Asia con oro fyno/ nin de Affrica con bestias monstruosas e fieras mas de aquella vuestra cauallerosa Cordoua e como quier que de Cordoua/ no con aquellos dones ni senblantes de aquellos que los mayores e antiguos padres de aquella alos gloriosos prinçipes vuestros anteçessores e a los que agora son e aun despues seran/ bastaron offresçer e presentar. Como sy dixesemos de Seneca el moral/ de Lucano su sobrino. de Abenruyz/ de Auiçena/ e otros no pocos/ los quales temor de causar fastidio/ mas que mengua de multitud/ me devieda los sus nonbres explicar. Ca estos Rey muy magnifico presentauan lo que suyo era e de los sus ingenios emanaua e nasçia. bien como quando fazen los gusanos la seda que aquello que ofresçen a los que los crian/ de sus entrañas lo sacan e atraen. Pero yo a vuestra alteza siruo agora por el contrario/ ca presento lo que mio no es. Bien como las abejas roban la sustancia delos melifluos flores delos huertos ajenos e la traen a sus cuestas e anteponen a la su maestra. bien asy yo muy poderoso Rey vso en aqueste don e presente. Ca estos flores que a vuestra señoria aparejo presentar del huerto del grand Omero monarca de la universal poesia son. E aquesta consideraçion anteleuando grand don es el que yo traygo/ sy

el mi furto e rapina no lo viçiare. E aun la osadia temeraria atrevida es. A saber de traduzir una sancta seraphica obra como la Yliada de Omero de griego sacada en latyn e de latyn en nuestra materna y castellana lengua vulgarizar/ la qual obra pudo apenas toda la gramatica e aun eloquençia latina conprehender y en si rresçebir los heroycos cantares del vatiçinante poeta Omero. [¡]Pues quanto mas fara el rudo e desierto rromançe[!]. E acaesçera por esta causa a la omerica Yliada como a las dulçes e sabrosas frutas enla fin del verano que ala primera agua se dañan e a la segunda se pierden. E asy esta obra reçibira dos agrauios/ El uno en la traduçion latyna y el mas damñoso e mayor

[folio 2ʳ]
enla interpretaçion del romançe que presumo e tiento dele dar. E por esta razon/ muy prepotente señor/ dispuse de no interpretar de veynte e quatro libros que son enel volumen dela Yliada saluo las sumas breuemente. No como Omero palabra por palabra lo canta/ ni con aquellas poeticas intençiones e ornaçion de materias. Ca sy ansy oviese de escreuir muy mayor volumen e conpendioso se fiziera. E mas escriue Omero enlas esculturas solas e varias figuras que eran enel escudo de Archiles/ que ay en aqueste todo volumen. E aun dexelo de fazer por no dañar ni offender del todo su alta obra trayendogela enla humilde e baxa lengua del romançe/ mayormente no aviendo para esto vuestro regio mandamiento. Y aun porque sean a vuestra alteza estas sumas como las de muestras alas que quieren en finos paños açercar. Ansy Rey muy exçelente estara en vuestra real mano e mandamiento vistas aquestas sumas o muestras/ mandar o vedar toda la otra plenaria e intensa interpretaçion traduzir o dexar en su estado primero. E por[que][70] aquella fama e memoria sobre la qual han rodado syglos de grande antiguedad es mas comendable e de loar sy despues de muchos tienpos afuer de cosa inmortal es perpetuada e convalesçe. Por ende muy temido señor/ noto en aqueste pr[e]façio[71] las altercaçiones que los actores syntieron de los tienpos en que Omero aya seydo. Eusebio e algunos otros en las suas coronicas escriuen Omero auer floreçido en Greçia en tienpo de Melanto deçimo sexto rey de los atheneses [...] Mas aun quanta desordenança e desacuerdo açerca de los antiguos sobre Omero aya estado manifestar se puede por lo syguiente. ca dizen otros con los quales es Socrates que oviese seydo Omero antes dela desçendida delos eraclitas. Aristotones dize que fue cient años despues dela troyana captiuidat. Ariscarto[72] dize que çient años despues dela yonica transmigraçion. Philocoro recuenta que fuese en tienpo mesmo dela yonica transmigraçion en

---

[70] En el códice dice *por*.
[71] En el códice dice *profaçio*.
[72] Metátesis por Aristarco.

los tienpos de Arçipo magistrado delos atheneses e despues de tomada Troya ciento e ochenta años. Apolodoro dize que dozientos e quarenta años despues dela destruçion de Troya. E fueron otros con los quales Artilogo que dizen que fue veynte e doss años despues que Troya fue destruida[73]. Otros dizen que fue en tienpo del rrey Lanete quarto rey de los lacedemonios enel año quarto del su rreinado ansy Omero como Esiodo. E por aqui puede vuestra alteza considerar en quanto preçio los phylosophos e ynstoriographos a Omero tengan e quantas vigilias

[folio 2ᵛ]

ayan padesçido por saber aun sy quiera los tienpos del su concurso e nasçi-miento. E por argumentos dela mayor oppinion delos mas que del nasçimiento de Omero saber procuraron fue en tal tienpo que bien pudo ser informado de vista delos que en la troyana captiuidad e destrucçion se pudieron acaeçer. [¿]Pues que atreuimiento syn freno çego a Guido de Colupnis medico de Pisa para que tentase como de nueuo desenboluer e ordenar los casos dela grand Troya en coronica acopilando/ mayormente que no concurrio aqueste sy no enlos tienpos del bien aventurado don Alfonso de gloriosa e rrica memoria que Dios aya vuestro muy digno e claro trasuisavuelo[?]. E no sola mente tento aqueste de escreuir syniestras cosas enla tal obra/ mas aun lo que peor es de oir muchas vezes enella reprouando e acusando al monarca padre de los poetas/ Omero. [¿] E que supiera Guido e aun los otros todos de quien el rrebusco para escreuir sy ouo seydo Troya/ sy por la seraphyca e quasi diuinal obra de Omero como de original no lo ouiese avido [?] Ca no fue mas desastrada la postremeria de Priamo de quanto Omero quiso/ ni Ethor mas llorado/ ni mas enamorado Paris/ ni Archiles mas famoso/ ni mas prudente Nestor/ ni Ulixes mas astuto/ ni Ajas mas osado/ ni el Ilion mas fermoso/ ni los puertos mas llenos de fustas/ ni de tyendas los reales/ ni los templos de sacrefiçios de quanto la rica pluma de Omero por sabia mano ministrada quiso moderar e perpetuar. E pongamos que aquestos fechos fueron asy o mas allende (...) sy pudieran mas durar de quanto naturaleza lo sostuvo[74]. Çierto no. si el claro ingenio de Omero no los desnudara delas çiegas tinieblas dela oluidança/ a las quales el antiguedat tenia offreçidos/ dando a todos estos lo que por naturaleza a todos es negado/ es a

---

[73] Sobre la base de otro códice González/del Barrio, ob. cit., pág. 155, línea 93 y sig. com-pletan este pasaje del modo siguiente: «dizen que fue veinte y tres años de la introduçión del juego Olimpyada, e çinco çientos años después que Troya fue destruida».

[74] (...) indica vocablos ilegibles y tachados.. Sobre la base de otro códice González/del Barrio, ob .cit., pág. 155, líneas 116-118, completan este pasaje del modo siguiente en su adaptación: «Y pongamos que aquestos fechos fueron así o más allende de quanto así ¿pudieran más durar de cuanto naturaleza los sostuvo?».

saber la biua e perpetua inmortalidad. Podemos dezir que en otra manera el mantuano Virgilio con boca mas llena e ingenio mas agudo estudiaua en fazer loores a Omero que Guido de Colupnis enlo reprouar. El qual Virgilio por algunos inuidiosos estimulado que la su obra delas Eneydas por la mayor parte fuese furtada e subtraida de Omero. Virgilio respondio *numquid et paruum est clauam a manu erculis eripere* [?]. Quiere dezir ["¿] y como pequeña cosa es tentar sacar la maça de la mano de Ercules [?"] faziendo Virgilio de si el tentador e Ercules de Omero. E Ouidio de sy mesmo el qual no supo como mejor loar a Virgilio que faziendolo remediador e contrafazedor de Omero en estas palabras *Virgilius magno quantum concessit Omero tantum ego Virgilio cognosco poeta meo.* Que quiere dezir. ["]quanta ventaja conosçio Virgilio al grand Omero. tanta conosco yo Ouidio a Virgilio el mi poeta["]. En otra parte escriuiendo a Macro ynstoriografo su amigo/ no supo con que mas loarlo/ saluo diziendole que el escreuia delos casos de Troya lo que el perdurable Omero dexara por escreuir. Estas son sus palabras. *Tu canis eterno quicquid restabat Omero ne careant summa Troyca bella manu.*

[folio 3ʳ]
Quiere dezir. ["]Tu Macro cantas aquello sy en algo podemos dezir que dexo por cantar o dezir el perdurable Omero por que las troyanas batallas de alta mano de escreuidores no carescan["]. E las imperiales leyes por los jurisconsultos con madura vigilia especuladas con Omero alegan. E muchos loores en lugares diuersos le fazen enel primer libro de sus Pandetas en el prohemio çerca la fyn. e padre de toda virtud le llaman en aquestas palabras. *Vt apud Omerum patrem omnis virtutis.* Enel libro de las Instituciones enel titulo del derecho natural por mas exçelente de los poetas dizen que lo entendamos. [¿]Pues que se puede dezir de Omero/ quando siete çibdades en Greçia litigauan diziendo cada una Omero fue dela nuestra çibdad/ mas fue dela nuestra[?]. sobre la qual altercaçion no fue pequeña guerra. ni el philosopho no oluida de alegar en muchos lugares a Omero en prueba de lo que dize. Pues dexados los philosophos e scientes. no fue en pequeño preçio avida la boz de Omero antes en tanto grande. que Alexandre fijo de Philipo. venido sobrel sepulcro delas çenizas d[o]⁷⁵ Archiles yazia faziendole honores e funerarias e obsequias. leo el epitafio del su sepulcro el qual Omero ditara e dixo alli que seria bien contento de trocar la prosperidat que los dioses le tenian aparejada e partir mano dela parte que los dioses en el çielo le pudiesen dar/ por aver un tan sumo e apto actor de sus fechos/ como Archiles auia avido en Omero. Asy he dilatado muy bien aventurado señor fasta aqui en los loores de Omero a doss fynes/ por dañar e destruir

---

⁷⁵   En el manuscrito dice *de.*

si pudiese los dichos que Guido escriuio en offensa de Omero. e aun lo mas principal por causar a los lectores nueuo amor e deuoçion con las altas obras deste actor. Oppinion fue de muchos que Omero fuese çiego/ e aunque ouiese nasçido ansy/ e que fuese de luenga vida/ ca passo de numero de cient años segund escreuio Valerio Maxymo en el titulo de los muertos no vulgares/ adonde añade como fenesçio por no saber soltar una question ael puesta por unos pescadores. lo qual yo mas dubdo que creo. Los libros que del se fallan son esta Yliada que contiene en sy veynte e quatro libros e llamole la Yliada de Ylion que fue nombre dela propria çibdat de Troya. Fizo otros veynte e quatro libros delos yerros e casos de Vlixes despues que partio de Troya/ a la qual obra mucho quiere ymitar o remedar el Virgilio enel terçero delas Eneydas. donde escriue los yerros que fizo Eneas fasta venir en Cartago e llamole Osidea porque Osides[76] dizen los griegos por Vlixes. Fizo otra pequeña obra de burlas que en griego es dicha *Bracathonio e machia*[77] e en latyn se puede llamar *Ranarum muriumque pugna*[78]. Otras algunas obras atribuyen ael. Pero dudanse[79] por muchas razones que Omero las fiziese. Presuponer se deue ansy mesmo que Omero en esta obra no recuenta saluo los fechos

[folio 3ᵛ]

que acaesçieron enlas guerras de Troya enel año noueno despues que fueron començadas fasta el año dozeno[80] enque se feneçieron. Porque los mayores fechos fueron en aquellos doss años. De antes fazian daño los griegos enlos reynos e provincias de Troya/ no empero que toviesen sytio ni se acostassen a la çibdad. E por ende todo lo otro traspassa e pone atras Omero. Es asy mesmo de saber que una çibdad era acerca de Troya que se decia Crisia e avia enella vn obispo antiguo del templo tenido por los gentiles obispos en grand acatamiento de religion el qual se llamaua Crirsis e tenia una fija donzella que se dezia Crirsida. los griegos tanto estouieron sobre esta çibdad que la entraron por fuerça. Entre las otras cosas que metieron asaco mano/ tomaron aquella donzella Crirsida. Porque auoto delos mas delos griegos por la grand fama dela religion de su padre e por la onestad grande que enla donzella se mostraua. quisieronla dexar/ mas por ser tan esmerada en fermosura contra grado de todos el rey

---

76 Metátesis por Odisea y Odises, respectivamente.
77 En la versión de González/del Barrio, ob. cit., pág. 156, línea 171. se corrige *Bratachoniomaquia*.
78 La contienda de las ranas y los ratones.
79 Excelente ejemplo para documentar las tradicionales dudas de concordancia del *se* pasivo impersonal.
80 En rigor, atendiendo al contexto, debiera decir *dezeno*.

Agamenon la manda retener e guardar para sy. E aquesta es la razon que aqui al comienço introduze Omero. por que el dios Febo se ensaño contra los griegos. Pues agora muy esclaresçido Rey e Señor fize algunos titulos sobre çiertos capitulos en que departi estas sumas/ aunque todos los poetas segund la sobe-ruia e alteza de su estilo proçedan syn titulos. pero enñadir los he yo por fazer mas clara la obra a los que en romançe la leyeren.

ANTÓN ZORITA

BIOGRAFÍA

No se conocen datos biográficos sobre su persona, salvo los que se desprenden de sus propias afirmaciones en el prólogo transcrito. De acuerdo con ellas debe haber nacido a fines del s. XIV y probablemente muerto alrededor de mediados del s. XV, ya que en 1441 termina su traducción con grandes dificultades por su avanzada edad: «este pequeño serviçio [...] respecto de mi pensada e cansada veges, que aun a cortar las pendolas, non embargante la aiuda de los antojos, me fallesçe la vista, e mucho menos puedo trabajar nin escrevir, ha seydo e es mucho». Perteneció al equipo de colaboradores del Marqués de Santillana («Anton Çorita, muy pequeño servidor de la vuestra muy noble señoría»), a quien seguramente por su prolongada actividad, llegó a conocer muy profundamente. M. Schiff, ob. cit., pág. 374 transcribe por ello el referido prólogo en toda su extensión: «L'épitre dédicatoire d'Anton Çorita est très intéressant par la précision de détails qu'elle nous fournit. Cette homme a vécu dans l'intimité du marquis de Santillane et a su l'apprécier. Voici porquoi, malgré sa longueur, nous copions en entier la préface du traducteur de l'*Arbre des batailles*». Desde el punto de vista de la teoría de la traducción interesa la dedicatoria, finalidad y descripción de los receptores de la obra en castellano.

ORIENTACIÓN BIBLIOGRÁFICA

Cartagena, Nelson. «Cómo se debía traducir en España en el siglo XV» en A. Gil, D. Osthus, C. Polzin-Hausmann (Hg.) *Romanische Sprachwissenschaft. Zeugnisse für Vielfalt und Profil eines Faches*. Festschrift für Christian Schmitt zum 60. Geburtstag. Frankfurt, Peter Lang, 2004: 437-454.

Russell, Peter. *Traducciones y traductores en la Península Ibérica (1400-1550)*. Bellaterra, Universidad Autónoma de Barcelona, Escuela de Traductores e Intérpretes), 1985.

Prólogo de Antón Zorita a su traducción (1441) del francés al castellano de *Arbre de Batailles* de Honoré Bonnet
en
folios i – iij del manuscrito signatura MS 10203 de la Biblioteca Nacional
de Madrid.

Transliteración de Nelson Cartagena[81].

(folio Iʳ)
[A]l muy noble e egregio baron / el señor[82] Ynigo Lopes de Mendoça[83] señor de
la Vega. Anton Çorita muy pequeño seruidor dela vuestra muy noble señoria /
con reuerençia humill e deseo de seruir a la vuestra singular magnifiçençia en
todas las cosas açeptas e agradables. Muy noble e egregio señor. mucho soys
obligado anuestro señor dios por auer vos dado sabia fiel honesta virtuosa e obe-
diente conpañera la qual muy pocos honbres alcançan que alo menos en alguna
de las cosas sobre dichas algunt poco non fallescan. Enpero aunle soys mucho
tenudo / en auer vos dado enella fijos e fijas discretos corteses honestos e /
segunt su hedat / buenos caualleros e en copia grande e avos mucho obedientes e
humildes e las fijas honestas graçiosas charitatiuas humildes humanas e final
mente por diuinal graçia de honesta verguença doctadas. Aun le soys tenido por
auer vos heredado enel rregno do naçistes bien e noctable mente non segunt
vuestra valor meresçe mas entre vuestros vezinos por graçia de dios podedes
biuir e passar honesta mente e asy lo fazedes larga mente e muy habundosa.
tanto que auria mengua de Salamon el que sse avos anteponer presumiese. Aun
mas que vos ha doctado de virtuosa e estrema caualleria. en tanto que en comun
prouerbio es caydo que non auedes par enlas tierras do soys conosçido e aun asi
sse afirma enlas rregiones agenas e longincas e non atuierto / que si mis ojos e

(folio Iᵛ)
el juyzio non me han engañado nunca he oydo loor que vos ssea dada o atribuyda
que yo non vos la aya visto mejor exerçir que las lenguas delos que lo rrelatan
non han podido expressar. E vos aun jouen que paresçe que. hermano de alguno

---

81 Se ha transliterado el texto respetando rigurosamente la ortografía literal, acentual y
    puntual del manuscrito, con las siguientes variaciones. se resuelven las abreviaturas, se
    escriben con mayúscula los nombres propios y se marcan entre [ ] elementos que se han
    añadido.
82 Con letra diferente se añade *don* en el margen.
83 Con letra diferente se añade: en el margen *marqués de Santillana e conde del Real.*

de vuestros fijos seades. E non tan sola mente dios ha querido que sseades bueno. mas universal mente seades tenido por bueno / sabio / discreto / vigil / soliçíto / mesurado / justo / tenperado / magnifico / begnino / magnanimo / honesto / esforçado / cortes / paçifico e ardit e final mente de muchas otras virtudes doctado. Yo querria callar por non ser visto caer en viçio de adulaçion. si non que un joyell el qual entera mente posseedes mas que otro de vuestros yguales me rrequiere que lo escriua / porque en vos sobra aquello que los otros non alcançan. al qual alguna delas cosas ante puestas non sse puede ygualar / es a saber que amades sçiençia e aquella con verdadero amor e affecçion con tanta diligençia buscades que por trabajado e canssado que sseades / así por guerras commo por otras honestas occupaçiones / commo por negoçios familiares / e otros muchos trabajos que nunca fallesçen / non es dia al mundo que libros de filosophos o poetas e aun dela escriptura santa / commo otros ystoricos non leades / rrobando al rreposo e folgança de vuestra cama algunt tienpo el qual en aqueste honesto e loable offiçio sin occio enpleades / e los hombres de sçiençia en qualquier facultat / tan rreuerenda mente tratades / que non sola mente estas prouincias circunuicinas mas aun las de nos muy apartadas e rremotas vuestra loable fama con curso

(folio IIʳ)
vellosçissimo visita e vuestro bien auenturado nombre / a aquellas se presenta e por memoria eterna en muchos libros por sabios e fieles escriptores sse rregistra. Muchas cosas se presentan ami las quales si yo non con vos mas con otro fablasse / non perdonando al trabajo con plazer escriuiria / las quales serian dignas de rrecordaçion venerable / e dexolas de escreuir por la rrazon ante dicha e esso mesmo ca muchas dellas por muchos sse saben. e vos platicando continua ment[e] las vedes e en vos asi commo en espejo muy rresplandesciente se miran. e los onbres con buenos desseos / contenplando e rrecordando aquellas sus obras corrigen e su vida mejoran. E dexando agora aquesto bien creyo que sse rrecuerde ala vuestra magnifiçençia commo pocos dias sson passados que en Guadalajara estando yo en vuestra muy noble camara / abriendo algunos de vuestros libros. delos quales en torno de vos toda uia grant copia sse falla / me vino entre las manos uno intitulado ["]Arbol de batallas["] al rrey de França inbiado copilado por aquel sabio e grandissimo letrado Honorar Boner prouinçial prior de Ssellon doctor en decretos experto en todos los derechos e de juizio altissimo por el santo spirito doctado / entanto que yo non creo que por su sola lengua / mas aquella tercera presona dela trinidat santa en su boca continuamente fablaua /. Enel qual libro segunt mi paresçer sse fallan todos los juyzios sobre los debates que en todas las guerras e batallas pueden acaesçer / e non sola mente aquel sabio doctor por su sentençia los determina / antes aun aquellas sentençias aprueua por diuersos

(folio II^v)

testos e glosas de todos los derechos asi canonicos commo ciuiles commo aun por derecho de gentes / e derechos o leyes de natura e aun por extra uagantes leyes lonbardas en manera que alguna cosa avalidaçion e rroboraçion de sus dichos non mengua nin fallesçe / era aqueste libro en lengua galica / o françesa escripto / la qual non enbargante que avos muy noble señor sea llana quasi asi commo materna / commo aquel que los libros escriptos en diuerssos lenguajes commo son toscanos venecicos e otros muchos leedes / e por graçia de dios muy bien entendedes. enpero todos los dela vuestra noble casa nin aun otros muchos deste rregno d'Esperia por el lenguaje seer pelegrino non lo entienden / o alo menos con mucho trabajo e dificultat vienen ala inteligençia delas materias enel dicho libro tractadas /. Por lo qual vuestra merçed mouida de buen zello queriendo aprouechar atodos los buenos / señalada mente alos nobles e gentiles onbres / que usando de virtut en su moçedat en guerras e batallas trabajan valerosamente / me mando que yo me trabajase en reduzirlo en lengua castellana / a consolaçion e plazer de los leedores de España. e a informaçion de los onbres de armas / que muchas vezes non cuydando yerran enlos fechos delas guerras e delas batallas / e fazen e dizen cosas injustas e non deuidas / los quales por ventura si sopiessen lo que fazen sse guardarian de errar / o si erraron se emendarian justificando sus obras / yo obedesçiendo vuestros mandamientos / tome el dicho libro / e dando me al trabajo lo he rreduzido aesta lengua castellana. no

(folio III^r)

enpero bien por rrazon que puramente yo non se aquesta lengua. E asi suplico humill mente ala vuestra muy noble señoria que sea vuestra merçed tomar en grado este pequeño seruiçio el qual arrespecto vuestro es poco / enpero arrespecto de mi pesada e canssada veges // que aun a cortar las pendolas non enbargante la ayuda delos antojos me fallesçe la vista / e mucho menos puedo trabajar nin escreuir / ha seydo e es mucho e aquello que vuestra merçed conosçera / que por ynorançia he fallesçido / begnina mente vos plega emendar con prudençia. Ca muchas cosas fallaredes que corregir / las quales yo por mi corto entender. non aure sabido fazer. E mande vuestra magnifica señoria todas las cosas que avuestro seruiçio cunplan e ami sean posibles / ca por çierto vuestro seruiçio non me fallara negligente. Dios que es omnipotente alargue vuestra vida / enxalçe vuestro estado aumente vuestras virtudes e ordene e disponga vuestros buenos deseos / en manera que el pura mente por vos sea amado / e el señor rrey lealmente seruido / segunt que fasta aqui bien e noctable mente sin ficçion lo fezistes. Escripta en Mançanares a veynte de setiembre del año de la nactiuidat de nuestro saluador Jesus Cristo m° cccc° xl° i° años.

A vuestro serviçio e mandamiento presto Çorita.

PEDRO DE CHINCHILLA

BIOGRAFÍA

Sobre su persona sólo conocemos lo que él mismo ha revelado en sus obras. Sirvió a tres generaciones de la casa de los condes de Benavente, como se desprende del prólogo de la *Sana doctrina* (1467), obra sobre la educación de los príncipes realizada por encargo del cuarto conde de Benavente don Rodrigo Alfonso Pimentel, donde se refiere a la «mucha y luenga criança que ove en casa de sus antecesores, padre e abuelo, cuyas ánimas Dios aya» (cit. en Peláez 1999: 74). Por tanto sus servicios a dicha casa se extienden por lo menos desde 1420, fecha en que asume sus funciones el segundo conde de Benavente, hasta la realización de la referida obra en 1467. También al servicio del mismo señor había escrito en 1466 *Carta sobre religión a don Rodrigo Alfonso Pimentel*. Por encargo del tercer conde de Benavente, don Alfonso Pimentel, llevó a cabo en 1443 la traducción de la *Historia Troyana* de Guido delle Colonne.

ORIENTACIÓN BIBLIOGRÁFICA

Cartagena, Nelson. «Cómo se debía traducir en España en el siglo XV» en A. Gil, D. Osthus, C. Polzin-Hausmann (Hg.) *Romanische Sprachwissenschaft. Zeugnisse für Vielfalt und Profil eines Faches*. Festschrift für Christian Schmitt zum 60. Geburtstag. Frankfurt, Peter Lang, 2004: 437-454.

Peláez Benítez, María Dolores. *Pedro Chinchilla. Libro de la historia troyana*. Madrid, Editorial Complutense, 1999.

Russell, Peter. *Traducciones y traductores en la Península Ibérica (1400-1550)*. Bellaterra, Universidad Autónoma de Barcelona, Escuela de Traductores e Intérpretes, 1985.

Schiff, Mario. *La bibliothèque du Marquis de Santillane*. Amsterdam, Gérard Th. van Heusden, 1970 [réimpression de l'édition de Paris 1905], pp. 265-268.

PRÓLOGO DE PEDRO DE CHINCHILLA A SU TRADUCCIÓN (1443) DEL LATÍN AL
CASTELLANO DE LA *HISTORIA DESTRUCTIONIS TROIAE* DE GUIDO DELLE COLONNE
EN
SCHIFF, MARIO, OB. CIT., PP. 267 Y SIG. COPIADO DE LA BIBLIOTECA PARTICULAR DE
M. MENÉNDEZ Y PELAYO.

Aqui comiença el libro de la Ystoria Troyana segund Guido de Colupna copillo,
la qual traslado de latin al nuestro romançe Pedro de Chinchilla, criado de
don Alfonso Pimentel, conde de Benauente, e por su mandado, e sigue primero
el proemio feche por el Pedro de Chinchilla.

[Y]a sea con razones legitimas e asaz justas escusar de la presente trasladaçion me podria, mayormente consyderando como ya otros la ayan al nuestro
romançe tornado en asaz alto e dulçe estilo segunt la sufiçençia de nuestra lengua, en la qual si los conçebimientos mentales en la latina ystoria contenidos
non han seydo tan conplidamente declarados ninguna culpa a ellos ynputada
ser deue, mas a la insufiçiente lengua en la qual el dulçe e buen orden de fablar,
segunt que en la latina, fallar non se puede. Pues yo, que nunca de la castalea
fuente agua beui, me ponga a esto romançar es dar causa por la qual mi ygno-
rançia sea poblicada a quantos la leeran, e lo que oculto e secreto era, sy quiere
por pocos sabido, a munchos (*sic*) sera publicado, mas aun que a mayor peligro
de verguença me oponga por satisfazer e conplir mandado del muy noble e virtuoso señor, mi señor Don Alfonso Pimentel, conde de Benauente, cuyo criado
yo pedro de Chinchilla so, osare tomar la peñola e con ella en la nuestra lengua
escreuir, en el nuestro Romançe, la troyana ystoria, sy quiere de los infortunios
e mal auenturados acaesçimientos deuenidos a la troyana generaçion, que por
razon de su grandeza sera su memoria e recordaçion perpetua fasta el postrimero dia, segunt Guido de Colupnia en su volumen en la lengua latina copilo. E
por quanto algunos ouo questa misma ystoria romançaron, syguiendo el proçe-
so de la cruda ystoria, munchas cosas della dexaron, que a mi paresçe aquello
ser lo mejor e mas util e que la muncho ennobleçe, e alegra los animos de los
entendidos leedores, e manifiesta al actor sy quiere conponedor grant sufigien-
çia, yo, en quanto podre, me esforçare de ninguna cosa en ella menguar, nin
menos de mio añader, mas que por este traslado sea conosçido, a los quel latin
ygnoran, en quanto conpuesto e plazible estillo esta ystoria el ya nonbrado
ordeno. E bien creo que algunos aura que mi ynçufiçençia saben [y] dexaran de
leer esta trasladaçion, pero considerando como el ya nonbrado mi señor al ocçio
muy poco se de, e todo, o lo mas de su tienpo ocupe con vertuoso e alto deseo
en ver e saber la vida e costunbres de los antiguos varones, espeçialmente de

los caualleros famosos que en el uso e exerçicio de las armas virtuosamente se
ouieron, porque en aquella virtud su magnanimo coraçon mas se esfuerça, le
plazera esta mi obra leer porque de materia a su deseo conforme tracte. Lo qual
asaz benefiçio es a mi que su juyzio discreto la lea, por cuyo mandado a la trasladar me dispuze, e yo me esforçare de la poner en tal estillo que a su merçed
non sea muncho enojoso. E como en todo prinçipio la diuinal ayuda deue ser
inuocada, syn el qual ninguna cosa bien auenturada ser puede, nin prospero fin
auer, con deuoto animo e coraçon omillde su ynmensa clemençia inuoco, e
suplico en esta pequeña obra su diuinal graçia ynfluya en manera que los que
en ella leeran reçiban dotrina de bien e virtuosamente beuir, en la qual, allende
de la narraçion de la ystoria, ay asaz enxenplos de grande utilidad ala vida
autiua (*sic*), e pido e suplico a la bien auenturada e gloriosa fija, esposa, e
madre suya, que desta ynuocaçion a su ymenso e bendito fijo sea ynterçesora,
la qual se començo en Benauente, quando la fructuosa encarnaçion del nuestro
rredentor fue venida a los mille quatroçientos e quarenta e tres años, faziendo
el cuerpo solar su curso de luxo del zodiaco en el comienço del signo de piçes.

ALONSO FERNÁNDEZ DE MADRIGAL, *EL TOSTADO*

BIOGRAFÍA

Alonso de Madrigal, quien debe su nombre a su lugar de nacimiento (entre 1400 y 1410?), Madrigal de las Altas Torres en la provincia de Ávila, fue también conocido simplemente como el Tostado, por su progenitor don Alonso Fernández Tostado o por el color de su piel (?), y como el Abulense, debido a que fue obispo en la ciudad de Ávila. En la Universidad de Salamanca realizó estudios de artes, teología y derecho, obteniendo los grados de *magister artium*, *magister theologiae* y de *baccalaureus* en leyes. Profundo conocedor del latín, del griego y del hebreo, enseñó también en su *alma mater* filosofía moral, teología, poética y exégesis bíblica, llegando a ser rector del Colegio San Bartolomé de la universidad.

Debido a su prodigiosa memoria y a su saber enciclopédico gozó ya en su juventud de la fama de «sabio» y de «biblioteca ambulante del s. XV» (*Diccionario de historia eclesiástica de España*, 1972: 1320). Por encargo del rey Juan II viaja a Siena en 1443, donde defiende 21 tesis sobre cuestiones teológicas, tres de las cuales relativas al perdón de los pecados y a la fecha de la muerte de Cristo desagradan al papa Eugenio IV, quien encarga al mayor contrincante del Tostado, el cardenal Juan de Torquemada, su refutación. Éste no lo logra, pero motiva la respuesta del Abulense en su obra *Defensorium trium propositionum*. A su regreso a Castilla, fue nombrado en 1444 miembro del Consejo Real por el rey Juan II, y, posteriormente en 1454, a instancias del mismo soberano, obispo de Ávila, donde permaneció hasta su muerte en 1455. Un hermoso sepulcro renacentista, obra de Vasco de la Zarza, contiene sus restos mortales en la catedral abulense.

La enorme actividad literaria del Tostado, que escribió más de quince grandes volúmenes en su corta vida, dando lugar a la expresión superlativa «escribir más que el Tostado», se inicia hacia 1432 con su comentario sobre el pentateuco *Postilla brevis*, hasta la fecha inédito, que inicia una serie de comentarios escritos también en latín sobre libros de la Biblia, cuya cronología y dimensiones determina cuidadosamente F. Marcos (1957: 15 y ss.). De su fecunda obra mencionamos además *Las çinco figuratas paradoxas* (1437) que ofrece en español a la reina doña María de Castilla y traduce al latín con el nombre de *Paradoxae quinque* para el rey don Juan II; *Brevyloquio de amor e amiçiçia* (1437-1441), que inversamente escribe en latín y traduce al español a petición del citado soberano; *De optima politia, De statu animarum post hanc vitam* (1436), que fueron parte de su material didáctico para la cátedra de Filosofía Moral; *De sanctissima trinitate* y *Contra clericos concubinarios* son productos probablemente de su actividad en la Facultad de Teología entre 1446 y 1454; *De potestate Papae, De reformatione ecclesiae* y *De origine et distinctione iurisdictionum* documentan su postura frente al papado y el conciliarismo. La mayor parte de sus obras fue editada en Venecia entre 1505 y 1531, en Colonia en 1613. Los manuscritos correspondientes se encuentran desde 1954 en la Biblioteca Universitaria de Salamanca.

Desde nuestra perspectiva, interesa aquí destacar su actividad traductora y sus reflexiones sobre la traducción. Ellas se encuentran en el prólogo-dedicatoria[84] de la traducción al español que realizó por encargo del marqués de Santillana de la *Chronici canones*, traducción latina hecha por san Jerónimo del original griego de Eusebio de Cesárea, y en los comentarios que el Tostado dedicó a dicha obra. El manuscrito de la traducción sólo se conservó en la biblioteca del marqués de Santillana, por lo que no fue publicado con el resto de sus obras, encontrándose actualmente en la Biblioteca Nacional de Madrid (Mss 10811). El prólogo ha sido reproducido por M. Schiff (1970, 41 y sig.) y los comentarios, que fueron terminados alrededor de 1450 se publicaron en una edición de 5 volúmenes hecha por Hans Gysser en Salamanca entre 1506-1507 con el título de *Tostado sobre Eusebio*. Los primeros capítulos del tomo primero contienen los comentarios y observaciones sobre problemas específicos de traducción, que con el referido prólogo constituyen el aporte del Tostado al enfoque medieval de este tema.

Antes de leer nuestra transliteración de los capítulos iniciales de *Tostado sobre Eusebio* recomendamos revisar el Apéndice 2 y la nota 148 del apéndice 3, donde explicamos los principios utilizados para realizarla.

---

[84] Dicho prólogo debe haber sido escrito no antes de 1445, pues este es el año en que don Iñigo López de Mendoza recibe los títulos de Marqués de Santillana y Conde de Manzanares, que utiliza el Tostado para dirigirse a él. En consecuencia, no puede aceptarse la fecha de «ca. 1440» propuesta por Santoyo (1987: 36).

ORIENTACIÓN BIBLIOGRÁFICA

Belloso Martín, Nuria. *Política y humanismo en el siglo XV: el maestro Alfonso de Madrigal, el Tostado*. Valladolid, Universidad de Valladolid (Secretariado de Publicaciones), 1989.

Cartagena, Nelson. «Alonso de Madrigal (1400?-1455) y Etienne Dolet (1508-1546), teóricos de la traducción. La tragedia de la hoguera y la soledad de la meseta castellana» en M. Rodríguez, P. Lastra (ed.) *Félix Martínez Bonati. Homenaje*. Concepción, Editorial Universidad de Concepción, Cuadernos Atenea, 2003: 37-50.

Cartagena, Nelson. «Cómo se debía traducir en España en el siglo XV» en A. Gil, D. Osthus, C. Polzin-Hausmann (Hg.) *Romanische Sprachwissenschaft. Zeugnisse für Vielfalt und Profil eines Faches*. Festschrift für Christian Schmitt zum 60. Geburtstag. Frankfurt, Peter Lang, 2004: 437-454.

Hintermeier, Karin. *Alonso de Madrigal und sein Beitrag zur Übersetzungstheorie*. Universidad de Heidelberg, Instituto de Traducción e Interpretación, tesina de diplomatura dirigida por el Prof. N. Cartagena, 2001.

Keightley, R.G. «Alfonso de Madrigal and the Chronici Canones of Eusebio» en *Journal of Medieval and Renaissance Studies*, 1977, vol. 7: 225-248.

Marcos Rodríguez, Florencio. «Los manuscritos de Alfonso de Madrigal conservados en la Biblioteca Universitaria de Salamanca» en *Salmanticensis*, 1957, 4 : 3-48.

Recio, Roxana. «Alfonso de Madrigal (El Tostado): la traducción como teoría entre lo medieval y lo renacentista» en *La Corónica*,1990-1991, 19, 2: 112-131.

Recio, Roxana. «El concepto de la belleza de Alfonso de Madrigal (El Tostado): La problemática de la traducción literal y libre» en *Livius*, 1994, 6: 59-68.

Russell, Peter. *Traducciones y traductores en la Península Ibérica (1400-1550)*. Bellaterra, Universidad Autónoma de Barcelona, Escuela de Traductores e Intérpretes), 1985.

Santoyo, Julio César. «Alonso de Madrigal: A medieval Spanish pioneer of translation theory» en Niederehe, Hans-Josef/Koerner, Konrad (Ed.), *History and Historiography of Linguistics*, Volume 1, Amsterdam, John Benjamins, 1990: 219-231.

PRÓLOGO DE ALONSO DE MADRIGAL A SU TRADUCCIÓN (DESPUÉS DE 1445) AL
ESPAÑOL DE LA *CRÓNICA UNIVERSAL* DE EUSEBIO DE CESÁREA TRADUCIDA DEL
GRIEGO AL LATÍN POR SAN JERÓNIMO (*CHRONICI CANONES*)[85]
EN
FOLIO 1 DEL MANUSCRITO SIGNATURA MS 10811 DE LA BIBLIOTECA NACIONAL DE
MADRID, PROCEDENTE DE LA BIBLIOTECA DEL DUQUE DE OSUNA. [ESTE PRÓLOGO
NO ESTÁ DESDE LUEGO INCLUIDO EN LA EDICIÓN SALMANTINA DE LOS *COMENTARIOS*
DEL TOSTADO DE 1506-1507]

TRANSLITERACIÓN DE NELSON CARTAGENA[86].

(Folio 1ʳ, col. 1)

Aqui comiença la interpretacion o traslacion del libro delas cronicas o tiempos de Eusebio cesariensse de latin en fabla castellana con su comento o exposicion delas cosas escuras la qual por si es en fin dela traslacion. Este es prologo
del autor que lo interpreto et comento. et dize dela dificultad. et dela condicion dela obra.

Capitulo primero. Avnque mas sean las ocupationes que las fuerças / et mas
los cuidados que el ingenio / et segun la condicion de mi estado et vida / sea a
mi muy mas ligero faltar el tienpo que los necessarios et ordinarios trabajos / o
muy magnifico señor don yñigo lopez de mendoça dignissimo marques de
santillana et conde del real de mançanares. non puse por excusa los suso dichos
verdaderos inpedimentos / avnque mas que razonables et peremptorios podian

---

[85]   Eusebio nació alrededor de 263 d.C. en Cesárea, Palestina, donde vivió la persecución
de Diocleciano a los cristianos entre 303 y 313, al término de la cual fue nombrado
obispo. Se le considera el historiador más importante del cristianismo en la antigüedad.
Esta fama de «padre de la historia de la iglesia» se debe a los diez volúmenes de su
Historia ecclesiastica. La referida obra *Chronici canones* es una historia universal que
llega hasta el año 325, siendo completada por san Jerónimo en su traducción hasta el
año 378. Próspero de Aquitania (390-450) también escribió una historia universal
desde la creación del mundo hasta el año 455, utilizando las crónicas de Eusebio, el
suplemento de san Jerónimo y añadiendo un capítulo sobre la historia de Aquitania.
Alonso de Madrigal utiliza para su traducción española la versión latina de san Jerónimo con ambos complementos, así como los prólogos de san Jerónimo y de Próspero a
sus trabajos.
[86]   Hemos transliterado el texto respetando su ortografía literal, acentual y puntual. Al respecto sólo hemos resuelto las abreviaturas, utilizado mayúsculas para los nombres propios y eliminado el signo ℭ que antecede a todas las mayúsculas iniciales de párrafo del
texto.

seer dichos ciertamente / para non recebir la carga que vuestra señoria me
mucho encomendaua / cerca dela interpretacion o translacion delengua latina
enla comun del libro de Eusebio cesariensse llamado delas cronicas / o mas
abierta mente de los tiempos. mas con muy prompta voluntad et deseo de seruir
la acepte. Avnque sin los relatados inpedimentos o estoruos / la natural condicion del libro podia asaz et mucho turbar la deseada por mi execution de obediencia. ca lo que al glorioso varon Jeronimo por el qual de griego fue trasladada en latin la mencionada obra de Eusebio / commo en el prologo se cuenta /
fue dificile a mi es commo imposibile. commo esa misma o mayor dificultad
sea tornar de latin en fabla castellana que de griego en latin. Et la primera causa
de la mayor dificultad / es por que la lengua griega et latina son abastadas de
palabras significantes para exprimir et declarar los concibimientos. et esto ansi
enlos nombres principales que llaman primitiuos como enlos que vienen por
formation o deriuation. lo qual non reçibe lengua alguna vulgar / por non seer
los vocablos subjectos a alguna arte. commo enel latin et griego son subjectos
alas reglas dela arte gramatical. La segunda causa es ca avnque enel vulgar
et enel latin o griego sea egual muchedumbre de nombres muchas mas cosas et
conçibimientos se pueden significar por la lengua latina ogriega que por la vulgar /. et la razon es / por que las dos lenguas dichas estan en çierta arte de fabla
con muchas figuras et modos por los quales se multiplica la significacion / ansi
enla oracion commo en la diction sinple o sola. lo qual en la vulgar lengua non
se faze o es muy menos. et esto todo a los cognoscientos la condicion de la lengua latina es manifiesto. Por lo qual toda translation de latin en vulgar para se
fazer pura et perfecta mente es dificile si se faze por manera de interpretacion /
que es palabra por palabra et non por manera de glosa la qual es absuelta et
libre de muchas grauedades. et enla presente translation es mucho mayor dificultad que en las comunes / por las especiales causas de dificultad / las quales
se fallan en cada una de las partes de esta obra. et non fue necessario nin com-
plidero al presente de las declarar. Enpero pospuestas todas grauedades someti
mi coraçon a aceptar esta carga avnque a mi muy graue et ala poner en possible
execution. lo primero por contenplation de vuestro mandamiento el qual cerca
de mi es de mucha reuerençia. Lo segundo por la condiçion

(col. 2)

de la obra. ca verdadera mente digna era de publicacion et comunicacion la tan
excelente cosa. la qual non solamente es ystoria mas es llaue / et glosa / et perfection ingeniosamente buscada de todas las ystorias. tal que a los entendidos
abasta / et alos curiosos ella sola contenta. ala qual non ay otra obra egual en
este linage de ystorias por ella seer non una commo una delas ystorias mas seer
regla / et artificio / et conplimiento breue de todas. et a mi parecio conueniente

seer / que entre todos los otros mis trabajos que de algun prouecho o memoria
pueden seer fuesse este uno en renouar et alumbrar los ingenios delos atodo el
mundo famosos varones eusebio et jeronimo. Et bien parecio la alteza del ingenio de vuestra señoria en desear et acatar sobre la tal obra a todo el mundo por
la su dificultad quasi ya oluidada et desusada. ca esto non podiera seer si la
alteza del ingenio non concordara con la biueza dela obra. ca commo el grande
aristotiles quiere enlas ethicas / qual es cada uno tal pienssa / dize et faze. et
non es possible auer conplazimiento o amistança commo plaze al mençionado
aristotiles sin auer semejança / agora sea natural / agora por actos causada. et
ya dando fin a esto declarare mas mi entention.

Dela condicion del processo que tiene el interpretador et dela condicion
dela obra principal et del autor. Capitulo segundo.

Agora dire la condicion de mi processo en esta obra. et commo ya suso
dixe dos son las maneras de traslatar. vna es de palabra a palabra / et llamase
interpretacion. otra es poniendo la sentencia sin seguir las palabras. la qual se
faze comun mente por mas luengas palabras. et esta se llama exposicion o
comento o glosa. la primera es de mas autoridad. la segunda es mas clara para
los menores ingenios. en la primera non se añade et por ende siempre es de
aquel que la primero fabrico. en la segunda se fazen muchas adiciones et
enmendamientos por lo qual non es la obra del autor mas del glosador. Et yo
al presente tome la primera manera. ansi por la forma del mandamiento complir commo por que la razon lo requiria. ca en otra manera non quedaua la fee
de la antigua autoridad. lo qual al muy ensenado varon boecio fue causa dela
muy dura translacion dela filosofia de aristotiles / segun el escriue enel libro
dela scolastica disciplina. Et yo por que esta translation fecha de palabra a
palabra en algunos logares seria muy estrita quise fazer algunas breues decla-
rationes / las quales fuessen en manera de postillas sobre algunas partes del
testo. et por que paresca sobre qual parte viene el comento puse virgulas de
bermellon en manera de truncation so aquella parte del testo sobre la qual viene
la glosa /ansi commo se faze en los libros del derecho / et estos comentos puse
asentada mente <.....> dela translation en tal manera que todo sea un cuerpo del
libro et queda pura la translation sin misturas de ajena o añadida palabra. et por
que non sea o pueda seer trabajoso buscar el comento sobre la parte sobre que
veniese sera truncada la parte sobre la que cae la glosa ansi enel testo commo
enel comento. et ansi comença cada comento commo es la parte sobreque viene
la virgula bermeja en el testo. aunque en los mas logares truncamos de bermellon las partes enel comento et non enel testo.

COMENTARIOS DE ALONSO DE MADRIGAL (POCO TIEMPO DESPUÉS DE **1445**) AL PRÓLOGO DE JERÓNIMO A LA *CHRONICI CANONES* DE EUSEBIO DE CESÁREA[87] EN *TOSTADO SOBRE EL EUSEBIO, I.* SALAMANCA, HANS GYSSER, 1506, FOLIOS IIJ-XXVJ, XXXVJ-XXXVIIJ

TRANSLITERACIÓN DE NELSON CARTAGENA Y KARIN HINTERMAIER[88].

Comiença el comento o exposicion de Eusebio de las cronicas o tiempos interpretado en vulgar.

Cap. j. del prologo en el qual se pone la entencion del auctor.

Proposito mio fue enel comienço del trabajo. En esta interpretracion de Eusebio escriuir algunos comentos o breues glosas por las quales algunas de las cosas obscuras o menos entendidas mas abierto podiessen ser conoscidas.

Alo qual ansi el mandamiento suso puesto como la razon inclinaria seyendo la obra de tal condicion que agora por breuedad de palabra. agora por diuersidad de cosas algunas obscuridades necessario ouiesse de contener.

Ni fue mi entencion proseguir en este vulgar comento toda la exposicion que las cosas por eusebio tocadas rescibir podrian. ca esto seria relatar por menudo las ystorias de todas las gentes. como eusebio las sucessiones de todos los famosos reynos fasta su tiempo aya escrito. ca esto ni se podria acabar: ni seria prouechosa obra relatar lo que todos los otros ya dicho ouiessen: mas tanto pense ser aqui prouechoso dezir quanto abastasse para poder comprehender la entencion de la letra de eusebio. Otrosi no cuyde aqui escriuir todas las declaraciones e dotrinas que enlos comentos por mi fechos en palabra latina no solamente sufre mas avn por necessidad demanda. mayormente que al que pluguiere mas largo e curioso las declaraciones delas dichas cosas veer podra los mencionados comentos latinos leer.

Ni por esto pense o este comento ser demasiado o el latino ser mas de razon largo. ca aquel contiene todo lo que al stilo latino parescio ser conueniente contener: e este tiene lo que ala vulgar interpretacion abasta: quando mas por estos diuersos comentos ser fechos para diuersos estados e condiciones de personas.

Mas avn ni por esto crea el que touiere el latino comento ser demasiado este

---

[87] V. Prólogo original de Jerónimo y la reconstrucción de la traducción al español hecha por el Tostado en los apéndices 3 y 4, respectivamente.

[88] V. al respecto apéndice 2 y apéndice 3, nota 148.

vulgar. ca este non es interpretacion de aquel ni parte suya mas cosa por si fabricada teniente otros algunos concibimientos o dotrinas que enel latino no fueron assentados. por lo qual avn alos conoscientes la palabra latina e vsados por el latino comento puede este assaz ser prouechoso ansi como otra apartada exposicion.

E porque cada vna cosa sea mas presta mente fallada seria esta obra de comento partida por capitulos no sola mente tantos quantos enel testo son mas avn por mas menuda diuision porque los capitulos no ayan de ser muy largos e como suso diximos faremos sus virgulas e truncaciones de bermellon ansi enel testo como enel comento siquier enel comento sobre aquellas partes sobre las quales la glosa començara. por que sea presto acada vno saber cada parte del testo qual glosa le responde.

E esto abaste por breue prologo de este comento e luego començare a exponer el primero prologo del libro el qual es de prospero.

Capitulo ij e contiene la exposicion del primero prologo del libro el qual es de prospero.

(...)

Capítulo. iij. E contiene comienço dela exposicion del prologo de Hieronimo sobre eusebio.

Eusebio Hieronimo. Aqui comença el prologo de hieronimo e es el segundo de este libro e la intencion suya principal en este prologo es excusarse si en esta traslacion algun defecto paresciesse e faze enel tres cosas.

La primera es enla qual muestra la dificultad de fazer esta traslacion de griego en latin. La segunda es enla qual enseña la manera en que se ha de leer este libro dando reglas de conoscer las nueue lineas e sus ystorias onde dize e porque manifestamente parezca. La tercera es enla qual muestra que es lo que el fizo en este libro onde dize. e no dubdo ser muchos. La primera se parte en dos partes. ca primero enseña la difficultad de todas las interpretaciones en general. Enlo segundo muestra la difficultad dela interpretacion de este libro onde dize. e estas cosas porque las dezimos. e la primera en dos partes se parte. enla primera dize dela difficultad en general de todas las interpretaciones. enla segunda dela dificultad specialmente dela traslacion delas santas scripturas onde dize. e avn dela dureza. Cerca delo primero dize la letra eusebio. Hieronimo algunos piensan por este ser este prologo de Eusebio auctor de este libro por quanto comiença en su nombre.

Empero esto no es verdad lo primero porque el prologo de Eusebio es el siguiente que comiença moysen dela gente delos judios.

Lo segundo porque esso mismo se pone aqui el nombre de hieronimo. e ansi no paresceria cuyo mas fuesse este prologo.

Lo tercero porque las cosas que en este prologo son escriptas no conuienen en alguna manera a eusebio.

Algunos dizen que sea de hieronimo e eusebio juntamente este prologo e por esto se ponen los nombres de ambos en comienço.

Empero esto no es verdad lo primero porque eusebio e hieronimo no fueron en vn tiempo para que ambos pudiessen concurrir en scriuir vna cosa la qual fuesse de nombre de ambos e por esto hieronimo añadio en fin del libro prosiguiendo las ystorias que no pudiera eusebio veer en su vida.

Lo segundo porque avn que ambos fuessen en vn tiempo no concurrerian en vna cosa scriuir ca cada vno de ellos abastaua para ser auctor ni ha obras en que dos auctores en esta manera concurriessen.

Lo tercero e principal porque en todo este prologo no ha palabra que conuenga a eusebio mas todas conuienen a hieronimo. ca aqui se dize dela traslacion de este libro de griego en latin lo qual solo Hieronimo fizo e delo que añadio a este libro e fasta que tiempo escriuio delo qual no pertenesce cosa a eusebio.

Pues no se puede dezir que es de eusebio e Hieronimo mas es de solo Hieronimo. e quanto al nombre de Eusebio que aqui se pone es de dezir que este nombre Eusebio no significa aqui a Eusebio obispo de cessares auctor de este libro mas significa a sant Hieronimo el qual esso mismo se llamaua eusebio.

E la razon de esto es porque entre los romanos fue esta costumbre que cadavno tenia dos o tres nombres fasta quatro. ansi como tulio se llamaua marco tulio cicero que son tres nombres ansi como si fuessen tres hombres. e ouidio se llama ouidio naso publio. e Seneca se llama lucio aneo seneca e ansi de todos los otros romanos que eran romanos por nascimiento o por dignidad o priuilegio ca de muchos nombres juntamente se nombrauan. e por quanto Hieronimo era romano avn que nasciera entre dalmacia e paloma llamaua se de dos nombres es asaber eusebio hieronimo ansi como aqui se llama.

E por que esto no parezca cosa fingida fallamos que otras vezes se llama ansi en sus escripturas. como enel prologo segundo de paralipomenon que comiença Eusebius Hieronymus dominiani e rogaciani suis salutem. quiere dezir. eusebio hieronimo embia saludar a dominiano e rogaciano amigos suyos. pues ambos son nombres de hieronimo sobre el libro de paralipomenon.

E la razon por que Hieronimo fue llamado eusebio es porque el nombre suyo propio es hieronimo e de su padre tomo el nombre eusebio. ca ansi llamauan a su padre e no fallo el persona de quien con mas razon deuiesse o pudiesse tomar nombre e esto se prueua enel libro de illustribus viris. que quiere dezir delos esclarescidos varones. enel qual de todos los esclarescidos varones que por letras fueron despues de christo especialmente entre los christianos fasta su

tiempo escriue e en fin escriue de si mismo diziendo. Hieronymus patre eusebius natus de opido stridonis. quiere dezir. Hieronimo fue fijo de eusebio nascido
enla villa de stridon e ansi paresce que estos dos nombres eusebio Hieronimo
ambos son de hieronimo. A VINCENCIO E GALIENO a estos dos scriue.
Es de saber que estos dos eran amigos de hieronimo varones intendidos enla
lengua latina e no sabian la griega e oyendo como el libro de eusebio delos
tiempos era de tanta doctrina del qual a ellos parte caber no podia por no intender la lengua griega rogaron mucho a hieronimo que lo interpretasse en latin: e
el lo fizo ansi e quando lo ouo acabado embio gelo e esta carta con el libro en
manera de prologo.
E por quanto a ellos se embiaua este libro e ellos primeramente lo considerarian
e verian si alguna falta ouiesse enel a ellos endereçar sus excusaciones poniendo aqui todas las causas de dificultad para se escriuir este libro interpretando
lo en latin porque ellas consideradas avn que alguna falta o tacha parezca no
pusiessen culpa a hieronimo ansi como por su ignorancia ouiesse auenido e
no por dificultad dela cosa ensi.
Esto se prueua por quanto puestas algunas delas excusaciones por la dureza
dela traslacion dixo Hieronimo abaxo. POR LO QUAL O MI VINCENCIO MUY
AMADO E O TU GALIENO PARTE O MEYTAD DE MI CORAÇON RUEGOVOS QUE ESTA
OBRA DIFICULTOSA ESSO POCO QUE ELLA ES CON CORAÇON DE AMIGOS E NO DE
JUEZES LEALES e ansi a ellos embio este libro e a ellos se excusa.
Este prologo fue carta que Hieronimo embio a vincencio e galieno lo qual paresce
pues enel se contienen los nombres de ellos e no puso el este prologo enel libro.
empero vincencio e galieno o otros despues viendo que en esta carta se contenia
doctrina grande pertenesciente a este libro pusieron la en comienço e agora tenemos la por prologo e en esta guisa son todos los prologos de hieronimo sobre los
libros dela biblia. ca el no los puso enla biblia ca no eran parte de ella ni los puso
por exposicion mas el los embio todos ansi como cartas mensajeras a aquellos a
quien scriuia los libros o por cuyo ruego los trasladaua e los que despues fueron
viendo como mucho fazian aquellas cartas para intendimiento delos libros dela
scriptura pusieron las enlos comienços delos libros e son ya prologos.
Algunos piensan que este galieno de que aqui se dize fue galieno el medico. e es
error. ca este galieno a quien scriue hieronimo era amigo suyo e christiano e
galieno medico no era christiano.
Lo segundo e principal ca hieronimo interpreto este libro de eusebio de griego
en latin porque estos sus amigos no sabian la lengua griega. empero galieno
medico era sabidor enla lengua griega. ca el scriuio en griego e ansi no auia
menester que para el interpretassen este libro de griego en latin.
Lo. iij. e avn mucho principal porque mucho ante fue galieno que hieronimo e
no pudieron concurrir en vn tiempo. ca galieno medico florescia juntamente

con tholomeo el astrologo enel año c.xl. despues de christo seyendo emperador antonio pio e hieronimo morio enel año quatrocientos e veynte vel quasi de christo e ansi fue quasi trezientos años vno despues de otro por lo qual no pudo scriuir Hieronimo a Galieno medico.

Pues es de dezir que este galieno fue otro hombre en tiempo de Hieronimo e era su amigo ca muchos galienos ouo como de cada vn nombre ha muchos hombres como mas sean los hombres que los nombres SUYOS es asaber sus amigos ea no se llaman suyos simplemente ansi como cosa de el posseyda SALUD. quiere dezir. que les embia saludar: ca este es comienço de carta e contiene salutacion segun condicion delas otras cartas.

Capitulo. iiij. E contiene declaracion de parte del prologo de Hieronymo e porque no trasladauan los gentiles las escripturas hebraycas. e quales se llaman esclarescidos los reyes o los sabios que scriuieron obras.

ANTIGUA COSTUMBRE puso suso Hieronimo la salutacion que es comienço de la carta o epistola. pone aqui la narracion e todo quanto ya en este prologo o carta se sigue es narracion e pertenesce a doctrina e excusacion segun enel capitulo precedente se declaro.

Onde en este primero parrafo el qual dura fasta el otro que comiença ONDE EL NUESTRO TULIO dize que fue costumbre delos varones famosos latinos de grandes ingenios trasladar libros de griego en latin.

E estas palabras pone Hieronimo para su excusacion. empero como fagan a su excusacion se puede intender defectos en esta interpretacion e viendo la excusacion de Hieronimo quanto ala difficultad dela obra le diria como tu osaste començar esta obra pues era tan duro de se fazer sin defeto alguno. ca por esto no es justo auer excusacion del error pues cometio a fazer obra de tanta dificultad. ca esto paresce pecado de presumptuosidad o temeridad e a esto responde Hieronimo en estas palabras no auer seydo temeridad ni presumpcion porque no cometio el solo esto mas otros muchos e no solo los temerarios o presumptuosos mas los esclarescidos varones a quien loamos e no reprehendemos de temeridad e no solo una vez lo fizieron mas avn lo tenian por costumbre de fazer e esto dize esta letra.

Segundo se puede intender que excuse Hieronimo sus defetos de interpretacion por los agenos defectos. ca tenemos por concibimiento e verdad firme aquellas cosas que a nos son comunes con los excelentes e loados varones no ser en nos menguas ni tachas ni dignas de reprehension e este argumento tiene lugar entre los oradores rethoricos. e porque hauer defecto enla interpretacion auino a esclarescidos varones alos quales nos mucho loamos como fue tulio e otros dize Hieronimo que el no lo reputa por culpa avn que defecto alguno aya e ansi dize delas traslaciones que tulio fizo enlas quales muchos defectos auia como pone exemplo del ychonomico de xenophon.

Tercero se puede intender que Hieronimo no deua curar delos defectos que acaescieren enla traslacion ni por ellos cessar de interpretar avn que sea impossible de estorcer del todo los tales defectos. ca los famosos varones en letras latinas interpretauan muchos libros griegos e en ellos les acaescian muchos defectos mas porende no cessauan de interpretar ante esto tenian por antigua e loable costumbre. pues Hieronimo avn que todos estos daños e durezas sienta no deuio cessar de interpretar este libro de Eusebio.

E es de saber que hieronimo pone tan grande studio e diligencia en se excusar delos defectos dela interpretacion no por este libro solo de eusebio ca por este no era necessario tanto insistir ense excusar mas porque toda la occupacion de hieronimo fue en interpretar. ca avnque hieronimo ouo loor grande por sus obras que el fizo como auctor mucho mayor ouo enlas interpretaciones que fizo tornando o de hebreo en latin o de griego en latin todos los libros dela sacra scriptura enla qual traslacion el fue mas excelente que todos los otros segun la vniuersal yglesia testifica rescibiendo solas sus interpretaciones seyendo ya desechadas las ediciones de todos los otros interpretes. e porque no solamente en esta interpretacion de Eusebio mas avn en todos los libros sacros por Hieronimo interpretados parescen algunos de estos defectos o durezas de traslacion segun el da testimonio quiso en esta excusacion no solo delos defectos de este libro mas avn principalmente de todos los otros por el interpretados se excusar. e esto se prueua ca abaxo en sus excusaciones faze mencion grande delos libros dela santa scriptura.

E ansi dize la letra ANTIGUA COSTUMBRE FUE. esto dize Hieronimo porque mucho tiempo ante del se fazian traslaciones e dize costumbre. porque no fue esto vna sola vez o pocas mas muchas en tal guisa que se podia llamar costumbre e ansi da derecho e excusa reprehension. e esto intiende hieronimo DELOS VARONES LETRADOS. esta costumbre es muy antigua e es solamente enlos latinos. ca los griegos no interpretauan de otra lengua enla suya e la razon fue porque todos los comienços de saberes segun que a nuestro conocimiento pudo venir fueron enlos griegos e especialmente quanto ala eloquencia e los latinos fueron muy postrimeros. e porende delos griegos ouieron ellos comienço por lo qual touieron ellos causa e necessidad de interpretar delo griego e puesto que entre los latinos despues ouiesse algunas obras que no fuessen entre los griegos o fuessen mejores essas mismas obras entre los latinos que griegos segun dize Tulio enel prologo delas tusculanas no quisieron los griegos de latin en griego trasladar pensando en esto se abaxar e fazer injuria a su excelencia dela qual siempre los latinos fueron vsados de tomar.

Entre los judios no eran estas interpretaciones. ca ellos seyendo gente apartada de todas las naciones dela tierra por la especial manera de viuir e seruir a dios

que tenian no trasladauan libros de doctrina delos gentiles por no rescibir ende
alguna cosa que a ydolatria les mouiesse e dios les auia mandado que quando
entrassen enla tierra de chanaan que era tierra de promission no se trabajassen
de querer saber que cerimonias fueran las que touieran las gentes en seruir a sus
dioses segun se escriue deutero. xij. ca. e por guardar esto eran les sospecho-
sos todos los libros delos gentiles e no los trasladauan ni aprendian el saber de
ellos e por esto no ouo entre los judios letrados de muchos saberes.

Esso mismo los gentiles no trasladauan cosa alguna de hebreo en su lengua ca
entre los judios no auia cosa alguna que trasladassen saluo la ley a ellos dada
por dios e los dichos delos prophetas lo qual todo no parescia cosa de alguna
auctoridad saluo presuponiendo que aquel que aquella ley auia dado era dios e
aquellas palabras auian fablado eran de dios inspirados lo qual los gentiles no
creyan. e ansi no parescia a ellos ser cosa de mucho prouecho trasladar aquella
ley o prophecias.

Otra razon avn auia para esto. ca puesto que los gentiles quisiessen interpretar
la ley delos judios en lengua griega o latina no lo consentian los judios porque
ellos se apartauan tanto dela conuersacion delos gentiles que no les fazian copia
alguna de sus libros. mayormente teniendo que escarnescerian los gentiles las
leyes de dios.

E esto verdad era. ca quando los gentiles algunas cerimonias fazian o sabian
dela vida e seruicio que a dios fazian los judios reyan de ellos. ansi paresce bien
por el poeta Juuenal que era varon romano el qual viendo que los judios no
tenian statuas ni nombres de dioses como los gentiles por escarnio dixo que
no adorauan saluo las nuues del cielo e reprehendio les diziendo que perdian la
septena parte de su vida porque todos los sabados folgauan segun agustino dize
li. iij. de ciui. dei e Juuenal dize que este mal ouieron por ser mal enseñados de
sus padres de comienço los quales la septima parte dela vida perdian e no fazian
diferencia en comer carne de puerco o carne de hombre e alli avn dize Juuenal
que no enseñauan los judios su ley saluo a hombre que la quisiessen guardar e
viuir en ella. e de este escarnio que los gentiles fazian delas cerimonias delos
judios quando las sabian dize. Hieremias treno primo. c. Viderunt eaz hostes et
irriserunt sabbata eius. quiere dezir. vieron la los enemigos e escarnescieron de
sus sabados.

E esto abiertamente dixo Juuenal enla satira que escriue a fustino. e comiença
plurima sunt fustine. onde dize. Quidam fortiti metuentem sabbata patrem. Nil
preter nubes et celi munen adorant. Nec distare putant humana carne suillam.
Qua pater abstinuit mox et prepucia ponunt. Romanas autem soliti contemnere
leges. Judaycum ediscunt: et seruant et metuunt ius. Tradit arcano quodcumque
volumine moses. Non monstrare vias: eadem nisi sacra colenti. quiere dezir.
Algunos por que touieron padre que temia los sabados no adoran otra cosa si

no las nuues e la deydad del cielo e no piensan auer diferencia entre comer carne de puerco o de hombre porque su padre de ellos no comio carne de puerco. e ellos luego cortan los capillos e estos menosprecian las leyes romanas e aprehenden e guardan e temen los derechos juzdiegos los quales moysen les dio en libro secreto e no enseñan esta carrera de viuir saluo alos que quieren someterse a esta ley. e ansi quando los gentiles querian trasladar los libros dela ley judayca no gelo consentian: ca tenian los libros secretos e guardados como dize Juuenal.

E paresce esto por la traslacion dela biblia del viejo testamento que quiso fazer el rey de egipto ptholomeo philadelpho. ca segun largamente escriue josepho enel libro delas antiguedades no gela otorgaron fasta que el dicho rey embio enbaxadores al sacerdote grande eleazaro delos judios e le dio grandes dones e allende desto mas de ciento e veynte mill judios que estauan captiuos en egipto compro el rey de sus expensas alos señores de ellos e los embio libres a tierra delos Judios e entonce con grande guarda embio a eleazaro sacerdote mayor setenta interpretadores a alexandria onde moraua ala sazon el rey Tholomeo con el testo dela biblia e alli ellos fizieron la traslacion de hebrayco en griego. Otra razon avn pone josepho enel li. xij. delas antiguedades porque fasta aquel tiempo no auia traslacion alguna fecha en griego porque los letrados griegos en sus escripturas no fazian alguna memoria delas leyes judaycas e dize que el rey tholomeo viendo la ley trasladada en griego ser tan buena pregunto a demetrio el qual era maestro de toda su libreria como algun poeta o scriptor de ystorias no fiziera palabra de esta ley en sus libros e responde demetrio auer seydo porque algunos presumiendo esto fazer resciberon plagas de dios. e dezia que theopompo scriptor de ystorias queriendo escriuir en sus libros alguna cosa de aquella ley fue turbado enel seso e ansi duro treynta dias. e pediendo a dios perdon e demandando merced de su error ouo reuelacion en sueños que esto le aueniera porque presumiera de escriuir la ley santa alos hombres no limpios e como el dexasse el proposito dela tal scriptura fue luego sano.

Contaua esso mismo del poeta theodoncio scriptor delas tragedias que el queriendo en alguno delos dramatheos ca ansi llamauan a sus libros escriuir alguna parte dela ley de dios perdio subitamente la vista delos ojos e conosciendo que por esta presumpcion ansi mal le aueniera rogo a dios que le perdonasse e restituyda la vista cesso del tal proposito.

E ansi las traslaciones no se fazian de hebrayco en griego ni de griego en hebrayco ni de latin en griego o hebrayco mas de solo griego en latin e de esta traslacion fabla Hieronimo. empero avn que de griego en hebrayco ouiesse traslaciones o por el contrario no las alegaria aqui Hieronimo ca no fazen a su proposito saluo los de griego en latin porque el esta traslacion de agora fizo de griego en latin. avn que esso mismo toca abaxo delas traslaciones de hebrayco en latin porque en esta via traslado el la biblia e de todas sus traslaciones quiere dar excusacion.

E onde dize aqui el testo en vulgar letrados dize en latin disertorum e esta palabra no solo significa letrados o sabios mas añade. ca quiere dezir este vocablo disertus. hombre en diuersas cosas intendido o en diuersas maneras segun por la diriuacion latina paresce. e porende no se llama disertus saluo aquel que en diuersos saberes es intendido. ca el que en vn saber es abastado puedese llamar sabio mas no diserto e el no podia fazer alguna interpretacion. porque para fazer alguna interpretacion son dos cosas alomenos necessarias. La primera es intendimiento dela verdad dela sentencia de aquella cosa que interpreta. Lo segundo perfecto conoscimiento de aquellas dos lenguas de quien e en quien traslada. por lo primero avn que alguno sepa complidamente la lengua griega e castellana no podra interpretar alos libros de Aristoteles en lengua castellana si no fuere grande filosopho natural teniente perfecto conoscimiento dela sentencia delos libros de Aristoteles. e esta es la razon porque muchas traslaciones fechas de latin en vulgar castellano valen poco porque los trasladadores sabiendo ambas lenguas confiaran con esto solo abastar a entera traslacion e como no ouiessen perfecta noticia del linage del saber de aquella cosa que trasladauan fueron sus interpretaciones muy fallescidas e de poco prouecho.

Por lo segundo no puede alguno trasladar si no tiene saber de eloquencia avn que tenga conoscimiento dela verdad de aquella cosa que interpreto. ca es necessario que allende del conoscimiento dela verdad dela cosa tenga complimiento de ambas las lenguas quanto ala propiedad delos vocablos e quanto ala condicion dela fabla. e de esos tales sabios dixo christo. Mathei. xiij. c. Omnis scriba doctus in suo noua e vetera. quiere dezir. Todo sabidor es semejante al honmbre señor de casa el qual saca de su thesoro moneda nueua e vieja es asaber ha conoscimiento de diuersos saberes.

Quanto alo segundo llaman disertus al que conosce la cosa no por vna manera mas por diuersas e sabe todas las condiciones suyas fasta lo menudo ca ha vn saber general e confuso por el qual sabemos la cosa en vniuersal no distinguiendo sus propiedades en especial como dize aristoteles enel comienço del libro delos phisicos que los niños a todos los hombres llaman padre e despues procediendo el tiempo distingue a su padre delos otros hombres. El primero conoscimiento no faze al hombre sabio el segundo es de sabio e este llaman diserto e si en alguna manera por el primero conoscimiento alguno se llama sabio no se llama diserto empero para fazer qualquier interpretacion complida es necessario que sea el hombre diserto. ca si no ha conoscimiento distincto e particular dela cosa no podra de ella fazer interpretacion conueniente.

Para exercitar e vsar el ingenio. esta es la causa porque los antiguos letrados trasladauan de griego. exercicio es el vso de cada cosa ansi como del ojo es

exercicio veer dela oreja oyr e del intendimiento intender e delas fuerças corporales algo mouer o fazer empero no llamamos propiamente exercitar porque la
cosa faga su acto mas porque lo faga segun todo su poder. e porende dezimos
algunos exercitar las fuerças corporales quando fazen algunos actos de fuerça
yguales a su poder e en otra manera no exercitan la fuerça esso mismo intender
o pensar qualquier cosa es acto de intendimiento. mas no se dize alguno exercitar el ingenio saluo quando se pone a intender cosas dificiles a quanto su intendimiento puede abastar. e esto es porque este vocablo latino exercere significa
trabajo o apretamiento.

E por esto se dize que los antiguos exercitauan el ingenio en trasladar de griego
en latin porque esta interpretacion era muy trabajosa ala qual apenas abastaua
el intendimiento segun que abaxo demuestra Hieronimo.

Este exercicio del ingenio se fazia por dos cosas. Lo vno por el hombre auer
ensi mismo conoscimiento. Lo segundo por el prouecho del intendimiento o
ingenio. Lo primero se prueua: ca algunas vezes los hombres a si mismos no
conoscen ansi en actos de fuerça como en sofrir miedos como en actos de ingenio fasta que de si fazen experiencia e entonce fallan se para mas o para menos.
Delo que ellos ante si concibian e porque quando alguno se ouiere de poner a
cosa en que algo le vaya ansi de ingenio como de fuerças corporales o animosi-
dad es bueno que se tenga conoscido e para esto es conueniente a si mismo
exercitar porque con firme confiança se oponga ca el ingenio del hombre alo
que sabe que puede e no amas.

Lo segundo se prueua ca el ingenio cresce poniendo lo a cosas arduas a quantas
el abastar puede. e trayendole por cosas baxas e menores que el enflaque o
empereza su biueza e esta diferencia ha entre las fuerças corporales e potencias
materiales alas fuerças o potencias intellectuales ca las fuerças corporales avn
que por exercicio no crescan en alguna quantidad. disponese e abilitase el cuerpo para el mouimiento de ellas e parescer mayores delo que son por el cuerpo
ser a ellas subjecto mas si el exercicio fuere mucho continuo perder se han las
fuerças por resolucion del cuerpo cuyas ellas son e si las fuerças corporales
quisieremos exercitar en mayores cosas que ellas son no aprouechara ellas ni al
cuerpo mas ambos enflaquescen e se corrompen.

Delas potencias materiales sensitiuas como son la vista e oyr la condicion es que
no crescen por exercicio e si les pusieremos grande cosa en que exerciten debili-
tarse corrompen. Corrumpit sensum excedens intelligibile confortat intellectum.
quiere dezir La cosa sensible grande corrompe e destruye el sentido como el
grande sonido la oreja e la grande luz el ojo e enel intendimiento por el contrario
quanto mayor fuere la cosa intelligible mas enfortaleze el intendimiento. e para
esto es prouechoso exercitar el ingenio porque enel exercicio cresce el mas
TRASLADAR LOS LIBROS GRIEGOS EN PALABRA LATINA. esto se llama propia-

mente interpretar quando de vna lengua voluemos la palabra en otra. ca si dentro de vn linage esto fazemos o lengua llamase trascriuir o trasladar lo qual no es de algun loor ca es obra de escriuanos. e esto es quando ponemos palabra por palabra no mudando ni añadiendo cosa alguna mas si añademos o mudamos ya no es traslacion mas glosa o nueua adicion.

E **AVN LO QUE EN SI TIENE** pone dos maneras de libros que trasladauan los antiguos latinos de griego. vnos eran en prosa otros eran en verso. e de estos dize agora que eran de mayor trabajo **MAYOR DIFFICULTAD** trasladar libros poeticos era de mayor trabajo que libros sin verso e por mas exercitar el ingenio en cosas graues e avn los poeticos libros trasladauan.

LOS LIBROS DE POETICO STILO. quiere dezir. Los libros delos poetas. e dixo stilo poetico por que la manera de escriuir e dezir delos poetas tiene dos differencias dela fabla e delos otros actores. Lo primero porque los poetas no dizen la cosa que quieren abierta mas encobierta en diuersos linages de figuras las quales ensalçan la fabla e lo pequeño fazen parescer muy grande. Los otros scriptores dizen las cosas abiertas sin encobrimiento de figuras cada cosa segun su linage. Lo segundo porque los poetas dizen todas las cosas en verso avn que en diuersos linages de versos en los otros scriptores dizen las cosas en prosa e al presente no faze la dificultad de interpretacion la primera cosa mas la segunda e esta exprimio aqui Hieronimo **DELOS ESCLARESCIDOS VARONES.** nos solemos llamar esclarescidos solamente alos reyes o muy altos principes quasi de real estado empero Hieronimo llamo aqui esclarescidos alos muy sabios e verdaderamente este vocablo ansi en latin que se dize illustris como en vulgar mas propiamente conuiene alos muy letrados que alos reyes e qualesquier principes avn que a todos conuiene.

Esto paresce en este vocablo esclarescido o illustris en latin quiere dezir. Cosa de grande claridad e dize se esto por semejança o methaphora. Ca la cosa de grande claridad veese de muchos e de lueñe. La cosa de poca claridad veese de pocos e no se vee saluo de cerca. e ansi boluiendo por el contrario las cosas que son muy conoscidas e de muchos dezimos de grande claridad e las de poco conoscidas dezimos obscuras e tenebrosas. por lo qual los hombres por su fama de muchos conoscidos llamamos de grande claridad. ca no podrian de tantos e tan lueñe ser conoscidos si no por la claridad de su fama e los que de pocos o ningunos son conoscidos dezimos obscuros porque necessario seria ellos ser de muchos conoscidos si de tenieblas cercados no estouiessen.

En esta guisa los varones letrados e señaladamente los que escriuieron son esclarescidos porque de muchos e por grandes partes del mundo son conoscidos. los reyes esso mismo e principes de grande estado son esclarescidos porque en tanto que viuen son de muchos conoscidos si quier enlas tierras onde son señores.

E ansi paresce que alos sabidores que escriuieron mas conuiene este nombre que alos reyes. ca los reyes si al no tienen saluo ser reyes es su conoscimiento enla tierra onde son señores o poco mas.

Item es el su conoscimiento en tanto que viuen e tienen subditos despues de muerte no les queda alguna causa de conoscimiento si al no tiene que ser reyes. Los varones letrados que escriuieron cosas de alto ingenio en ambas cosas pujan. Lo primero porque ellos no solo son conoscidos enla tierra onde viuen o viuieron mas por todas las tierras alas quales sus escripturas alcançaron se estendio su fama e enla tierra donde ouiere hombres mas excelentes seran mas conoscidos e loados los escriptores que en sus tierras donde nascieron si ende no ha tantos e tan intendidos varones.

Lo segundo e principal porque la fama delos reyes muere con ellos. la delos actores viue para siempre en tanto que sus obras viuen e crescen mas de cada dia en tanto que sus obras son mas intendidas e conoscidas e diuulgadas como aristoteles tiene oy mayor fama e claridad por el mundo que quando era viuo e es necessario que viua esta fama fasta la fin del mundo en tanto que hombres ouiere e no fueren todos necios.

E ansi no ha ni aura rey alguno o poderoso señor que puro hombre sea cuya fama pueda ser tanto extendida ni nombre tan continuamente por boca de muchos hombres nombrado quanto es el de Aristoteles e platon. Virgilio. Omero. Ovidio. Agustino. Hieronimo. e otros semejantes ni pueden sus nombres por alguna occasion perescer. ansi lo dixo ouidio de si mismo en fin del. xv. libro de methamor. Iamque opus exigi quod nec iouis ira nec ignes. Nec poterit ferrum nec edax abolere vetustas. Cum volet illa dies que nil nisi corporis huius. Ius habet incerti spacium mihi finiat eui. Parte tamen meliore mei super alta perhennis. Astra ferar nomenque indelebile nostrum. quiere dezir. ya acabe vna obra la qual no podra destruyr la yra de jupiter ni fuego ni fierro ni la tragona antiguedad e quando aquel dia el qual no tiene poder otro saluo sobre este cuerpo me quisiere acabar el espacio no cierto dela edad. La mi mejor parte ira sobre las estrellas e ende yo estare para siempre e el mi nombre no podra ser oluidado.

E dixo aqui Ouidio todas las cosas por menudo que la memoria suya podria rematar e concluye no hauer alguna que la remate e primero dixo de jupiter al qual los gentiles tenian por mayor delos dioses queriendo dezir que avn la yra de dios no podria traer su nombre en oluido ni destruyr aquella obra porque ella era tan gloriosa que los hombres no la dexarian perder avn que la quisiesse jupiter destruyr. e esto dezia ouidio porque los gentiles no dauan infinito poder a dios como nos damos. el fuego no podia destruyr ca ella seria tanto por la su preciosidad diuulgada que avn que en vn lugar se quemasse en otros quedaria. e verdaderamente tal es ella que parescera manera de marauilla tantos e tan

altos concibimientos caer en ingenio de vn hombre e tan apostados de muy
dulce palabra. el fierro no la podia destruyr e quiere dezir yra de alguna gente
la qual por fuerça de armas quisiesse destruyr aquella famosa obra de ouidio no
abstaria alo fazer. ca otras gentes amando la tan excelente obra no la consenti-
rian perescer.

Ni la vejedad o antiguedad destruyr podia la ouidiana obra. esta es vna cosa que
destruye todas las memorias. ca lo que vn tiempo tiene floresciente nombre por
succession de edad viene en oluidança. e porende al tiempo dezimos que come
las cosas porque ansi la cosa comida se asconde enel vientre del comiente ansi
todas las cosas por duracion de tiempo perescen e se asconden e paresce que el
tiempo las traga por lo qual al tiempo pusieron los poetas dientes de fierro. ca
no ay cosa por dura que sea que por tiempo no perezca. empero ouidio dezia.
que avn la vejedad de tiempo que las otras cosas consume no podria su obra
consumir.

E lo que dixo ouidio que la mejor parte suya despues dela muerte yria sobre las
estrellas podra se intender del anima. ca verdaderamente aquella es la mejor
parte del hombre. e es quasi todo el hombre segun dixo aristotiles li. ix. delas
ethicas. e segun dixo platon el anima es todo el hombre e el cuerpo no es parte
de hombre mas de vestidura de hombre. e el anima es la que nos otorgamos yr
al cielo.

Empero ouidio no entendio del anima. ca las partes no ponian que las animas
fuessen alas estrellas o estouiessen enel cielo como pone la santa fe verdadera.
mas dezian que todas las animas yuan alos infiernos debaxo de tierra al reyno
de pluton ansi lo dixo virgilio li. vj. delas eneydas e ouidio li. x. de methamorphoseos. empero enlos infiernos ponian lugares tristes e penosos para los malos
e lugares alegres que llamauan los campos eliseos para los buenos. e alli pone
virgilio que fallo eneas a su padre e a dardano e museo e los otros buenos varones por lo qual Ouidio no diria que su anima o el auia de yr al cielo mas entenderia que auia de yr alos poeticos infiernos o creeria que las animas humanas
perescian como las delas brutas segun muchos gentiles pensaron e avn algunos
en ello agora yerran. o mas verdaderamente pensaria que su anima despues del
muerto passaria en cuerpo de otro e ansi faria perpetuo cerco o rodeo segun la
dotrina de pitagoras la qual ouidio aprouo por buena reprouada la posicion delos
poeticos infiernos enel li. xv. de metha. e puesto que ouidio creyesse lo que la
verdadera fe agora tiene dela sobida delas animas al cielo no lo diria ansi de su
anima por no repugnar ala dotrina poetica la qual el escriuia. ca esto seria a el
grande error.

E por esto no entendia ouidio de su anima mas de su engenio e fama. e es fama
methaphorica. quiere dezir que despues de su muerte quedaria la fama de su
ingenio la qual era mejor que el cuerpo e esta seria tan alta que paresceria yr

enel cielo e esto paresce porque dixo e el mi nombre no podra ser oluidado lo
qual se entiende dela fama e no pertenesce al estado bueno o malo del anima.
E ouidio no solo dixo dela durança luenga de su nombre mas avn del estendi-
miento grande de su fama e obra por todas las tierras. ca despues de estas palabras dixo. Quaque patet domitis romana potentia terris. Ore legant populi perque
omnia secula fama. Siquid habent veri vatum presagia viuam. Quiere dezir. por
todas las tierras subjectas al poder delos romanos sere leydo por boca de todo el
pueblo e viuire por fama para siempre si alguna verdad los poetas dixieron.

E verdaderamente auino a ouidio lo que de si auia dicho. ca por todas las tierras
onde ha entendimiento de lengua latina la obra de ouidio es leyda e no podra
ser su nombre rematado en quanto hombres ouiere. ca ansi por su obra misma
como por esta ya alegado en obras de otros excelentes varones las quales no
pueden perescer es necessario que su nombre permanesca en quanto ouiere
varones letrados e ansi como es de ouidio es de virgilio e omero. e muy mas
delos otros que fizieron obras mas prouechosas ansi como aristotiles. agustino
e otros por lo qual no puede algun rey contender con estos varones de ser esclarescido.

Lo tercero por quanto avn que la fama delos reyes o principes algun tiempo
dure si por esto solo dura es vn conoscimiento que fama llamar se puede e no
ay al delos letrados que obras de ingenio dexaron no solo este desnudo conoscimiento queda que es llamado fama mas avn permanesce loor ca es necessario
por la alteza de sus ingeniosas obras e por el grande fruto que alos leyentes pas-
sen ser siempre loados e en alta estima tenidos.

Lo quarto por quanto si alguna luenga memoria o buena los reyes e grandes
hombres ansi por ser reyes como mayormente por nobles fechos e otros esso
mismo por excelentes virtudes e loables fechos dexaron delas letras lo ouieron.
avn fasta oy estaria archiles ascondido e la tan famosa griega e troyana batalla
desconoscida si las ingeniosas letras de omero no los posieran en luz que seria
oy el grande loor delos romanos fechos si Tito liuio siempre dormiera. de cierto
seria todo esto como no ouiesse seydo. ca como quiso ouidio enel libro delos
amores no fue hector el primero delos mancebos que fuertemente peleasse. mas
que tanto loado fuesse delos escriptores lo rescibio.

E ansi los sabios escriptores no solo ensi fueron por sus ingeniosas obras famosos. mas avn alos otros que por sus virtudes merescian loor dieron memoria de
fama e no solo quanto ellos merescieron mas avn onde ellos fauor guardar quisieron leuantaron mas altos los loores de gentes o personas algunas que las cosas
por si adeudauan ansi lo dize salustio enel comienço del libro dicho catilinario e
allegalo agustino enel li. xviij. de ciui. dei. c.ij. Atheniensium res geste sicuti ego
existimo satis ample magnificeque fuerunt. verum aliquanto minores tamen
quam fama referuntur: sed quia prouenere ibi scriptorum magna ingenia per

terrarum orbem Atheniensium facta pro maximis celebrantur: ita eorum qua fecere virtus tanta habent quantum ea verbis extollere potuerunt preclara ingenia. quiere dezir los fechos delos athenienses assaz largos e manificos fueron mas algun tanto menores en fecho que en fama empero porque ende auian scriptores de altos ingenios los fechos delos athenienses por todo el mundo son loados por muy excelentes e ansi de aquellos que las proezas fizieron en tanto es agora tenida la virtud quanto los scriptores delos altos ingenios ensalçar la podieron.

Pues mas propriamente son llamados esclarescidos los sabios que ingeniosas scripturas fizieron que todos los otros linages de hombres. E en esta manera tomo hieronimo llamando aqui esclarescidos alos sabios. e ansi otrosi lo toma enel libro que el fizo e se nombra. de illustribus viris. que quiere dezir delos varones esclarescidos. ca alli no escriuio de algun rey o principe grande mas solamente delos varones sabios que algunas obras ingeniosas fizieron. e ansi continuo aqui llamando esclarescido a tulio e a otros que de griego en latin excelentes interpretaciones fizieron.

SUBJECTOS A NECESSIDAD DE MEDIDA. quiere dezir que eran scriptos en verso. e avn que al stilo poetico dos cosas conuengan segun suso escriuimos no faze dificultad enla interpretacion la primera mas la segunda sola que es scriuir en verso o en medida. ca dificultad es de qualquier lengua en otra interpretar. e esto por las razones abaxo expressas. empero muy mayor es interpretar libros de verso en verso. ca si el verso se tornare en prosa no sera mayor trabajo interpretar libro de prosa que de verso. mas si en verso se torna queda grande trabajo e de esta fabla hieronimo e la razon es porque los versos tienen cierta quantidad de sillabas o siquier de pies allende delos quales no se pueden los versos extender ni aquende se pueden acortar enla prosa no ha medida alguna determinada por la qual avn que mas larga o mas breue sea la scriptura interpretada que la original no es por esso vicio noble. e porende si con pocos vocablos no se puede abastar la sentencia dela original scriptura enla traslacion cumplese con algunos pocos mas enel verso no se puede fazer. ca todos los versos consisten en cierta medida de sillabas o pies e añadiendo o quitando algo no queda verso o sera otro linage de verso por lo qual es necessario de buscar tantas sillabas enel lenguaje en que trasladamos como enel original o siquier vocablos que fagan tantos pies avn que no sean yguales sillabas. lo qual se dize por los versos exametros o pentametros latinos. ca el exametro siempre tiene seys pies e no puede tener mas ni menos empero cumplese con treze sillabas e puede tener fasta diez e siete e todas las de medio e siempre son seys pies e ansi el pentametro tiene doze alo menos o quatorze alo mas e siempre son cinco pies e fablar esto es trabajo grande como los lenguajes entresi diuersos sean. en tener mas o menos vocablos e de mas o de menos sillabas. e fazer vna medida en dos lenguas diuersas es dificultad e no pertenesce a pequeños ingenios.

E para significar esta dificultad dize que no solo interpretauan los libros de prosa. mas avn los de verso. e en esto hieronimo quita el argumento dela presumpcion que opponer le podrian queriendo se el entremeter en enterpretar de griego pues es de tanta dificultad e dize no ser porende digno de responsion pues los esclarescidos varones se trabajaron no solo prosa griega en latin boluer. mas avn verso griego en verso latino lo qual de mayor dificultad es interpretauan.

Cap. v. dela exposicion del prologo de hieronimo. e fabla dela comparacion de platon e aristoteles. e como los antiguos touieron en mas a platon que aristoteles e agora es por el contrario. e de xenephon philosopho.

ONDE EL NUESTRO. Despues que enel. c. precedente hieronimo puso en general de los antiguos sabios pone aqui en special nombrado algunos de aquellos que las tales traslaciones fizieron e pone señaladamente de tulio e dize. ONDE EL NUESTRO TULIO quiere dezir que tulio que era varon tan famoso interpreto los libros de platon en latin e dize nuestro tulio porque era latino ansi como nos ha diferencia delos griegos delos quales de nos en lenguaje son estraños.

Es de considerar que nuestro llamamos al que con nos tiene participacion en alguna cosa por diferencia del que no tiene con nos comunicacion. e porque los latinos tienen entresi vna comunidad enla la lengua enla qual delos griegos son apartados llamamos nuestro al que es latino siquier sea christiano siquier gentil o pagano. e otrosi los christianos entresi han vna participacion de vnidad de ley e fe enla qual los judios son de ellos estraños por lo qual al christiano llamamos nuestro a diferencia del judio.

Estas dos maneras de llamar nuestro vsa aqui hieronimo. La primera es aqui diziendo onde el nuestro tulio a diferencia de pluton xenophon e arato griegos cuyos libros trasladaua. La segunda pone abaxo quando fabla delos libros hebraycos interpretados en latin e mas auiertamente lo escriue eusebio enel siguiente prologo diziendo. los varones muy enseñados afirman delos nuestros clemente e africano e delos judios josepho e justo recontantes las memorias dela vieja ystoria e ansi distingue alli. nuestros contra judios. pues toma nuestros por christianos.

LOS LIBROS DE PLATON fue muy alto philosofo platon e auido por padre dela sabiduria entre los griegos segun hieronimo dize enel libro contra jouiniano e porende tulio encomienço de sus interpretaciones puso la delos libros de platon ansi como mas preciosa e alos latinos prouechosa. ca como dixo suso hieronimo los libros delos esclarescidos varones de griego en latin interpretauan por lo qual se sigue principalmente interpretarian las obras delos mas excelentes varones e porque por tal era platon tenido interpreto tulio primero sus libros que otros algunos griegos.

En esta opinion fue tenido platon quando el era e despues muy grandes tiempos quando los poetas latinos famosos Virgilio ouidio e otros eran e avn fasta el tiempo de sant agustin. por lo qual siguieron los poetas latinos famosos la opinion platonica cerca de las animas diziendo ellas por si ser cosas perfectas e los cuerpos ser carceles suya como largamente proseguio virgilio enel. vj. libro delas eneydas e cerca dela substancia del cielo ser de fuego como todos los poetas por verdad touieron. e las posiciones de aristoteles no seguio alguno delos poetas ni delos sabios de aquella hedad ansi como de muy menor por lo qual tulio varon esclarescido interpreto los platonicos libros no poniendo en alguna estima los de aristoteles.

E agora es lo contrario desde ochocientos años o pocos mas. ca aristoteles es tenido por padre dela natural e moral saber e los platonicos libros son perdidos como cosas de poco prouecho e ninguna extima. ca verdaderamente enlos naturales saberes paresce dios auer puesto no solo por principe mas avn por regla a aristoteles e el su saber sigue agora todo el mundo. platon fue mas theologo que natural e dixo muchas cosas de alta consideracion e razonables mas no las prouo. aristoteles touo tanta mesura e prudencia que avn que ael occurrian muy altos pensamientos ansi suyos como delos predecessores no afirmo ni toco siquier por verdadero alguno de ellos saluo lo que por necessaria prouacion pudo afirmar e ansi no es necessario de reprouar algo delo que el afirmo por quanto es limado fasta lo puro. de platon algunas cosas diremos en su lugar segun de curso de este libro. ENTEROS. dize enteros porque no dexo cosa alguna de ellos e esto se dize a diferencia de aquellos que alguna parte de algunos libros interpretan o toman algunas flores dexando todo el otro cuerpo del libro. Tulio no ansi mas qual libro platonico que començasse entero lo interpreto. algunos dizen enteros por todos e no es buena sentencia. ca entero dize todas las partes de quantidad e no dize cuento ni distribucion DE PALABRA O PALABRAS. en dos maneras se entiende. la vna es que los traslado de comienço fasta la fin no dexando parte alguna e tanto es como dezir que los traslado enteros e ansi dezimos que se escribe o relata un instrumento o carta de palabra a palabra quando se scriue o recuenta todo su tenor no dexando cosa. La otra es trasladar de palabra a palabra quando trasladando no se añade ni quita palabra o muda la orden dela escriptura mas del todo ansi como yaze se traslado e esta sentencia conuiene otrosi al presente: ca tulio interpretando los platonicos libros no añadio ni quito ni mudo mas puso vna latina palabra por otra griega en quanto el pudo. DE GRIEGO EN LATIN TRASLADO. ca platon era griego e sus libros en griego scriuio e tulio era latino e torno los en latina lengua.

E DESPUES QUE ARATO puso vn exemplo delos libros de platon interpretados por tulio pone otro delos libros de arato fue arato grande sabio griego e astrologo e presumio de saber todas las estrellas del cielo por cuenta e nombre e scriuio en verso los laros del qual torno tulio en verso latino e fue esto obra de grande dificultad e dize. e despues por lo que se sigue de xenophon. quiere dezir primero interpreto a arato de griego en latino por versos e despues el ychonimico de xenophon. YA ROMANO no quiere dezir que arato era romano ni el auctor ni el libro mas que tulio trasladando lo fizo romano. por latino ansi como que fuesse esta lengua latina solamente romana e es verdad que el comienço dela lengua latina enlos romanos fue. ca quando entre los latinos començaron ser letrados como fue en tiempo de Enio poeta. en roma fue el principio e alli eran los sabios porque ala sazon roma era cabeça del mundo e a ella concurrian todos los que en alguna cosa eran excelentes e ansi muchas vezes los auctores dizen alguno ser ignorante dela lengua romana por dezir no sabe lengua latina. e tulio fizo a arato romano es asaber al libro de arato torno en latin e ansi lo fizo ser romano. EN VERSOS EXAMETROS O DE SEYS PIES OUIESSE FORMADO. quiere dezir que tulio formo a arato en latin porque le dio ser latino ansi como si el de nueuo lo formasse.

E dize en versos porque arato escriuio como poeta en versos e tulio lo quiso trasladar en versos como el estaua e estos eran exametros o de seys pies vna cosa es exametro o de seys pies e esto se dize por la medida del verso. ca como todos los versos tengan cierta medida por lo qual los llaman metros que quiere dezir medidas son diuersos versos segun los pies muchos o pocos o de vna o de otra manera e algunos son versos exametros que son de seys pies otros son pentametros que son de cinco pies e otros dimetros trimetros tetrametros que son de dos medidas contiene dos pies lo qual es cosa manifesta alos que en latin saben alguna cosa del arte de versificar. e no es esto conoscido enel vulgar enel qual harimos que son en cierto cuento mas no ha ende arte de verso: ca grande diferencia ha entre verso e rimo segun dize ysidoro li. primo delas ethimologias e nombro hieronimo versos exametros o de seys pies porque de estos solos era escripto el libro de arato. e estos son los versos que fizo Virgilio e tales los de ouidio enel grande ouidio libro de metha. ENEL LIBRO DELA YCHONOMIA. este es otro libro griego que interpreto tulio en latin muchos otros interpreto tulio mas aqui solos enprimio hieronimo los de platon. e de arato e ychonomia de xenophon. mas enel prologo suyo sobre el genesi que comiença. desiderij mei. pone algunas obras trasladadas demostenes orador griego diziendo. nisi forte putandus est talia ychonomicum xenephontis et platonis pitagora et demostenis prothesi fonte afflata rethorico spiritu transtulisse. quiere dezir si no dixeremos tulio al ythonginico libro de xenepho e pitagoras de platon e la oracion de demostenes porthesifon auer trasladado de griego con spiritu rethorico.

Era xenephon philosofo dicipulo de socrates compañero de platon e fue en eloquencia mayor que todos los dicipulos de socrates sacado platon e escriuio muchos libros entre los quales fue este yconomico de que fabla hieronimo dela vida o condicion de xenephon en su lugar mas diremos.

Entre los libros de xenephon este fue el mejor por lo qual este solo de sus libros traslado tulio e fue delos principales de todos los que tulio traslado e por esso onde quier que hieronimo delas traslaciones de tulio memoria faze nombra este libro como aqui faze e enel prologo ya nombrado del genesi.

E llamase yconomico porque es de yconomia e es yconomia parte de philosophia moral. la qual en tres partes se parte. es asaber en monastica. yconomica. politica. monastica es sciencia la qual enseña al hombre a ser virtuoso ensi mismo. e esto se faze dando conoscimiento delos vicios e virtudes absolutamente segun que en cada vn hombre ser pueden no lo comparando a otro alguno con el qual aya de conuersar e tal doctrina da aristoteles. en todos los diez libros de las ethicas.

Yconomica se llama sciencia del regimiento dela casa e dela manera de se auer el marido ala muger e alos seruidores e a todos los de su familia e ala gouernacion delas cosas familiares. tal dotrina da aristoteles en dos libros suyos pequeños que llaman dela yconomia

Politica se llama sciencia que el regimiento delas cibdades e pueblos enseñan e esta ordena las leyes e informa alos hombres para saber dar leyes e de esta fabla aristoteles enlos ocho libros delas politicas.

E xenephon philosofo escriuio en tiempo de aristoteles libro muy copioso del regimiento de casa e por la su copiosidad e eloquencia trasladolo tulio de griego en latin. DE XENEPHON JUGO. quiere dezir que lo traslado e esto llama jugar por manera de methaphora e pertenesce alos rethoricos e eloquentes por las floresciduras e figuras que fazen en sus fablas lo qual no se faze enla comun palabra e porque el juego es cosa alegre las cosas que alegran al hombre llamase juego e como la oracion por rethorico arteficio compuesta alegre alos oyentes dize se juego. e porque tulio el libro yconomico de xenephon pinto mucha eloquencia dize hieronimo que jugo enel.

ENLA QUAL OBRA aqui muestra hieronimo la dificultad que occurre enlas interpretaciones como a tulio tan esclarescido varon aueniesse durezas enla interpretacion del yconomico de xenephon.

E esta dificultad en todas las traslaciones que tulio fazia auenia porque no es possible en interpretar de agena lengua como abaxo dize no occurir dureza mas hieronimo de solo el yconomico de xenephon dixo esto: porque alli era mayor dificultad e alli mas paresce el defecto del stilo latino ala griega fermosura dela escriptura de xenephon MUCHAS VEZES esto dize por mas prouar la dificultad como no vna vez sola mas muchas auenga defecto enla interpretacion. AQUEL RIO DEL DORADA ELOQUENCIA. la fabla de tulio llama rio de dorada eloquencia e dizese esto por methaphora o transumpcion delo qual vsan todos los poetas e oradores e nombrasse rio por la abastança: ca como el rio trahe finchimiento de agua ansi la eloquencia de tulio era muy copiosa ala qual cosa no faltaua e llamose dorada por methaphora: ca ser dorada o plateada pertenesce alas cosas corporales solidas que tienen la faz dura enla qual oro o plata asentar se pueda. La eloquencia no es cuerpo mas arteficio de fabla la qual avn no es cuerpo pues no puede ser dorada. mas dizese a notar precio o fermosura. ca entre todos los metales no ha cosa de tanto precio ni tan fermosa como el oro e porende quando alguna cosa de mucho precio queremos loar o de fermosura dezimos la ser dorada. e esta manera fazen los oradores o poetas methaphoras de todas las cosas fermosas. ansi llama hieronimo en la epistola a paulino fuente de leche ala eloquencia de titoliuio. s. ad titum liuium late o eloquencie fontem manantem. quiere dezir de titoliuio manaua una fuente de eloquencia de leche. llamo fuente ala eloquencia de titoliuio por la grande abastança no fallesciente ansi como la fuente es cabeça delas aguas corrientes e dixo ser de leche por la blancura e resplendor. ca la eloquencia es muy resplandesciente e por ella los eloquentes han nombre de grande splendor de fama.

En algunos estoruos todo esto es methaphora e faze hieronimo comparacion del rio ala eloquencia el rio corre quando no ha cosa que le retenga e va limpio en tanto que enel no cae cosa que lo ensuzie. algunas vezes ha enlos rios rocas o penendos o otros linages de cosas en que el agua encuentre e se detenga o estorue algun tanto de correr enlos quales el agua rescibe alguna suziedad o pierde su fermosura ansi la eloquencia lieua las palabras medidas segun arte e corrientes segun su processo fasta que alguna dificultad auenga la qual estorue correr la fabla espedidamente segun su arte e alli se quita algo dela fermosura.

E llamase estoruos los del rio avn que segun la propiedad dela palabra latina. quiere dezir represas o cosa en que se detiene el agua ansi como son las peñas que estan en meatad delos rios o pesqueras algunas. sarnosos e turbios llamanse sarnosos estoruos las cosas que estando enel agua detienen o enpachan la corriente pesa de agua. e allende de esto ensuzian el agua. lo qual acaesce quando la cosa que estorua la passada del agua resuelue e se mesclan las partes resolutas con el agua e se ensuzia e enturuia. e por esto son sarnosos: ca ansi como la sarna enel cuerpo del hombre lo faze suzio e no ael solo mas avn alos que tocan ansi los tales estoruos del agua la ensuzian e llamanse turuios porque turban el agua. ca no se puede ensuziar sin se turbar.

Esto se faze enla interpretacion quando occurre algun estoruo por la diuersa condicion delas lenguas por el qual no puede proceder la oracion con aquella fermosura que primero tenia. e aquello que lo torna se llama segun methaphora estoruo sarnoso e suzio porque parece ya fea la oracion e pierde la claridad e bien aparecer que primero tenia ansi como si se enturbiasse.

Ansi estanco o se detouo. continuase la fabla methaphorica. ca el rio quando tiene los tales estoruos detiene se e no corre presto como solia e conuiene esto ala fabla la qual fallados los estoruos dela condicion delas lenguas no puede proceder en su fermosura como primero mas detiene a estança no podiendo llegar ala fermosura propia mas ençaga quedando.

QUE EL QUE NO SOPIERE SER OBRA TRASLADADA. aqui muestra los defectos que se siguen enla interpretacion e los que a tulio auenian: ca la obra por el inter-pretada tanto fallescia en fermosura que parescia no ser de tulio es de entender que tulio ansi como todos los hombres de razon querria que su obra fuesse la mas perfecta que ser podiesse. pues si algunos defectos en ella auenian eran contra su voluntad. ca el al no podia fazer e si esto acaescia a tulio varon tan fa-moso en eloquencia muy mas necessariamente e mayores defectos auenian alos otros interpretadores menos famosos por lo qual no era marauilla a hieronimo esto acontescer.

NO CREERA SER SCRIPTA POR CICERON. La alteza de engenio enlas cosas que se tractan e la fermosura del stilo muestra al auctor quien es. e porque cicero o tulio era flor dela eloquencia latina eran sus obras mas pintadas de fermosura que delos otros latinos. pues quando alguna obra paresciesse menor en apostura de oracion que las tulianas obras creer seya con razon no ser de Tulio tal era el libro ychonomico de xenephon interpretado en latin por Ciceron: ca enla fermosura de stilo tanto fallescia que no creeria alguno ser de tulio conosciendo otras obras tulianas e dixo EL QUE NO SOPIERE SER OBRA TRASLADA. ca alguno viendo el yconomico por ciceron interpretado podia pensar libro en solo latin scripto e no auer seydo de griego trasladado e entonce ansi considerada la fermosura conla delos otros libros de Ciceron paresceria no ser suyo. empero quien supiesse ser trasladado de griego: podria creer ser de tulio: enlo qual da a entender no poder ser el hombre ansi mismo ygual enlo suyo e enlo ageno. e porende Tulio en sus obras ponia mucha fermosura. lo qual enlas que interpretaua fazer no podia: e la razon es porque enlo suyo concibe cada vno como quiere apartarse delo que bien no le viene enlo ageno no faze lo que quiere: mas sigue el ageno querer e escriuir e concebir. pues avn que la interpretacion sea de muy menor apostura que las principales obras del interpretador: no es cosa de marauillar ni de redar-guir o acusar.

Cap. vj. Del prologo de hieronimo e fabla delas dificultades de trasladar.

GRANDE DIFICULTAD. Despues que hieronymo mostro los defetos que auienen enla traslacion es asaber que no es de tanta apostura ni claridad de parescer como las otras obras del interpretador ni como era enel lenguaje en que fue principalmente escrita enseña aqui las causas de estos defetos e son las dificul-tades e durezas que alos interpretadores de necessario acontece. e esto prueua primero hieronimo en general despues en especial: poniendo las causas delas dificultades e estoruos enel parafo siguiente que comiença. Significase alguna cosa: e aquella prueua en especial se parte en dos. ca primero pone algunas causas de dificultad: despues añade otras donde dize. Alleganse avn a esto.

Cerca delo primero dize. GRANDE DIFICULTAD ES: no auenir al interpretador alguna dureza es grande dificultad por que muy pocas vezes esto acontesce e es quasi marauilla alguna vez acontescer e la razon es porque tanta es la diuersidad de lengua a lengua e en tantas cosas que es quasi marauilla en cada lugar no auenir dureza al interpretador queriendo guardar la apostura: e a penas auiene: quiere dezir Pocas vezes o nunca: e la razon es ya dicha: AQUEL QUE HA DE SIGUIR LAS LENGUAS AGENAS. esto es enlos interpretadores los quales siguen lenguas agenas. ca no escriuen lo suyo mas trasladan lo ageno.

E esto se puede tomar en dos vias. La una es quanto ala diuersidad de lenguaje a lenguaje: ca el que es latino e de griego en latin traslada sigue el ageno o el lenguaje que es griego: o si alguno fuesse principalmente griego e supiesse latin e quisiesse alguna obra en latin trasladar de griego sigue el ageno lenguaje ca sigue el griego el qual avn que a el no sea estraño para si mismo es mucho ageno para lo inclinar ala condicion dela latina lengua o se puede alli llamar ageno el latino lenguaje enel qual ha de trasladar e ha lo de seguir porque ha de concordar conel la condicion dela griega fabla.

En otra manera se puede llamar diuersas lenguas quanto a aquellos cuyas obras son las que interpretamos. Ca el que interpreta no sigue ni tiene su lengua o manera de fablar mas sigue la agena manera de fablar: la qual dela suya es diuersa e en ambas cosas se entender puede la letra: ca en todo ha dificultad si alguno de ageno lenguaje interpreta por la diuersa condicion delas lenguas auienen le durezas. si la agena scriptura interpreta. Otrosi dificultades vienen por no concordar el modo del concebir e de fablar de vno conel del otro. empero ha se de entender la letra de diuersas lenguas que son lenguajes: ca en esto consiste la interpretacion tornar de vn lenguaje en otro e siguimos enla interpretacion las agenas lenguas: porque dexada la condicion e propriedad dela nuestra natural o vsada lengua trabajamos de nos conformar a aquella dela qual trasladamos siguiendo su condicion.

NO FALLAR ALGUNA DUREZA O ALTURA. llamase dureza o altura dificultad de poder llegar ala cosa que deseamos todos los que de vna lengua en otra interpretan desean apuesto escriuir lo que trasladaren segun condicion dela lengua en que escriuen guardando toda la fermosura dela original lengua: porque no paresca menos digno el traslado que el original. e esto siempre auerian los interpretadores si no ocuriessen alguna dureza: e quando auien alguna dificultad no puede el interpretador alcançar esto que deseo: e porque solas aquellas cosas alcançar no podemos que sobre nos altas estan: llamase aquella dificultad altura: porque nos faze no alcançar dureza se llama condicion dela cosa segun la qual no se dexa ligeramente quebrantar o fazer e porque las ocurrientes difi-

cultades fazen que los interpretes no puedan fazer toda la fermosura enla traslacion que era enel original llamase durezas: PARA QUE LO QUE EN AGENA LENGUA
DICHO BIEN SUENA. Esta es la dureza que los interpretes no pueden fuyr: ca no
solo requiere la interpretacion exprimir complidamente la sentencia dela scritura que interpretamos porque esto fazer se podia: avn que mas palabras ouiesse
o por otra manera dichas mas requiere quedar la apostura dela original scritura
enla traslacion e esto no se puede fazer por las muchas dificultades occurrien-
tes. pues necessario es enlas interpretaciones auer algunos defetos e este es vno
e el principal BIEN SUENA. esto se faze quando las palabras ayuntadas segun la
condicion dela lengua cuyas son bien corren e son dulces alas orejas: ca otros
hay que estauan en processo e fazer sonido mal agradable alas orejas.
AQUEL GRADO DE FERMOSURA DESPUES QUE TRASLADADO TENGA esto se
requiere enla traslacion si fazer se puede: que no solo quede fermosura enla
traslacion: mas avn aquella o tanta quanta era enla lengua original: e quando no
queda tanta es defeto enla traslacion: e este defeto no puede desuiar avn los
esclarescidos varones como suso fue prouado de tulio.

**Cap. vij. del prologo: e dize si ha auer solo tantas palabras enel traslado
como enel original e dela diferencia de trasladar verso o prosa.**

SIGNIFICASE. Aqui pone hieronimo en especial los defetos dela traslacion. e
pone otro defeto allende el suso puesto e esso mismo la su causa. El defeto es
que no se ponen tantas palabras solamente enla traslacion quantas son enel original lenguaje e scritura. e la causa es porque no hay tales ni tantos vocablos en
un lenguaje como en otro.
E dize SIGNIFICASE ALGUNA COSA ENLA ORIGINAL LENGUA. llamase lengua original aquella de que trasladamos quiere dezir que enla traslacion ha de ser tantos vocablos o nombres como enel original. e esto no se puede fazer: porque
enla lengua original aura algun vocablo que signifique alguna cosa enel lenguaje en que trasladamos no fallamos otro vocablo respondiente e es necessario
poner muchos en lugar de vno: e ansi faze se mas largo el traslado que el original e esto es vicio. POR PROPRIEDAD DE VN SOLO VOCABLO. quiere dezir vn
vocablo solo segun su propriedad enla lengua cuyo es significa alguna cosa
cierta. E ENLA MI LENGUA ENLA QUAL TRASLADO. no solo es esto entre lengua
griega e latina: mas entre qualquier lengua en comparacion de otra. Ca en cadavna lengua son algunos vocablos significantes de algunas cosas e en otras lenguas
no fallamos vocablos por aquellas cosas. e porende auemos de vsar de suplecion
o circunlocucion poniendo muchos vocablos en lugar de vno para vna cosa significar ala qual vn solo vocablo auia de responder: e esta diferencia paresce
entre el latin e la vulgar lengua. ca muchos vocablos ha en latin significantes

algunas cosas para las quales cosas no ha vocablos enel vulgar ha vocablos
para los quales fallescen correspondientes en latin.

NO FABLO OTRO EL QUAL SOLO LE YGUALE: no ha cosa que sea significada por
vocablos de vn lenguaje que no pueda ser significada por vocablos de otra lengua mas la diferencia es que en lenguaje para vna cosa ha vn vocablo mas
ponen se muchos vocablos por vno. e ansi no ygualan los vocablos de vn lenguaje alos vocablos de otro.

E QUANDO QUIERO COMPLIR TODA LA SENTENCIA DE AQUEL VOCABLO. para ser
buena la traslacion es necessario que sea verdadera e complida. e porende quanto significa el vocablo enla lengua original tanto se ha de exprimir enla traslacion e si todo aquello no abasta vn solo vocablo han se de poner mucho. CON
LUENGO RODEO. llamase rodeo circunloquio o suplecion para significar lo que
vn vocablo no abasta. e quando esto se faze para vna cosa se ponen muchos
vocablos e ninguno de ellos significa la cosa mas todos ellos juntos dan entendimiento de ella.

E esto es como si no ouiesse vocablo alguno enel vulgar para significar hombre
e en lugar de aquel vocablo dixessemos animalia fablante e entendiente teniente
dos pies ca estas todas palabras suplen lugar de vn vocablo que significa hombre porque no ha animalia de dos pies fablante e entendiente saluo el hombre.
esta figura de suplecion se llama perifrasis o circunloquio e vsase mucho entre
los poetas ansi como dize ouidio enel li. xv. de metha. onde micilo llamaua al
dios hercules que le ayudasse e por dezir o hercules dixo: o tu al qual los doze
trabajos al cielo leuaron. e es buena suplecion. ca no ay otro alguno al qual los
doze trabajos deificassen saluo hercules.

Llamase esta suplecion rodeo propriamente. porque rodeo dezimos quando ala
cosa cercamos e a ella no tocamos. quando vn vocablo ha sola por vna cosa aquella significa derechamente e la toca ansi la encerrando quando muchos son no ay
alguno de ellos que la signifique ni llegue a ella mas todos ellos estan como en
torno e juntos la cercan e esto es rodeo. e llamase luengo porque por vno ponemos muchos como por vno auiamos de poner vno. APENAS LA BREUEDAD DEL
ESPACIO O ORIGINAL STILO GUARDO. como que dixiesse no la puedo guardar. ca
poniendo muchos por vno mas luengo sera el traslado que el original.

En esto es de entender que el traslado ha de ser ygual en largura del original e
esto deue el interpretador siempre guardar en tanto que guardarse puede e quando no puede es defecto dela traslacion mas no auiene por error del interprete e
no le deuen de ello accusar.

Alguno dira que esto no es necessario. ca quando la traslacion se faze en verso
porque los versos consisten en cierta medida se ha de guardar el espacio del
stilo. mas quando se faze en prosa la qual no es subjecta a cierta medida: no es
necessario guardar quantidad de espacio. e esto dixo Hieronimo suso que los

varones letrados trasladauan libros griegos en lengua latina e avn lo que en si
tiene mayor dificultad los libros de poetico stilo subjectos a necessidad de
medida trasladauan. empero si enla interpretacion prosayca se guardasse quantidad de espacio no auria diferencia de verso a prosa lo qual es falso pues no es
de guardar espacio cierto enla interpretacion de glosa.

La respuesta es que ansi en verso como en prosa el interprete ha de guardar quantidad de espacio segun que aqui Hieronimo dize. Ca en otra guisa no se pornia
por dificultad de interpretacion auer mas vocablos o otra mente significantes en
vn lenguaje que en otro lo qual hieronimo suso puso por dificultad.

Empero ha diferencia enla quantidad del espacio que se ha de guardar enel verso e enla prosa. La primera es que enel verso han de ser tantas sillabas enel
verso latino como enel griego: o si quier tantos pies: porque si el verso griego
fuere exametro o pentametro o de otra specie tal sea el latino verso interpretado
e añadida o tirada si quier vna sillaba contra la condicion del arte quitasse la
specie del metro.

Enla traslacion de prosa no se guarda quantidad o cuento de sillabas de pies. ca
solos los versos corren por pies e las prosas no tienen pies. Otrosi no tiene la
prosa cuento alguno de silabas mas quantas al auctor poner pluguiere: o quantas
poner acontesciere: e ansi como el principal auctor en su original lengua no es
estriñido poner determinado cuento o quantidad de sillabas. otrosi no es obligado alo fazer al interpretador mas requiere la interpretacion que aya vn vocablo
por otra diferencia. ca esta diferencia ha entre interpretacion e glosa e comento.
glosa llamamos quando vna cosa declaramos por mas luengas palabras e otra
mente dichas. Interpretacion es quando palabra sin fazer alguna declaracion. ca
quando ponemos tres o muchas palabras por vna paresce ser glosa o declaracion e no testo interpretado. ca ansi como vna cosa ha de responder a vna palabra deue responder vna palabra de interpretacion a otra dela original lengua
para que ambas escripturas parescan testos.

Empero no es aqui necessario hauer tantas silabas o de vna quantidad en ser
breues o luengos quanto ala prolacion enel vocablo dela interpretacion como enel
dela lengua principal. ca esto es propio del verso mas quanto quier que sea vn
vocablo mas luengo de mas sillabas que otro o de diuerso acento o de otra quantidad de tiempos en breuedad o longura no faze daño ala traslacion de prosa.

E esto es tan necessario que si alguno saliesse de ello sin necessidad poniendo
muchos vocablos por vno dexaria de ser interpretada. ansi lo dize hieronimo
abaxo e si por necessidad algo o dela orden o delas palabras mudare parecere
salir del oficio del trasladador.

La segunda diferencia es que enel verso trasladado es mas necessaria la quantidad cierta de espacio que enla prosa. ca si enel verso interpretado no guardare al
interpretador tantas sillabas e si quier pies enla interpretacion agora la faga con

necessidad agora sin necessidad no solo no recibe excusacion mas avn no es traslacion de verso porque dexa de ser verso auiendo mas o menos pies que requiere la medida del arte no es ansi enla prosa. ca si el interpetre con necessidad delos vocablos del lenguaje posiere mas enla traslacion que enel original no solo es traslacion mas avn no es digna de reprehension. e si sin necessidad esto fiziere sera digno de reprehension empero sera siempre interpetacion prosayca.

Empero avn alguno dubdara como hieronimo ponga aqui los defectos que auienen enlas interpetaciones como no puso otros mayores ansi como no ser verdadera la traslacion o no ser complida.

La respuesta es que mayor defecto no ser verdadera o complida que no ser de ygual fermosura la traslacion con el original o ser mas larga poniendo muchos vocablos por vno empero no dixo de aquellos dos efectos.

La primera razon es porque algunos defectos son tolerabiles otros no. ser la traslacion falsa no guardada la verdad dela sentencia del original no es tolerabile ni se puede por alguna legitima causa escusar. Otrosi no ser complida dexando algo dela sentencia del original: no es de sofrir: ca faze no ser traslacion: mas manera de flores sacadas dela obra e no dela obra trasladada o interpetada. Los otros dos defectos son tolerabiles porque se fazen con causa razonable e porende de esto deuio fazer fablar.

La segunda porque ser falsedad enla sentencia o no auer complimiento no se llaman defectos: mas son errores: porque defeto se dize: quando queda la substancia dela causa e faze alguna cosa de accidental perfecion: e ansi es quando no se guarda tanta fermosura enla traslacion como enel original scripto. o quando se ponen muchos vocablos por vno: ca todos es fallescimiento de fermosura. Error se dize quando no es aquella cosa que se busca. e esto es quando quier que fallesce algo dela substancia dela cosa. ca qualquier cosa delo substancial faltando no queda algo dela naturaleza dela cosa e ansi no es aquella cosa que demandamos ansi como en lugar de piedra poniendo arbol ca no son de vna substancia o naturaleza. esto auiene no seyendo verdadera la traslacion o no seyendo complida. ca falta la substancial dela traslacion lo qual es la sentencia puesta en vn lenguaje passar la en otro pues no se llama esto defecto mas error. e hieronimo solo quiso fablar de los defectos que acaescen enla traslacion quedando ella interpetacion e aquellos dos tiran el ser dela traslacion e porende no los puso por defectos.

La tercera e principal es porque hieronimo fablo delos defectos que no se pueden escusar ni estorcer por alguna via e auienen alos letrados varones e por ende no son de redarguyr. tales son los dos nombrados del primero se prueua. ca no es empoder del interpetrador quanto quier letrado que sea la traslacion ser bien sonante enla lengua en que la faze e guardar toda la fermosura dela lengua original. ca como dos lenguas sean de diuersas condiciones lo que en vna es apuesto no suena bien enla otra. e porque para quedar la condicion de traslacion deue el traslado seguir la propiedad del original quanto pudiere es necessario que algun defecto de fermosura sea enla traslacion.

Otrosi enla ygualdad delos vocablos desfallescer no es en poder delos interpretes quanto quier sea letrados. ca en vna lengua ha vocablos que no son en otra e aili es necessario poner muchos en lugar de vno como dicho es. e estos tales defectos porque no se pueden estorcer avn por los muy letrados sufrense e no son dignos de reprehension e tales dize hieronimo que auia en su traslacion. los otros dos. es asaber ser falso la traslacion o no complidamente sacada son errores que se pueden esquiuar ni en ellos caen algunos letrados mas los solos ygnorantes cuyo oficio no era trasladar mas de los trasladantes aprehender. e porende hieronimo de estos no fablo. ca no da entender auer tales menguas en su interpretacion.

Ca. viij. del prologo de hieronimo e fabla del mudamiento del orden o delas palabras e como lo puede fazer el interprete o trasladador e delas figuras e cadencias.

Allegandose. Avn puso suso hieronimo algunas durezas o dificultades dela traslacion en especial aqui añade otras. e dize ALLEGANSE AVN A ESTO. quiere dezir avn encima dela dificultad que se faze enla traslacion por la variedad delos vocablos de vna lengua e otra se allegan otras dificultades que aqui se exprimen. LAS QUIEBRAS O LOS RODEOS DELOS MODOS DE YPERBATON. esta es grande diuersidad entre las maneras de fablar de diuersos lenguajes segun que en diuersa manera vsan delos modos de yperbaton.

Es a saber que yperbaton es nombre de figuras que enla fabla se faze e es nombre griego e dize ysidoro enel libro primo delas ythimologias. yperbaton en transcencio cum verbum aut sententia ordine commutatur. quiere dezir yperbaton es traspassamiento o salto quando la palabra sola o sententia entera se quita de su orden deuida.

E es de yperbaton figura general e tiene so si muchas figuras que se llaman modos de yperbeton. e son cinco segun dize ysidoro. anastrophe. ysteron protheron. parenthesis. themesis. sinthesis. de cada vna de estas figuras vsan los scriptores en los lenguajes que son por arte: ansi como es el latino e el griego: e por esto auiene grande dificultad enla traslacion queriendo el interpretador seguir la condicion del lenguaje original. Ca para esto onde quier que ouiere anastrophe o sinthesis o otra figura enel original lenguaje ha se de guardar enel traslado e no se puede bien fazer. ca en vn lugar sufre el lenguaje griego anastrophea sinthesis o parenthesis o otra figura: enel qual no la consiente la lengua latina. por lo qual ya alli auera de semejança entre el original e el traslado.

Estas figuras de yperbaton no se vsan enel vulgar todas ni tantas vezes como enel latino o griego: porque enel vulgar no es artificioso lenguaje: e por esto sera mayor diuersidad e desemejança entre la traslacion fecha de latin o griego en vulgar: que dela interpretacion fecha de griego en latin: e es porende dificultad interpretar de latin en vulgar queriendo guardar la condicion dela interpretacion la qual es seguir la propiedad del original lenguaje que interpretar de griego en latin. ca el vulgar pocas figuras sofre e pocos colores de fabla recibe.

E de estas figuras de yperbaton no pornemos exemplos porque enel vulgar poco se vsan e quando se reciben no las pueden conoscer: saluo aquellos que en latin las conoscen. delo qual largamente escriuimos enel comento latino sobre eusebio.

E dize aqui LAS QUIEBRAS O LOS RODEOS porque en latin dize aufratus e quiere dezir rodeos o caminos tuertos o quebrados e cada cosa propia mente conuiene: ca en todas las figuras de yperbaton hay rodeo porque la palabra o oracion no esta en su orden mas mudase Otrosi llamase quiebra o ruptura como sea quitada la palabra o sentencia de su lugar e puesta en otro: e toda cosa que tiene las partes quitadas de su lugar esta quebrada o ropta: dixo delos modos de yperbaton: no se faze en vna sola manera mas tiene cinco maneras suso nombradas.

Algo dira porque hieronimo nombro alos modos de yperbaton e no a otra figura: ca no se faze esta sola figura enla oracion como no aya alguna figura que alguna vez no auenga enla fabla.

La respuesta es que todas las figuras acontecen algunas vezes enla fabla: empero nombro a yperbaton mas que a otra alguna porque esta es la mas vsada: ca como tenga muchas species vna a otra auiene enla fabla e no ha alguna delas otras que tantas maneras tenga.

Lo segundo e principal porque avn que otras muchas figuras aya e sean vsadas en la fabla no ayudan tanto ala diuersidad dela traslacion e principal scriptura como estas: e esto puede bien ser los que saben la condicion del lenguaje latino e como contescen ende DESEMEJANÇAS DE CASOS. Esta es otra dificultad para ser semejante la traslacion al original porque ha dessemejança de casos enlos diuersos lenguajes: e entiendese en dos maneras. La vna es tomando caso por nominatiuo genitiuo e por los casos que son enlas partes que declinamos e ansi son diuersos casos enlos lenguajes: ca los griegos no teniendo ablatiuo vsauan genitiuo por ablatiuo: e por esta diuersidad de casos era algun tanto de semejante la scritura trasladada en latin que el original griego.

Esto no ha enel vulgar porque el lenguaje no es artificioso e no tiene alguna diferencia de casos los quales por ingenio fueron fallados: e ansi lo que en latin esta en algun caso trasladado en vulgar esta en ningun caso.

En otra manera se llaman casos cadencias o terminaciones: e esto auiene enel latin como cada vn nombre en cada caso tiene diuersa terminacion del otro caso e esta diuersidad faze fermosura: e porende como las terminaciones de los casos enlas declinaciones griegas no sean tales como enlas latinas declinaciones perdiesse alguna fermosura: ca con vnas terminaciones o cadencias suena bien vna oracion e con otras suena mal. por lo qual segun estas diuersidades lo que en griego scripto es fermoso alguna vez en latin interpretado sera mal sonante o menos apuesto que en griego.

Esto fallamos mucho entre el latin e vulgar por lo qual es necessario toda scritura en latin puesta despues en vulgar interpretada ser muy menos paresciente. ca en latin ha diuersidad de casos e cadencias o terminaciones. en vulgar no ha diuersidad alguna porque en todo en singular ha vna sola determinacion e enel plural otra sola por lo qual por mucho artificiosa que sea scriptura alguna vulgar agora principal agora interpretada no puede ygualar con la apostura dela oracion latina.

DIUERSIDADES DE FIGURAS. esta es otra dificultad para no poder guardar ygual fermosura enel traslado: porque en diuersos lenguajes son diuersas figuras: e aquellas dan o tiran fermosura: e en vn lenguaje las ha e en otro no.

Dize aqui delas figuras porque suso dixo delas diuersas maneras de yperbaton que fazen dificultad enla traslacion: e porque no crea alguno que estas solas lo fazen: dixo aqui de todas las otras. es a saber que todas las figuras pueden fazer esta dificultad. empero por que los modos de yperbaton fazen esto mas comun mente dixo de ellos en especial.

E esto se puede en dos maneras entender. La vna es que en vn lenguaje ha figuras que no ha en otro: e por esto como las figuras se fagan por fermosura dela fabla en la lengua en que aquellas figuras no ouiere no aura aquella fermosura. En otra manera se entiende que la interpretacion ha de seguir la condicion dela original escriptura: por lo qual quando enlo original ouiere oracion con figura ha de hauer enel traslado figura: en otra guisa auria diuersidad: e porque algun lenguaje ha que no recibe las figuras de otro no se puede ende guardar la condicion dela traslacion.

Que vna lengua no reciba las figuras de otra. paresce bien enel vulgar: ca pocas figuras de otra parescen bien ende se fazen: porque no es lengua artificiosa: e en latin e griego se fazen muchas: ansi como son todas aquellas que quitan o ponen letra o sillaba: como afresis: sincopa: apocopa: estas tres quitan o ponen letra o sillaba. afresis quita letra o sillaba de comienço dela oracion o vocablo. sincopa tira del medio. apocopa tira del cabo. ansi son tres que añaden: prothesis: epenthesis: paragoge. ca prothesis añade letra o sillaba en comienço dela dicion. epenthesis en medio. paragoge enel cabo e no hay alguna de estas enel vulgar: porque ende no añadimos letra o sillaba ni tiramos enlos vocablos: ca seria error e no se entenderia la fabla e seria fea: e enel latin e griego son estas figuras para mucha fermosura: e especial mente enel metro onde muchas vezes son necessarias: e ansi son otras muchas figuras que el latin tiene e el vulgar no recibe: por lo qual sera grande diuersidad del traslado al original.

E puesto que tantas e tales figuras aya en vn lenguaje como en otro en vn lugar se fara apuestamente en griego vna figura: la qual en latin en aquel lugar no assienta. specialmente si es de aquellas que tiran o ponen letras o sillabas enel vocablo. ca no solo de griego a latin aura diuersidad mas avn enel mismo latin en vn lugar se faze figura en otro no se puede fazer: ansi como la sincopa no se faze en todos los tiempos del verbo ni en todos los casos del nombre mas en ciertos lugares. e aquien estrecha mente quisiesse guardar la semejança entre el traslado al original estas diuersidades de figuras farian dificultad.

E ALLENDE DE TODO: aqui pone hieronimo otra dificultad enla traslacion e es la condicion propria dela fabla de cada lengua por la qual no puede concordar el traslado con el original. e esta es la mayor dificultal: ca lo que en vn lenguaje bien suena en otro mal suena: e si quisieremos temprar lo mudando algunas palabras de su orden o tirando o añadiendo porque suenen agradable no sera semejante el traslado al original e cessaremos de ser interpretadores. si por seguir la condicion dela interpretacion escriuiremos como esta enel original sonara mal e no haura alguna fermosura enel propio lenguaje. ESSE SUYO PORQUE ANSI LO DIGA LINAGE O MODO DE FABLA. quiere dezir allegase a estas dificultades o durezas otra es a saber esse suyo linage o modo de fabla e aqui parece bien el exemplo dela diuersidad dela traslacion ca esto en latin segun lo pone hieronimo es apuesto e en nuestro vulgar parece fabla barbaresca. e esto auiene por la propiedad del lenguaje. ca lo que en latin bien suena en nuestro vulgar es aspero. e esto parece otrosi en diuersos lenguajes vulgares ca mucho son apartados enlos modos. e algunos fablan mucho por infiniciones e otros por verbos finitos. e en vn lenguaje es alguna oracion donosia e tornada en otro lenguaje segun aquella misma sentencia es frialdad o desdon.

E aqui es vna delas maneras delos rodeos o figuras de yperbaton que se llama parenthesis e esta es quando quier que en meytad de alguna oracion no avn acabada se interpone otra oracion complida e despues acaba la primera e comun mente la entrepuesta es declaracion o casa de aquella en que se enterpone. ca aqui auia de dezir esse suyo linage o modo de fabla e dize esse suyo porque ansi lo diga linage o modo de fabla. esta oracion`porque ansi lo diga es complida oracion e es entrepuesta en medio de otra. e esta figura algunas vezes se vsa en el vulgar avn que los fablantes no saben si vsan de figura o de que tal. como diziendo. yo avn que no lo pienses te fare plazer. aqui se parte la oracion primera por interponer otra. ca auiamos de dezir yo te fare plazer. e esta es vna oracion complida en medio dela qual se entrepuso otra que dize avn que tu no lo pienses e esta otrosi es oracion complida.

Dize hieronimo porque ansi lo diga. porque esto es tempramiento dela fabla quando no ha fablado alguno no propia mente e quiere en alguna manera lo emendar o escusarse de redargucion agena e vsamos a menudo este color o tempramiento enel latin e enel vulgar no es tan bien sonante ni tanto se conoce su virtud.

E la correcion o emienda que aqui se faze es que hieronimo dixo esse suyo linage o modo de fabla seruiente e subjugado a cada vna lengua. empero seruiente o subjugado no conuiene saluo al hombre e alo mas alas alimalias. e no ala propiedad dela lengua e porque no paresciesse por ignorancia auer aplicado el ageno nombre. templo la fabla diziendo porque ansi lo diga como que dixiesse avn que no sea propia fabla quiero ansi dezir por alguna razon: e no entendades que por ignorancia lo dixe pues yo mismo lo tiemplo.

Dize hieronimo esse suyo linage o modo. abastaua dezir el su linage o modo: empero puso esse lo qual en latin faze demostracion e grande diferencia es poner lo o no: lo poner empero la virtud o diferencia de esto no cabe ni se entiende enel vulgar. e yo esso mismo no lo possiera ca abastaua otra mente dezir para complir la sentencia latina en vulgar: empero por fazer contra las doctrinas que aqui hieronimo pone delas interpretaciones e otrosi por trasladar fielmente el latin en vulgar puse como en latin

Llamase linage o modo de fabla: propiedad de qualquier linage. ca ansi como enlas cosas naturales tiene cada vna alguna condicion propia a ella enla qual tiene diferencia delas otra cosas ansi los lenguajes tienen sus condiciones e propiedades: e la qual es de vno no es de otro: por la qual propiedad lo que en vno bien suena en otro mal paresce.

Seruiente e subjugado a cadavna lengua propio e es fabla methaphorica. ca ansi como el sieruo de alguno es suyo propio e esta a el subjecto en tal guisa que apartar de se no puede ni yrse a otro mas a el necesserio ha de seruir: ansi tiene cada lenguaje vna propiedad de fabla la qual es suya e no de otro lenguaje ni se puede del apartar ni otra lengua puede vsar de aquella manera o condicion de fabla ni aquella lengua cuya es la propiedad puede desechar aquella condicion de fabla vsando de otro. e por esto el linage o modo dela fabla es seruiente o subiecto al lenguaje.

Si palabra por palabra trasladare aqui pone el inconueniente o defecto que se sigue enla interpretacion por causa dela propiedad del lenguaje e es vno de dos ca o sera mas sonante e fea la interpretacion que fizieremos o salieremos de condicion de interpretador e dize **si palabra por palabra trasladare** ca esto es quando en logar de vna palabra ponemos otra sola e quando guardamos todo el tenor dela escriptura no mudando palabra alguna de su lugar mas teniendo toda la orden dela escriptura **sonara mal** enel lenguaje original bien sonaua mas enla interpretacion mal suena por la diuersidad dela propiedad delos lenguajes.

E si por esta necessidad esta es la otra parte del inconueniente enla traslacion e dize si por esta necessidad es asaber de estorcer el mal son. ca a todos los interpretadores es necessario en quanto podieren desuiar el mal son porque no sean las interpretaciones torpes e por esta necessidad querian algo fazer lo qual por ventura seria contra condicion dela interpretacion.

ALGO O DELA ORDEN O DELAS PALABRAS MUDARE aqui se da a entender que enla traslacion todo se ha de guardar si ser puede las palabras e la orden de ellas por quanto dize que si mudare algo dela orden o delas palabras saliere del oficio del interpretador e ansi quando suso dixo que para guardar la condicion del interpretador auia de trasladar palabra por palabra no solo se entendia delas palabras que no falte alguna o que ponga vna por vna mas avn que las ponga en aquella en que estan no mudando algo dela orden.

Otrosi paresce que mudadas las palabras o orden de algunas de ellas se estorcia el mal son: ca para esto solo se fazia el mudamiento porque en otra guisa seria contra razon tirar dela orden o palabras del original no adobando cosa enla traslacion. empero avn que por este mudamiento de orden o de palabras se estorciesse el mal son paresce no ser licito fazer lo porque avn queda inconueniente la contra la traslacion.

Mudar enla orden es anteponer o posponer quedando todas las palabras que primero estauan e significando aquella cosa por vna misma manera mudar las palabras es no quitando las mas poniendo las otras por ellas: ca si se quitassen algunas enla traslacion como aquellas algo significassen enla original scriptura faltaria algo dela sentencia enla traslacion e no aueria complimiento e esto es vn error que no se podria sofrir. ca no es defecto mas error porque ansi como la traslacion ser falsa poniendo otra sentencia que la que el original contiene es error que no se sufre e quita la substancia de traslacion ni se puede llamar propiamente interpretacion ansi no auer complimiento e no es de sofrir segun diximos enel capi. precedente. pues mudamiento de palabras se llama quando se pone enla traslacion la sentencia de todas las palabras que son enel original mas no se ponen palabras respondientes a aquellas derechamente mas otras palabras suplientes el seso de aquellas

Ansi como si en latin dixiessen homo currit que quiere dezir hombre corre. si trasladando en vulgar aquella oracion latina dixeremos hombre corre guardamos las palabras. ca avn que no sean essas mismas las palabras dela traslacion del original como las palabras latinas e vulgares sean diuersas son essas mismas en correspondencia ca lo que significa homo currit significa hombre corre e todo se significa por vna misma via e ansi no ha mudamiento de palabras.

Dize se mudar palabras si en lugar de homo currit en latin trasladaremos en vulgar la animalia entendiente e fablante e de dos pies. ca no ha otra cosa tal saluo el hombre. e en lugar de correr dezimos mueue se apriessa ca esto es correr.

Empero aqui se dize mudadas palabras. ca allende de no ser vnas palabras las vulgares e latinas seyendo diuersas lenguas son estas diuersas. porque avn que todo lo que se significa enel latin se significa enel vulgar en este caso no se significa por vna manera. ca no significan derechamente las palabras del vulgar lo que esta en latin mas por circunloquio o suplecion lo significan. e esta es vna figura que se llama perifrasis.

E si alguno en esta manera trasladar quisiesse faziendo suplecion en toda la traslacion avn que pone la sentencia toda dela escriptura original no se llamaria interpretacion o traslacion o seria otra obra nueua o edicion por si.

E fazer este mudamiento de palabras paresce algunas vezes ser necessario enla traslacion por que algunas sentencias son enla original las quales trasladadas segun palabras que derechamente respondiessen sonarian mal o serian torpes e fecho algun mudamiento avn que la sentencia toda quede quitasse o estorcese el mal son

PARESCERE SALIR DEL OFICIO DE INTERPRETADOR O TRASLADADOR. este es otro inconueniente. ca el interpretador deue guardar lo que a su oficio pertenece e es de su oficio del todo remediar al original: porque no haya diferencia otra saluo estar en diuersas lenguas. empero quando se muda algo dela orden o de las palabras hay alguna diuersidad allende de las lenguas pues esto fara no ser traslacion mas otra cosa alguna.

Cerca de esto es de saber que propria mente interpretacion no es al saluo vna sentencia tornar la de vna lengua en otra: e porende todo lo que es allende sale de condicion de interpretacion mudar orden enlas palabras alguna cosa es e requiere ingenio e es allende de interpretar pues sera fuera del oficio del interpretador e faze no ser interpretador al que esto fiziere mudar las palabras en la manera suso dicha es figura de circunlocucion o parafresis e esto es special obra e allende dela interpretacion e no puede alguno fazer allende dela interpretacion que se llame interpretador ca sera otra cosa.

E es de saber que es mudamiento de orden o de palabras segun dicho es o se faze con alguna necessidad o sin ella: con necessidad se faze quando esto no faziendo seria fea la traslacion o mal sonante. empero el interpretador quanto pudiere deue fazer hermosura la escritura e euitar las fealdades e malos sones. pues entonce sera conueniente algo o dela orden o delas palabras mudar. e esto no sera fuera del oficio del interpretador mas a el conuerna. Ca dize hieronimo enel libro de optimo genere interpretandi. que la mejor e mas noble manera de interpretar no es sacar palabra de palabra mas seso de seso.

E quando el interprete puede juntamente fazer fermosa fabla en su lengua guardando del todo la orden delas palabras e mudando algunas dellas deue lo fazer. e si no puede mas deue mudando algo dela orden o delas palabras fazer la oracion fermosa e propria en su lenguaje que no mudando cosa sofrir que sea la interpretacion mal sonante. e esto fizo hieronimo en todas sus interpretaciones como paresce enlos libros que traslado de hebrayco: e ansi lo dize enel suso dicho libro de optimo genere interpretandi.

E por esso dixo aqui cuerdamente parescer salir del oficio del interpretador: como que dixiesse parescera que salgo mas no salire. ca ansi como del interpretador es mudar la sentencia verdadera e complida de vn lenguaje en otro ansi es de su oficio fazer todas aquellas cosas sin las quales no se puede bien aquello acabar e porque auiene queriendo guardar la orden e palabras del original del todo: no poder complida trasladar la sentencia o mal sonante es de oficio del interpretador entonce mudar algo o delas palabras o dela orden tanto quanto abaste para poder dar clara e complida e bien sonante la sentencia dela interpretacion. e esto no muda el oficio del interpretador ni allende faze: mas faze todo aquello que es de condicion del interpretador avn que alos que poco consideran parece el contrario.

Si alguno sin necessidad o enla orden delas palabras o en ellas mudasse algo saldra de oficio de interpretador. e este o faria esto añadiendo mas palabras para declarar e entonce seria comentador o glosador o faria esto no añadiendo mas mudando las palabras o la orden vsando de otras figuras de fabla e este seria nueuo auctor faziendo otra edicion.

Cap.ix. Del prologo de hieronimo enel qual pone dos excusaciones delos defetos de esta traslacion si algunos enella ha.

POR LO QUAL. O despues que hieronymo puso suso en general las dificultades dela traslacion las quales faze para excusacion delos defetos delos interpretadores pone aqui aplicacion de su excusacion e se excusa por dos razones. La primera es por todas las dificultades suso dichas las quales ocurren en toda interpretacion. La segunda porque esta obra apriessa escriuio enel parafo siguiente onde dize **MAYORMENTE.**

Cerca delo primero dize. **POR LO QUAL O MI VINCENCIO.** quiere dezir: pues ansi es que tantas dificultades occurren en todas las traslaciones segun suso es contado no vos marauilledes que algunos defetos en esta traslacion aya alos quales no me deuedes acusar Dixo **O MI VINCENCIO.** es asaber mi amigo. ca estos dos aqui nombrados son dos amigos suyos alos quales el esta interpretacion embio: por lo qual ambos los nombro suso en comienço del prologo al qual a ellos fue carta mensajera: **MUY AMADO** porque era amigo grande suyo.

E O TU GALIENO. este es el segundo amigo suyo: e a estos dos escriuia: e ya suso enel. c. iij. diximos que este galieno no era el medico: mas otro que fue despues mucho tiempo. **MEATAD O PARTE DE MI CORAÇON.** esto dize porque mucho le amaua e llamamos parte de nuestro coraçon: porque ansi las amamos como a nuestro coraçon. e en latin dize parte mas yo traslade meatad o parte: no por doblar la palabra: ca toda meatad o parte no por doblar la palabra. ca toda meatad es parte e no por el contrario: mas porque quando dezimos en latin

parte absolutamente sin mas determinar entiendese dela meatad e esto mayormente guardan los geometres.

RUEGO VOS QUE ESTA OBRA DIFICULTOSA O TUMULTUOSA ruega les que no aca-
ten a sus defetos si algunos en esta obra fallaren mas los perdonen. llama la
obra dificultosa por que muchos defectos en ella auenir pueden por las muchas
dificultades que en ella son.

Enel latin dixo. tumultuarij operis. e este vocablo tumultuarij puede significar
dificultad quando muchas dificultades juntamente occurren alas quales resistir
no podemos o con grande trabajo o significa apressuramiento. e concuerda con
la letra abaxo onde dize que el notario scriuiente el apriessa lo dicto. e ambas
cosas dan causa de perdon delos errores. ca enlas dificultades no podemos sin
defecto passar. e lo que se faze apriessa no puede ser tan limpio e apurado como
lo fecho con grande maduracion. ESSO POCO QUE ELLA ES esto dixo hieronimo.
omillandose porque diziendo ser obra de grandes dificultades paresceria que
grande cosa aueria acabado quando la ouiesse fecho pues dize esto mostrando
la obra ser poca e ansi el no ser de grande loor auiendo la acabado. empero avn
que esta obra poca sea en toda parte dificultad tiene.

En otra manera se puede entender e avn mejor que sea excusacion de hieronimo. diria alguno que hieronimo es muy desmesurado en se tanto quexar. ca esta
obra es muy pequeña pues como puede auer tantas dificultades. responde hieronimo que avn que pequeña sea tiene muchas dificultades. ca toda ella quanto-
quier que es o esso poco que es llena es de dificultad.

CON CORAÇON DE AMIGOS NO DE JUEZES LEALES. en esto demanda su portacion
delos defectos suyos si algunos ha en esta obra queriendo que no le acusen delos
defetos mas gelos soporten o dissimulen. e por esto dize con coraçon de amigos e
no de juezes. ca el ha de guardar justicia sin fauor e lo que fuere digno de repro-
bacion acusar lo. los amigos porque aman guardan fauor e encubren o dissimulan
los defectos de sus amigos e no los redarguyen de ellos ansi queria hieronimo que
no le redarguissen.

E esto se puede dezir a dos intenciones. la vna es que hieronimo entendiesse
verdaderamente en este libro auer algo que podiesse ser siquier calumniado o
redarguido avn que el no sopiesse determinadamente qual era aquello e de tales
cosas quando falladas fueren ruega beninamente ser soportado.

En otra manera se puede entender que hieronimo no creyesse auer alguna cosa
dela qual podiesse justamente ser redarguido. empero esto dixo por humildad
dando a entender que el creya auer algun defeto del qual podiesse ser calumniado.
lo qual si no dixera parescia creer el que su libro era sin alguna reprehension e
esto era soberuia.

E dezir esto aprouechaua a hieronimo. ca los que este libro leyessen muerto
hieronimo o en absencia suya podrian calumniar siquier maliciosamente este

libro. e hieronimo no les podria responder e farian ser menospreciada esta obra lo qual era contra entencion suya e para tirar este daño fizo esta humlidad encomienço del libro demandando perdon delos defetos e pediendo que le leyessen como amigos e no como juezes e esto viendo qualesquier lectores inclinanse yan en fauor de hieronimo mas para lo excusar que para acusar. lo qual no farian si creyesse que con soberuia el pensaua no poder ser redarguido.

MAYORMENTE. aqui pone la excusacion segunda del apresuramiento de fazer esta traslacion. ca avn que pocas dificultades ouiesse o ningunas si ser podiesse scriuiendolo tan apressurado no era marauilla auenir algunas faltas. QUE AVN COMO SABEDES. para prouar lo que dize allega a ellos por testigos ca ellos sabian el apressuramiento del scriuir de esta obra: e esto dize por ventura porque ellos le embiaron escriuano el qual diziendo hieronimo scriuia. ca ansi lo fazian algunos amigos suyos quando le rogauan trasladar algunos libros dela biblia de hebrayco en latin. ca le embiauan los scriuanos e los pargaminos segun dize en algunos prologos dela biblia.

ESCRIUIENDO EL NOTARIO. llamamos notario a qualquier scriuano avn que libros traslade. ca a cada vna letra llamamos nota o figura. e los que fazen estas notas o figuras llaman notarios. porque alos que tienen oficio publico de dar se por su scriptura no llama el latin notarios mas tabeliones porque antiguamente en tablas scriuian CON GRANDE PRIESSA LA DICTAUA O COMPONIA quiere dezir no studiaua muchos dias para escriuir o componer en vno mas abierto el libro griego de eusebio lo tornaua luego en latin e ansi lo scriuia luego al scriuano. por lo qual no podia hieronimo auer grande deliberacion e pensamiento o para apuestamente interpretar o para se apretar de todos los defectos dela traslacion.

Ca. x. del prologo enel qual dize dela traslacion dela biblia por los setenta interpretes e como trasladaron e delos defetos de aquella traslacion.

E AVN DELA. Mostro suso en general hieronimo la dificultad delas interpretaciones aqui la muestra specialmente quanto alos libros dela santa scriptura e para esto pone aqui exemplo de muchos libros e faze dos cosas. primero muestra la dicha dificultad. segundo arguye contra aquellos que piensan no se perder la fermosura dela escriptura enla interpretacion onde dize. e si ALGUNO PARESCE. La primera parte se parte en dos. ca primero pone generalmente la dificultad en todos los libros santos trasladados Segundo especialmente enlos libros que en hebrayco estauan en verso onde dize ALA FINAL.

Cerca delo primero dize. E AVN DELA DUREZA O DIFICULTAD DE ESTA COSA. quiere dezir que en todas las traslaciones ha dificultad e auienen defectos lo qual manifiestan las scripturas santas interpretadas de hebrayco en griego e latino. ca por alli puede ver los veyentes e son tales las interpretaciones como las scripturas originales e si ha defectos algunos e dize ESTA COSA. es asaber la interpretacion enla qual siempre ha dificultad o dureza LA SCRIPTURAS DELOS DIUINALES LIBROS. estos son los libros dela biblia los quales se llaman santos e diuinales. santos por que ensi contienen la muy alta santidad de dios mas principalmente porque son scriptos reuelante dios lo que en ellos esta alos que los scriuieron segun dize sant pedro enla canonica. ij. c. primo. non enim voluntate humana allata est aliquando prophetia sed spiritu sancto spirati locuti sunt sancti dei honores. quiere dezir non fue en algun tiempo por voluntad o ingenio delos hombres trayda o fecha la prophecia mas seyendo por el spiritu santo inspirados fallaron los santos hombres DAN TESTIMONIO. quiere dezir por ellos se prueuan las dificultades que son enla traslacion e los defetos que auienen alos trasladadores. LAS QUALES DELOS SETENTA INTERPRETES. dize que los libros dela santa scriptura trasladados en griego por los setenta interpretes tienen este defecto que no guardan tal saber en griego qual tienen en hebrayco.

Esta es la primera interpretacion que fue fecha dela santa scriptura e ha se de entender del viejo testamento. ca el nueuo testamento avn no era predicado ni scripto quando eran los setenta interpretes. otrosi no auia menester de ser interpretado en griego ca la mayor parte del segun su scriptura original fue en griego scripto mas entiende se delos libros del viejo testamento los quales todos segun su original scriptura fueron scriptos en hebrayco.

Estos fueron trasladados en griego por los setenta interpretes los quales eran varones judios entendidos enel lenguaje hebrayco e griego e fue la interpretacion fecha a ruego e grande instancia de ptholomeo philodelpho rey de egipto el qual era griego. dela qual traslacion mas diremos abaxo en su lugar quando fablaremos de este rey ptholomeo.

Esta fue la interpretacion primera ca ante de agora no dauan copia los judios de sus scripturas o algunas gentes ni consentian que alguna gente sacasse traslado de sus libros. e en tienpo de ptholomeo philodelpho ordenante esto dios para prouecho de su christiandad que despues se auia de seguir. quiso que fuesse sacado traslado de todas las scripturas santas de hebrayco en griego. e fuese fecho por varones sabios judios porque despues no podiessen los judios negar alos fieles christianos la verdad de estas scripturas trasladadas pues por sus letrados judios auian seydo sacadas.

Llamanse setenta interpretes porque fueron setenta o setenta e dos trasladadores segun otros dizen e fueron tantos para que ellos seyendo muchos consejassen e disputassen entresi dela interpretacion que fiziessen e no scriuiesse cosa alguna sin por todos ellos ser vista e aprouada e lo que ansi passasse no podria ser falso o no complido e aueria ningunos o pocos defetos.

Avn que agustino enel libro de dotrina christiana e enel libro de ciuitate dei dixo: que cada vno de estos setenta o setenta e dos por si apartado en vna casa fizo vna interpretacion entera dela biblia e fueron ansi setenta o setenta e dos interpretaciones e acabadas fueron todas juntadas e comparando vna a otra fallaron no hauer vna letra mas o menos en vn libro que en otro ni avn mudamiento de orden en vna palabra. enlo qual parescio ellos auer scripto por spiritu santo ansi como profetas.

E esto niega hieronimo diziendo ellos auer seydo interpretadores e no prophetas e no auer scripto setenta interpretaciones mas vna sola la qual por todos juntos ansi como por varones letrados fue disputada e concordada e no eran apartados. esto dize enel prologo sobre el genesi que comiença. desiderij mei. delo qual avn por ventura mas diremos quando fablaremos de ptholomeo. DE HEBRAYCO TRASLADADAS. en solo hebrayco entonce estauan los santos libros e no fueran avn sacados a otras lenguas e fueron por ellos en griego trasladados.

NO GUARDAN ESSO MISMO SABER ENLA GRIEGA PALABRA. quiere dezir que no guardaron los interpretes enla traslacion delas dichas scripturas toda la semejança al original. e es palabra de methaphora asacada de las cosas que comemos e beuemos en las quales consideramos el saber. ca puestas en vn lugar tienen su saber natural mudadas de alli a otro pierden algo del sabor como paresce enel vino o enlos otros liquores mudando los por diuersos vasos.

E en esto da a entender hieronimo el defeto que ha enla traslacion delos interpretes. e son dos. el vno es defecto que es de semejança de scriptura. el otro es fallescimiento dela sentencia. la qual en algunos lugares no fue complidamente sacada. e este no es solo defecto mas avn error.

Cerca del primero que es defecto causa auia e podia se consentir e perdonar. ca los setenta interpretes trasladauan en griego para el rey ptholomeo para le fazer plazer. e porende su intencion principal era fazer tal interpretacion dela qual fuese pagado ptholomeo. e por quanto el lenguaje griego es fermoso e recibe mucha apostura como enel ayan e ouiessen entonce seydo tan eloquentes varones e todos los griegos se gozauan e gloriauan en eloquencia. e el lenguaje hebrayco sea quasi barbaro quanto ala su manera de fablas e no recibiente ni teniente aquellas fermosuras delos oradores e sea tan apartado dela fabla griega. si los interpretes trasladando quiseran del todo seguir la fabla hebrayca fizieran la traslacion muy mal sonante e torpe en griego.

E esto no quisieron ellos fazer lo primero por fazer al rey pagado el qual era letrado enla lengua griega cosa tan mal sonante aborrecer la ya. Lo segundo por onrra de si mismo. ca setenta varones letrados ayuntados e con deliberacion e consentimiento comun vna cosa fazientes en quanto tiempo ellos quisiessen dexar la tan mal sonante e torpe en griego era prueua que ellos fuessen ignorantes si quier en griego e auria menester que otro la tornasse por otra manera en griego. Lo tercero por honra de su lenguaje hebrayco. ca si ellos podiendo mas apuestamente interpretar trasladassen tan torpe en griego por seguir la condicion dela lengua ebrayca. pareceria a ella ser muy barbara e no teniente ni rescibiente fermosura alguna dela qual tan desdonados traslados salian. Lo quarto fue por temor de ser otra vez tornada en otro stilo. ca ptholomeo viendo la ya en griego puesta pues los suyos la entendian podia fazer que algunos grandes eloquentes e sabios guardada toda aquella sentencia la tornassen en fermosa oracion griega. esto no querian los setenta interpretes: ca en esta guisa su trabajo seria perdido e su obra despreciada e no quedaria su traslacion en memoria lo qual a ellos era triste cosa. pues por todas estas cosas estorcer quisieron fazer fermosa traslacion en griego avn que enla manera dela fabla mucha diferencia ouiesse del original hebrayco.

E a nos otrosi conuenia. ca si no por no ser fermosa la interpretacion. fiziera ptholomeo como dicho es otra vez alos griegos estos libros scriuir quedaran de menor auctoridad e firmeza quanto a nos contra los judios. ca quando de ellos arguieramos dixeran ser falso lo que allegaramos seyendo scripto por hombres fuera de ley lo qual agora fazer no pueden e menos podian luego quando por los setenta interpretes fue sacado aquel traslado. pues ansi no complia e plugo a dios que por entonce ansi fuesse sacada aquella interpretacion hebrayca.

Quanto ala segundo que era defecto dela sentencia muestralo hieronimo en muchos prologos sobre la biblia onde prueua muchas cosas fallescer enla dicha traslacion. e otras cosas falsamente estar scriptas. empero esto no toca aqui derechamente como el aqui diga dela dificultad delas traslaciones e para scriuir verdadero e complido no ha alguna dificultad que sea de parte de la traslacion mas de parte del defecto del saber el qual saber complido se presupone en todos los que han de interpretar. mas toca aqui el defecto que es enla de semejança dela traslacion al original. e por esso dize que no guardan en griego el saber que tienen en hebrayco.

Empero hieronimo con proposito puso aqui de la traslacion delos interpretes para mostrar el defecto e que fue necessario fazer otra traslacion de hebrayco ca esto es lo que en toda parte delos prologos dela biblia demuestra respondiendo alos que le acusauan ser su interpretacion superflua estando la delos interpretes ansi como le acusa agustino enel libro. xviij. de ciuitate dei e otros emulos delos quales se quexa.

Cap. xi. Del prologo enel qual fabla hieronimo delas tres traslaciones dela biblia de aquila e simacho e theodocion e para que fueron e en que concuerdan o discuerden sus defectos.

POR LO QUAL aqui confirma hieronimo la razon puesta enel c. precedente onde dixera que enlas scripturas diuinales trasladar ouo grande dificultad e defeto lo qual prouo por la traslacion delos setenta interpretes la qual no tenia tal saber en griego como en ebrayco aqui prueua como no tiene vn sabor en ambas partes. ca dize que por la desemejança grande dela traslacion delos interpretes creyeron aquila symacho e theodocion que auia menester otra traslacion lo qual nunca creyeran si vieran que ninguna cosa fallecia ala traslacion delos interpretes es asaber si fuera semejante en palabra e complida e verdadera en sentencia. AQUILA SIMACHO E THEODOCION. estos fueron interpretadores dela biblia. e cerca de ellos yerran algunos pensando que estos fueron delos setenta interpretes e que fueron delos principales que estos se ponen por nombre e los otros no. e no es verdad ca estos son otros interpretes.

Lo primero porque cada vno de estos fizo vna interpretacion por si e los setenta fizieron todos vna.

Lo segundo porque las interpretaciones de estos tienen entre si grande diuersidad segun aqui dize Hieronimo. e la delos setenta interpretes no tiene diuersidad. porque es vna sola. o segun agustino e otros dizen fizieron tantas quantas ellos eran. empero no ouo vna letra mas en vna que en otra. e ansi quedaron todas por vna. empero las de simacho aquila e theodocion siempre quedaron diuersas pues no fueron ellos delos interpretes.

Lo tercero porque estos no fueron en tiempo delos setenta interpretes mas mucho despues e viendo la interpretacion de ellos mouieron se a fazer otra interpretacion segun aqui dize.

Lo quarto porque avn estos tres no fueron en vn tienpo. ca primero fue aquila e despues theodocion e despues simacho avn que otros ponen a simacho ante de theodocion.

E estos fueron grande tiempo despues dela interpretacion fecha por los setenta interpretes. ca aquella fue fecha año segundo de rey ptholomeo phila del philosofo de egipto lo qual fue ante del nascimiento de christo dozientos e ochenta años. e estos fueron despues de christo grande tiempo. ca se falla de aquilla que fue ciento e quarenta años despues. theodocion fue quasi ciento e ochenta despues de christo. simacho fue quasi dozientos e diez e ansi podia vno veer la interpretacion del otro avn que si las vieron no es a nos cierto.

Es de saber que estos tres fueron judios e sabidores en griego por lo qual touieron deseo de trasladar de hebrayco en griego. ca si fueran griegos o no ouieran libros hebraycos o no supieran la lengua hebrea. ca los griegos creyendo que tenian la mas excelente delas lenguas enla qual todos los saberes auia no aprehendian otras lenguas pensando que no podian por ellas algun saber alcançar que no ouiesse enla lengua griega. e ansi lo dize hieronimo enel libro. de illustribus viris. que origenes contra costumbre de su gente e nacion seyendo griego aprehendio la lengua hebrayca. e ansi contra costumbre delos griegos era de aprehender hebrayco. por lo qual estos tres los quales fueron ante de origines e trasladaron de hebrayco en griego necessario era que fuessen judios o de su linage.

Estas traslaciones todas de estos tres fueron en griego. e esto se prueua. ca ellos trasladaron de hebrayco e no en latin pues trasladaron en griego. ca si en latin trasladaran no paresciera necessario fazer traslacion despues de hebrayco en latin como fizo hieronimo e no dixeran ser la de hieronimo la primera que se fizo de hebrayco en latin segun afirman.

Lo segundo e principal paresce esto: ca simacho aquila e theodocion fizieron traslaciones de hebrayco mouidos segun aqui dize hieronimo por la interpretacion delos setenta ser discordes delos hebreos quasi para suplir el defeto de ella. empero la delos setenta para en griego. pues las de aquila. simacho e theodocion auian de ser en griego. ca en otra guisa no aprouecharian para remediar enel defeto dela interpretacion delos setenta.

La causa por que en griego trasladaron ser podia porque eran sabios en lengua griega e no en latina.

La segunda por que no auia en latin causa de interpretar. ca estos interpretaron como en remedio del defecto dela interpretacion delos setenta los quales en griego escriuieron pues no trasladarian en latin e en latin no auia alguna traslacion avn dela biblia a cuya emendacion estos interpretassen pues tenian grande causa de escriuir en griego e en latin no tenian alguna causa.

La tercera porque el studio dela biblia comienço entre los latinos despues que auia christianos que de ella curasse. empero en tiempo de estos tres interpretes auia pocos christianos e eran derramados e ascondidos por la persecucion que les fazian e mas era el su studio en se amparar enla fe que tenian e apartarse delos perseguidores que en leer enlos libros del viejo testamento pues no auia por quien quisiessen estos trasladar en latin.

Mouidos es asaber por la grande discordia que auia entre la traslacion delos interpretes e la letra hebrayca. ca les parescio que no era bien dexar sin emienda aquella traslacion la qual todos como buena seguian e no era buena.

A pocos quiere dezir poco falta que no fizieron cosa diuersa del todo. ca por que entre las interpretaciones de estos quedo alguna semejança de sentencia no fue obra del todo diuersa. **DE VNA MISMA COSA OBRA DIUERSA E MUCHO DESEMEJANTE** fizieron. esta cosa vna es la scriptura del viejo testamento fizieron la qual ensi es vna e no muchas empero en esta vna cosa tanta diuersidad touieron estos tres en interpretar que poco falto que no fizieron cosa del todo diuersa e avn que no es diuersa es mucho de semejante.

E prueua aqui hieronimo bien su intencion que sea cosa dura el interpretar como estos quiriendo interpretar tanta diuersidad entre si touieron que de vna cosa fizieron a pocas tres cosas diuersas empero si en bien interpretar no occurriessen dificultades no aueniera esto a estos tres interpretes.

EL VNO QUERIENDO TRASLADAR PALABRA DE PALABRA. aqui pone hieronimo la semejança de estos interpretes. ca el vno es el primero es asaber aquila quiso

sacar palabra de palabra scriuiendo ansi como estaua en hebrayco. EL OTRO
QUERIENDO MAS SEGUIR LA SENTENCIA QUE LAS PALABRAS. este es el segundo
aqui nombrado es asaber simacho. e como este siguiesse la sentencia principalmente auia grande de semejança ala letra hebrayca EL TERCERO QUERIENDO
MUY POCO DELOS VIEJOS ORIGINALES SE APARTAR. este es theodocion e este
touo otra manera de trasladacion que aquila e simacho. e en latin dize sola
mente veteribus que quiere dezir delos viejos. onde yo traslade los viejos originales e puede se en dos maneras entender poniendo solamente viejos. la vna
que se entienda delos interpretes setenta los quales son viejos porque ante de
ellos no ouo interprete alguno dela escriptura. esso mismo porque entre theodocion e los setenta interpretes son bien quinientos años o quasi de tiempo segun
paresce delo suso dicho e en tanto tiempo se podian llamar los viejos los setenta
por respecto de theodocion e ansi querria dezir que theodocion se aparto poco
delos viejos que son los setenta interpretes. ca su interpretacion e la delos setenta fue asaz semejante avn que en algunas cosas tiene diuersidad.

La otra manera es que se entienda dellos viejos libros que son los originales. e
quiere dezir que theodocion touo media manera entre aquella e simacho porque
cada vno de estos dos touo en alguna cosa diferencia grande delos originales e
theodocion touo poca. e este seso es mas razonable por lo qual traslade delos
viejos originales declarando aquella palabra por no dexar dubda o obscuridad.

Cerca de estos tres interpretes es de considerar que touieron vna cosa comun
entre si e otras touieron enque discordaron. la cosa comun es ca todos ellos creyeron que la interpretacion delos setenta tenia algunos defectos e que auia
menester emienda e que no era digno ansi la dexar. e por esso todos tres se
mouieron a interpretar creyendo cada vno que su interpretacion era emienda
dela traslacion delos setenta.

La diuersidad que touieron fue que no interpretaron por vna manera mas por tres
segun pone hieronimo aqui enla letra e esto fue por que no concibieron por vna
manera el defecto dela interpretacion delos setenta. por lo qual cada vno interpreto poniendo remedio contra aquello enlo qual creyo consistir el defecto.

Que la vio que los setenta interpretaron en griego e la su letra es muy apartada
dela palabra griega e esto fue por fazer fermosa la interpretacion tal qual conue-
niesse ala lengua griega o por otras qualesquier causas fuessen. aquila creyo
que salia de condicion de interprete fazer tanta diuersidad por lo qual fue toda
su intencion concordar con la letra hebrayca no mudando orden ni palabra.

E este estorcia vn daño ca tenia semejança con la letra del original e ansi parescia
ser traslacion e no glosa ni obra nueua apartada del original empero tenia algunos
daños. el primero es que seria mal sonante e fea no concordante ala palabra
griega. ca el que traslada en alguna lengua deue trabajar de escriuir las sentencias segun conuienen ala manera de fablar de aquella lengua e de fazer palabras

fermosas e buen stilo. e esto no podia fazer aquella. ca como la manera de fablar griega e hebrayca sean entre si muy apartadas seguiendo del todo la condicion dela lengua hebrayca era necessario de se mucho apartar dela condicion dela fabla griega. e ansi lo que en griego escriuiesse seria todo contra condicion dela lengua griega e mal sonaria.

El segundo inconueniente e mayor era que no podria poner complidamente la sentencia dela letra hebrayca en griego ca no añadiendo ni mudando orden delo hebrayco sera la sentencia muy obscura en griego en algunos logares no fallaria vocablos en griego respondientes alos hebraycos para que possiesse vno porvno e era necessario de mudar algo enlas palabras o dexar alguna parte de sentencia por poner.

E touo aqui la diuersidad mucha con los interpretes e con simacho. ca los interpretes se apartaron mucho enla palabra del hebrayca. e aquila traslado palabra por palabra esso mismo con simacho ca seguio simacho la sentencia principalmente poco dela letra curando. e aquila por el contrario todo su studio poniendo enla semejança dela letra.

Empero no es de creer que del todo aquila seguio la letra hebrayca no mudando orden en cosa alguna ni siquier vna palabra ca no podria en esta guisa poner en griego la sentencia hebrayca mas en muchos lugares mucho faltaria e no seria stilo para parescer mas es ansi que aquila touo todo su principal cuidado de seguir la letra hebrayca por perescer fiel interpretacion empero en algunas pocas cosas mudaua onde o palabra por la necessidad del lenguaje griego enel qual trasladaua.

Simacho touo cuydado de seguir la sentencia poco curando dela semejança dela letra e este touo vn daño e algunos prouechos. el daño fue que perescia salir de condicion de interpretador e fazer por si obra nueua. e esto no quiere la interpretacion la qual es apartada de glosa e de nueua edicion.

El primero delos bienes era que podia fazer fermosa interpretacion bien sonante enla lengua griega El segundo es que podia ser la interpretacion complida no faltando parte alguna dela sentencia. ca como no se escriuiesse simacho a seguir la letra hebrayca podria por pocas palabras o muchas semejanças o desemejantes ala letra hebrayca declarada mente exprimir todo el seso del original.

Empero alguno dira como penso simacho su traslacion ser conueniente para emienda dela interpretacion delos setenta o que le mouio a enterpretar en aquella manera. ca aquila en algo parescia remediar contra el defecto delos setenta seguiendo la letra dela qual ellos fueron desemejantes. mas simacho no siguio la letra e fue apartado del original ansi como los setenta. pues no paresce que aprouechaua su interpretacion.

Alguno dira que simacho ansi interpreto no por causa delos interpretes mas por aquila. ca viendo que aquila seguiera del todo la letra no declarando la sentencia segun la propiedad dela lengua griega quiso el no seguiendo la condicion dela letra hebrayca trasladar la sentencia complida segun la propiedad dela letra griega.

Empero esto no es verdadero. lo primero porque no paresce que simacho viesse la interpretacion de aquila e no es manifiesto.

Lo segundo puesto que la viesse no se moueria el. ni se mouio como por emienda dela interpretacion de aquila mas por la delos interpretes. ca ansi dize aqui hieronimo que estos tres fueron mouidos a interpretar viendo la diuersidad dela traslacion delos setenta al original.

Lo tercero porque dado que quisiesse simacho seguir la sentencia sola por que aquila seguio la letra quasi remediando contra la interpretacion de aquila no era conueniente: ca ya auia remedio. contra esto enla interpretacion delos setenta la qual no seguia la letra.

Lo quarto porque paresce que no auia diferencia entre la interpretacion de simacho e la delos setenta como aquila seguiesse el seso e no la letra. e esto faria la interpretacion de simacho. e ansi parescia superflua la de simacho.

E ala respuesta verdadera que simacho interpreto no por causa de aquila mas mouido dela interpretacion delos setenta como hieronimo dize e fue como el remedio contra el defecto que en ella auia. e quando dize que simacho no seguio la letra mas la sentencia no es de entender que del todo no curasse dela letra. ca en esta guisa no seria la interpretacion mas seria tan apartada dela letra del original que o se llamaria glosa o nueua obra apartada e diuersa del original del viejo testamento. empero llamose interpretacion pues seguia la letra hebrayca: mas quiere dezir que no fue principal cuidado de simacho seguir la letra hebrayca. mas quiere dezir que no fue principal cuydado de simacho seguir la letra ansi como fue de aquila mas fue su cuydado seguir la sentencia principalmente para la declarar en griego apuesta mente segun la condicion dela lengua griega. e esto fecho seguio la letra quanto pudo. empero porque esto faziendo era necessario de se en muchas cosas apartar o dela orden o dela letra hebrayca dize se que seguia la sentencia como que no curasse dela letra.

E agora es de dezir que la interpretacion de simacho fue para remedio contra el defecto dela traslacion delos setenta e touo diuersidad o desemejança en alguna cosa de ella. e avn que ambas concuerden en desuiar algun tanto dela letra original. discuerdan enel seguir dela sentencia. ca simacho siguio mas la sentencia que los setenta. ca en algunos lugares los setenta no trasladaron complida segun prueua hieronimo trayendo algunas auctoridades del viejo testamento por christo e los apostoles alegadas las quales enla interpretacion delos setenta no se fallan esto pone el enel prologo sobre el genesi que comiença. desiderij mei e en otros lugares. o algunas despues la traslacion corrompieron por ignorancia o voluntad. ansi como hieronimo da entender enel prologo sobre el paralipomenon que comiença. si septuaginta deziendo que si la traslacion delos setenta quedara siempre ansi pura como del hebrayco fue tornada en balde el trabajara a trasladar los libros de paralipomenon. empero porque ella era ya corrupta fue necessario de fazer otra nueua. e esto mismo podia ser en tiempo de simacho pues el ternia causa de interpretar de hebrayco seguiendo la sentencia principal e no la letra para remedio del defecto dela sentencia fallado enla interpretacion delos setenta. Theodocion touo apartada manera queriendo se poco apartar de los originales viejos e esta manera es media entre aquila e simacho aquila seguio del todo la letra simacho la sentencia. theodocion parte vno parte otro. ca el quiso seguir la sentencia e la letra e no podia todo junto complida mente fazer. por lo qual queriendo del todo seguir la condicion dela letra hebrayca era necessario fazer la traslation torpe e el mal sonante e ser poco declarada la sentencia en griego e queriendo que fuesse apuesta interpretacion segun condicion dela lengua griega e complida conuenia mucho apartar algunas vezes o dela letra o dela orden delas palabras. theodocion no quiso algun cabo de estos mas el medio. ca ni fizo muy aprissa ni sonante la traslacion en griego segun condicion dela lengua griega por no se apartar mucho dela letra hebrayca ni del todo se allego ala letra hebrayca por no fazer muy mal sonante e no complida la traslacion e enesta guisa la interpretacion de theodocion poco desuiaua delos libros viejos que son los originales.

Capitulo. xij. del prologo enel qual fabla delas siete traslaciones e de que auctores e quales fizo origines e porque la santa escriptura es en mas baxo stilo que las escripturas delos hombres.

LA QUINTA E LA. Despues que hieronimo puso de algunas interpretaciones del viejo testamento demostrando la diuersidad de ellas pone aqui de otras e fazo dos cosas. lo primero pone la dicha diuersidad delas traslaciones. lo segundo pone vna cosa que de aqui se sigue enel parafo seguiente que comiença DE AQUI VIENE.
Cerca delo primero dize hieronimo LA QUINTA E LA SESTA E LA SEPTIMA TRAS-LACION DELA BIBLIA tantas traslaciones se contauan e nos llamamos ediciones e estas todas entre se tenian diuersidad.
Esto faze a proposito de hieronimo el qual es qui en enterpretar occurren dificul-tades para querer fazer fermosa traslacion e no de semejante del original. e por-que es dificile no aciertan los hombres ligeramente en ello mas quedan siempre algunos defectos e por esto vnos veyendo los defetos de las agenas interpreta-ciones mouieron se ellos a interpretar. ca si vno fiziera vna tal interpretacion enla qual no ouiera defecto alguno no desearia ya otro fazer interpretacion por-que pensara ser superflua. empero porque en quantas interpretaciones se fizie-ron no ouo alguna en que defecto no ouiesse siempre los varones entendidos

codiciaron otras interpretaciones fazer para emendar el error delos passados e porque muchos fueron los que interpretaron e cada vno quiso emendar el error delos otros e ala fin en todos ouo defecto paresce que grande dificultad es interpretar. ca en otra guisa alguno acertara a interpretar sin defecto.

En esta manera fueron siete interpretaciones las quales todas entre si tienen diuersidad. ca no ha vna que del todo concuerde con otra e estas llamamos interpretaciones e ediciones comparando todas estas ala letra hebrayca onde fueron tomadas llamanse interpretaciones porque cada vna de ellas pone la sentencia dela letra hebrayca la qual es tomada ansi como original considerando a ellas entre si porque vna no tiene dependencia de otra ni la presupone ni la ha de seguir llamanse ediciones que quiere dezir obras o formaciones quiere dezir cosas diuersas fabricadas o formadas de nueuo.

Otrosi todas estas ediciones fueron de hebrayco en griego e no fue alguna de ellas en latin ca las traslaciones todas que en latin auia ante de hieronimo eran sacadas de griego e no eran de algunas de estas siete: e porende no fazian cuento apartado contra estas siete para a ellas añadir.

Esso mismo se prueua. ca estas siete interpretaciones fueron fechas porque cada vna queria quitar los defectos delas otras e que por ella paresciessen los defectos delas otras. empero si vna fuera en griego otra en latin no podia esto parescer ca no podiera entre ellos auer comparacion pues necessario era que todas fuessen en griego pues la primera era en griego.

Cuentanse enesta guisa las siete traslaciones. la primera es la delos setenta interpretes. la segunda es la de aquila. la tercera la de simacho. la quarta la de theodocio. la quinta e sesta e septima no tiene ciertos auctores.

Algunos diran que fueron mas traslaciones. ca aqui no se cuenta la de hieronimo. e otrosi muchas otras auia. ca dize hieronimo enel prologo del paralipomenon que comiença si septuaginta. que egipto e alexandria seguian a hesichio interpretador. constantinopla fasta anthiochia seguia la traslacion o libros de luciano martir. e todas prouincias en medio de estas seguian los libros palestinos los quales dezian ser de origenes. e en otro prologo dize hieronimo que tantos eran los traslados como los libros. e ansi paresce que no eran solas siete interpretaciones.

La respuesta es que comun mente solas siete interpretaciones o ediciones nombramos e ansi lo dixo aqui hieronimo. ca si mas soliessen ser llamados interpretaciones nombrara las aqui hieronimo como esto fiziesse mucho a su proposito empero mas no nombro porque mas no auia.

Dela traslacion de hieronimo dizimos que no se cuenta entre los interpretaciones o ediciones. e la razon es porque aquellas son sacadas de hebrayco en griego como dicho es. e la traslacion de hieronimo es de hebrayco en latin pues no se contara con ellas.

Alo de esichio e luciano e libros palestinos es de dezir que estas no son interpretaciones o ediciones mas emendaciones delas interpretaciones e estas no se cuentan entre las traslaciones e la manera de esto fue que en comienço dela yglesia primitiua seguian los christianos la traslacion delos interpretes por aquella fue mas antigua de todas e de mas auctoridad e con grande solemnidad fecha lo qual no fue enlas otras ca de algunas delas otras no paresce el auctor como es delas tres postrimeras: e avn lo mas principal es porque enel comienço dela yglesia primitiua quando començaron los christianos a ver alguna cosa delas scripturas del viejo testamento no auia otra traslacion saluo la delos interpretes. ca la de aquila que fue la segunda quasi ciento e quarenta años despues del nascimiento de christo fue fecha segun suso fue dicho. e ansi aquella que sola era de todos fue tomada e aquella comunmente seguian fasta que hieronimo de hebrayco en latin traslado.

Empero esta traslacion fue despues mucho corrupta por error e negligencia de los escriuanos. e ouo algunos varones entendidos que la quisieron emendar delos quales fue hesichio vno. e la emendacion de este seguio toda egipto e alexandria: otro fue luciano martir e la emendacion por este fecha seguio constantinopla. e toda la tierra fasta alexandria. origines fizo la emendacion que llamaron libros palestinos e estos seguieron las prouincias que son entre antiochia e egipto e ansi estos no fueron interpretes porque no trasladaron mas emendaron lo trasladado e todos estos emendaron vna misma traslacion que es delos setenta interpretes. e porende no se pueden estos contar allende delos libros delas siete interpretaciones ni cosas nueuas como fue cada vna interpretacion.

Alo que dizen de hieronimo que eran tantas traslaciones como libros entiendese del nueuo testamento e no del viejo del qual son estas siete de que agora fablamos e dado que se entiendiesse delos libros del viejo testamento era alguna pequeña diferencia entre los libros la qual agora por ignorancia o negligencia delos escriuanos agora por industria o entencion de algunos fuesse fecha no fue tal ni tanta que meresciesse nombre de interpretacion e ansi solos siete fueron.

AVN QUE A NOS SEA ASCONDIDO DE QUALES AUCTORES FUERON. esto dize porque delas quatro primeras ciertos son los auctores e de estas tres no avn que algunos dizen que las fizo origines. empero no es cierto ni lo creen los letrados mas dizen que las fallo. ansi lo dize hieronimo enel libro de illustribus viris. preterea quinta et sexta et septima edicione quas nos de eius bibliotheca ecclesiam habemus miro labore reperijt et cum ceteris edicionibus comparauit. quiere dezir origines fallo con grande trabajo la quinta e sexta e septima edicion e puso las con las otras ediciones.

No es de entender que las fallo sacando las de su ingenio mas fallo las fechas de otros e con trabajo grande e diligencia las comparo con las otras ediciones o interpretaciones. e ansi se deue entender ca en otra guisa contrario seria hieronimo ansi mesmo como aqui diga que no se sabe de que auctores son estas traslaciones.

Lo segundo porque dizen que estas traslaciones fueron falladas fechas en lugares enlos quales no podieron saber cuyas eran. ca dela quinta edicion dizen que fue fallada en la cibdad de hierico e fue cerca del año de dozientos e doze de christo. la sexta fue fallada enla cibdad de nicopolis enla año de dozientos e veynte e tres. e en este tiempo era origines el qual la puso entre su libros ca el era en aquella tierra de palestina onde ellas fueron falladas.

Lo tercero e principal porque vn hombre no faria tres traslaciones: ca vna interpretacion abastaria seyendo bien sacada e las otras son para emendar los defectos delas primeras traslaciones. empero cada vno puede lo mejor que sopiere sacar vna interpretacion lo qual fecho no le queda cosa de fazer porque alli pone todo su entender cerca dela perfection dela traslacion pues no faria otra traslacion.

Lo quarto porque si fiziesse otra emendaria asi mismo mostrando auer seydo defectuoso. e esto no es conueniente podiendo fazer perfecta interpretacion sin se emendar: pues no es de creer que origines tres interpretaciones fiziesse.

Mas puede se dezir que origines fizo la septima traslacion e fallo fechas la quinta e sexta. e junto las todas e a esto concuerda lo que se dize dela quinta edicion que fue fallada en hierico e dela sexta en la cibdad de nicopolis e dela septima no se dize onde se fallo pues de esta es de creer que la fizo origines e de esto se entendera lo que dize hieronimo enel libro de illustribus viris. la quinta e sexta e septima traslacion fallo con grande trabajo: el fallar se refiere a todas tres avn que en diuersas maneras. ca las dos fallo fechas la septima fizo. el trabajo se refiere ala septima sola. ca en fallar lo que era ya fecho no ouo trabajo mas en fazer lo que no fuera avn fecho ni pensado ouo grande trabajo avn que cerca de las otras dos ouo trabajo no enlas fallar mas en las comparar con las primeras.

Otra avn razon paresce porque la quinta e sexta traslaciones no son de origines ca significa hieronimo ellas ser muchas e ser tantos auctores quantas traslaciones: ca dize avn que a nos sera ascondido de quales auctores fuessen pues dio a entender que muchos auctores auian de ser.

EMPERO TAN MANIFIESTA ENTRE SI DIUERSIDAD TIENEN. todas estas interpretaciones tenian grande diuersidad entre si. ca ansi como de aquila e simacho son muy discordantes seguiendo vna del todo la letra e otra la sentencia ansi en todas las otras auia grande diuersidad la qual no paresce agora especialmente quanto alos tres postrimeros delos setenta e aquila e simacho e theodocion ya diximos suso la diferencia enel precedente. c.

E delas otras no sabemos porque no son agora aquellas ediciones e hieronimo no lo declaro ansi como fizo delas quatro primeras. e la razon es. ca todas las traslaciones saluo la delos interpretes fueron en poca auctoridad tenidas. ca la yglesia delos fieles auia recebido a comienço la interpretacion delos setenta e en aquella perseuero sacados algunos libros speciales los quales no se recebian segun la traslacion de otros interpretes como era del libro de daniel. ca dexada la traslacion delos setenta tomaron la traslacion de theodocion segun dize hieronimo enel prologo sobre daniel

E ansi enlas yglesias sola la interpretacion delos setenta leyan e las otras eran para exercicio delos varones letrados para mas buscar la verdad e eran todos estos griegos por lo qual en latin pocas fueron tornadas o muy poco de ellas vsauan como enlas yglesias no se leyesse. mas la delos setenta que era en griego era tornada en latin e aquella se leya en toda parte.

Despues que hieronimo traslado de hebrayco en latin plugo su traslacion a toda la yglesia mas que todas las otras ca era mejor e en toda parte fue rescibida avn que no en su vida e porende no solamente las otras todas mas avn las delos setenta que primeramente por todas las yglesias era leyda fue desechada e no se escriuio e ansi agora no auemos copia de alguna de ellas para que podamos dezir las diferencias que entre ellas ha

QUE RECIBIERON AUCTORIDAD SIN NOMBRES. entiendese dela quinta sesta e septima. los libros o obras reciben nombre del auctor e del reciben auctoridad o precio ca segun es el auctor en tanto es la obra tenida. e las otras interpretaciones tienen auctoridad e nombre delos auctores porque son conoscidos es asaber los setenta e aquila e simacho e theodocion. estas no tienen nombres de auctores. empero tienen auctoridad ca son recibidas por interpretaciones e cada vna se llama vna interpretacion o edicion ansi como si touiesse nombrado auctor. e esto les vino por la manifiesta diuersidad que en si tienen ca si fuessen sus auctores diuersos avn que los libros no paresciessen tener diuersidad tenian diuersos nombres e diuersa auctoridad. mas si no paresciessen los auctores e los libros no paresciessen en si diuersos no ternian auctoridad por muchos mas por vno. empero paresciendo manifiesta la diuersidad necessario es tener auctoridad diuersa o ninguna e ansi como estas tres ediciones entre si tan manifiesta diferencia tengan avnque no parescieron los nombres delos auctores touieren auctoridad de tres apartadas interpretaciones o ediciones.

De estas interpretaciones todas fabla ysidoro enel li. vj. delas ethimologias diziendo como suso diximos todas ser fechas de hebrayco en griego e nombra los auctores como suso diximos empero pone que la quinta edicion fue fallada e. vj. e. vij fizo o fallo origines. e avn que dize fallo empero porque aparta la sesta dela quinta paresce que quiere ser fecha por origines.

Empero ya diximos que sola le septima fizo origines la quinta e sesta fallo e a esto concuerdan las cosas suso alegadas e la entencion de hieronimo e esto paresce mas verdadero. ca esso mismo afirma ende ysidoro segun la entencion de augustino los setenta interpretes auer fecho setenta traslaciones apartados en diuersos lugares e todas ellas auer seydo falladas yguales e semejantes no añadida si quier vna letra en vn libro mas que en otro: empero esto reprueua hieronimo e asaz razonable mente segun suso dicho es. e por esto no es marauilla que ysidoro algo diga contra lo que dicho auemos. ca enesta parte seguimos la entencion de hieronimo la qual creemos ser mas verdadera.

E DE AQUI VIENE: aqui pone hieronimo vn inconueniente que se sigue de esta diuersidad de interpretaciones e viene derecha mente dela dificultad de interpretar. e es que los que veen la santa scriptura trasladada en latin o en griego tener poca eloquencia e el stilo baxo menosprecian la ante que la lean e esta ligereza de stilo leuiene porque es trasladada. e el interpretador ha de seguir la condicion dela lengua original por que paresca traslado e no cosa agena e lo que es fermoso en hebrayco segun la condicion dela lengua lo paresce torpe e muy mal sonante en latin o en griego e ansi por parescir trasladado queda feo e si fuera de nueuo fecha aquella escriptura en griego o en latin podiera auer mas fermosos concibimientos e apuesto stilo pues de ser trasladada le viene esta fealdad e los que no acatan a esto mas solo al stilo aborrescen la escriptura pensando no ser mejor el fruto dela sentencia que es la corteza del stilo: QUE LAS SANTAS SCRIPTURAS de todos se puede entender: empero mas del viejo testamento.

En todas las santas escrituras de nueuo e viejo testamiento es la sentencia de infinito fructo e el stilo es baxo e muy menor que de otras scripturas humanas compuestas por oradores e de esto fueron muchas causas.

La primera es como algunos dizen la voluntad de dios ca no le plugo que ouiesse figuras ni colores ni apostamiento de fabla enlas escripturas mas que simplemente la verdad fuesse escripta porque no paresciesse ser leydas o creydas las escripturas santas por fermosura de stilo mas por dignidad de su sentencia.

La segunda es porque parescia vn poco repugnar ala dignidad e estado dela santa escriptura poner le pintura de colores de eloquencia. ca estos fizieron los oradores por esforcar las rozones flacas e lo que en sentencia poco valia dulçura e ingenio de palabras atraer podiesse los oydores e por esta razon enla sciencia de menos valor en sentencia vsamos de mas colores de eloquencia ansi es poetria la qual contiene fabulas que son de cosas ni verdaderas ni semejantes averdad ni por si dignas de ser oydas mas tanto es el ingenio dela composicion e suauidad delas dulces palabras que avn los muy entendidos gozan enlas oyr. e ansi los oradores enlas causas del linage demostratiuo que son de loar e vituperar porque no es materia que tenga en si firmeza o necessidad de prouacion vsan de mucho artificio de oracion por dar dignidad alo que la no tiene e no fazemos esto en la natural philosophia ni menos en geometria o enlas artes mathematicas porque en si tienen tanta necessidad de prouocacion que no ha menester acorro de florida eloquencia e como la santa escriptura sea de mas alta dignidad que todas las sciencias o consideraciones humannas su dignidad sola natural abastar avn sobra para que ella sea oyda rescebida e en reuerencia tenida pues no ouo menester flores de rethoricos.

La tercera condicion es por la condicion del lenguaje. ca es escripta la santa escriptura en hebrayco e este lenguaje es ensi de menos fermosura e rescibe menos apostamiento que la lengua griega e latina e porende todas las griegas e latinas scripturas pueden ser de mas fermoso stilo.

La quarta es por ser toda la escriptura trasladada de vn lenguaje en otro. e esto faze la mayor fealdad. ca lo que en vn lenguaje es fermoso tornado de aquel lenguaje en otro segun aquella misma fabla es feo avn que aquel lenguaje del qual trasladamos sea ensi mas fermoso que aquel enel qual trasladamos. e ansi es de dezir que las escripturas que en hebrayco estan no tienen feo stilo segun la condicion de aquella lengua mas son fermosas empero bueltas en griego o en latin mal suenan. ansi como segun la condicion dela fabla vyscayna o vascongada alguna fabla ha fermosa entre ellos: empero no ha tal fabla que tornada como esta en lengua castellana no sea muy barbara.

La quinta es la condicion delos auctores ca avn que en tota la sancta escriptura el principal auctor sea el spiritu sancto el qual inspiro los prophetas e santos para que fablassen como dize sant pedro enla canonica. ij. c. j. aquellos que esta inspiracion recibian eran los segundos auctores e avn que el conoscimiento o prophecia no se mudaua por la condicion de estos como veniesse de dios mudaua se empero la fabla segun la manera de cadavno ca no declaraua lo que conoscia ansi el criado entre los pastores enlos montes como los eloquentes criados entre los hombres apurados en fabla. ansi lo dize hieronimo enla episto-la ad paulinum e en otros prologos. ca el propheta amos llamo al deano e el ansi fabla como que entre ouejas morasse e con los pastores e de cosas pastoriles tractasse.

De ysayas dize hieronimo que es eloquente enel prologo sobre ysayas ad primum de ysaya dicendum quod in sermone suo disertus sit quippe vt vir nobilis et vrbane elegancie nec habens quicquam rusticitatis in eloquio admixtum Quiere dezir ysayas es auisado en su palabra ansi como aquel que tiene fabla de cibdadano e en su palabra no se falla alguna grosseria.

De hieremias dize hieronimo que fue aldeano enla fabla enel prologo de hiere-mias. Hieremias ysaya et osee et quibusdam alijs prophetis videtur sermone rusticior par quippe eodem spiritu venerit. porro simplicitas eloquij de loco eius in quo natus est accidit fuit enim anathontes. quiere dezir hieremias en su fabla fue mas aldeano que ysayas e osee e otros algunos prophetas e en senten-cia es ygual como todos por vn spiritu prophetassen. mas la grosseria dela fabla vino del lugar en que nascio ca fue natural de anathoth e fue vna aldea anathoth delos sacerdotes

E avn que algunos prophetas como afirma hieronimo aya venido la simpleza dela fabla delos lugares de su criamiento e enseñamiento lo qual es cierto no es de creer que toda la diferencia dela fabla les viene de esta parte mas mucho les vino dela manera dela diuinal releuacion plugo a dios reuelar sus secretos a sus prophetas para que ellos los predicassen alas gentes e estas algunas vezes en methaphoras o parabolas o semejanças otras vezes en palabra llama. e quando en methaphora reuela faze ser talos methaphoras qual es la condicion de aquel a quien se faze la reuelacion. por lo qual a ambos amos que era pastor fazia methaphoras de cosas de pastor. es asaber de ganados e de animalias fieras que matan el ganado como son leones e ossos e ansi faze a todos los otros prophetas a cada vno segun su condicion.

E despues faze dios la reuelacion al propheta por esta methaphora. no es en poder del propheta dezir otra ca mudaria la reuelacion de dios e porende agora sea excelente agora aldeano propheta si dios le reuelare sus secretos por vna methaphora de ouejas e leones o fierras otras que las matan e derrainan por aquella methaphora necessaria mente lo ha de declarar el propheta al pueblo e aquel le escriuira.

Empero ha en este dos diferencias entre los prophetas bien fablantes e entre los grosseros. la primera es que alos bien fablantes por condicion de criamiento dios da methaphoras de materias segun la condicion delas cosas en que ellos se tractan e son altas e no de estas cosas baxas alos grosseras da methaphoras de cosas baxas segun su estado enlas quales ellos fablan podrian avn que reuelacion no ouiessen e esto es porque dios da a nos sus dones ansi de saber como de bondad segun la capacidad de aquellos a quien los da e en aquellos enlos quales vieremus methaphoras de mas baxas cosas creer auemos ser hombres de menor saber e menos eloquencia ensi mismos sacada la reuelacion que dios les faze La segunda e principal es que la diferencia dela fabla linda o grossera en qualquier materia viene no dela reuelacion mas dela costumbre e del saber que tiene el propheta ante que le sea fecha alguna reuelacion e la razon es porque dios reuela alos prophetas las cosas e gelas faze entender empero no les da palabras fermosas o torpes segun tiene su habitacion de fabla. ansi como si muchos hombres juntamente viessen vna cosa fazer e cada vno la entendiesse complidamente e mandassen a cada vno de ellos contar lo que vio avn que todos vna cosa contassen cada vno segun la diferencia de su fabla mas o menos apuesta mente la fablaria. e esto propia mente acontesce enlos prophetas que vnos mas fermoso e otros menos apuesto fable porque vno fue criado en eloquencia e otro en grosseria e esto diziendo de tanto que dios alos prophetas reuela las cosas que han de dezir. ansi como se faze enlos que algo veen en sueños. e por ende puesto que las methaphoras delas cosas pastoriles que dios a amos e otros tales prophetas grosseros en fabla beuclo reuelara a ysayas el propheta eloquente vna fuera la cosa reuelada mas no la declararan por vna guisa ca ysayas en apuesta fabla e amos en simple e baxo stilo.

E ansi de aqui parescen las causas porque la sancta escriptura no fue puesta en alta eloquencia mas en stilo baxo.

Alguno de aqui dira que la escriptura del viejo testamento deuio ser de baxo stilo porque fue escripta original mente en hebrayco e dende en griego e latin trasladada las quales lenguas ala hebrayca no conuienen e ha grande dificultad enla traslacion ni puede ser sin muchas impropriedad e desemejança del original o mala sonancia enla lengua en que se faze mas el nueuo testamento fue original mente escripto en griego sacado el euangelio de sant matheo e la lengua griega es apuesta pues deuio ende ser escripto en alto stilo e ansi en latin pudo en semejante o quasi buen son ser scripto

La respuesta es que el nueuo testamento comunmente esta en mejor stilo que el viejo avn que algunas cosas son enel viejo enel buen stilo como aquellas que son en metro ansi como declara abaxo hieronimo e otras que fueron por varones eloquentos escriptas como el libro de ysayas. e el libro dela sapiencia que es de philosopho e otros libros que son del viejo testamento e no fueron por judios mas por griegos scriptos ansi como es el segundo delos machabeos del qual dize hieronimo enel prologo llamado galeato que es sobre los libros delos reyes que de su fabla paresce ser griego.

Esso mismo enel nueuo testamento son todos los libros de vna eloquencia ca no fueron scriptos en vna lengua ni los escriptores por vna arte escriuieron. e el mas eloquente de ellos actos delos apostolos scripto por sant lucas.

E ansi es de dezir que los libros del nueuo testamento escriptos original mente en griego podieran ser de mas alto stilo. e no fueron por tres razones. La primera es por causa delos scriptores: ca ellos fueron judios e tenian la manera de fablar hebrayca e avn que en griego escriuiessen no escriuieron segun la condicion dela lengua mas segun condicion dela hebrea e esto paresce bien en todos los euangelios sacado el de lucas e enlas epistolas de pablo ca tienen manera de fablar hebrayca e ansi no fue alto stilo: e otrosi los scriptores no eran muy entendidos en arte de eloquencia

La segunda es por la condicion delos scriptores ca avn que todo lo que es escripto enel nueuo testamento sea por spiritu sancto dicho cada vno escriuio e fablo segun condicion de su fabla. e por que los mas de ellos eran enel stilo de fablar baxos no fue la escriptura puesta en eloquencia ansi confesso san pablo que el era poco introducto en arte de fabla prima corinthiorum vndecimo capitulo. Nam et si imperitus sermone sed non sciencia. Quiere dezir avn que yo sea simple enla fabla no soy simple enla sciencia. algunos ouo de ellos mas limados enla fabla e escriuieron en mas alto stilo tal fue lucas el qual era sabidor en la griega eloquencia e escriuio en griego e por esso fue de mas alto stilo el euangelio de sant lucas e los actos delos apostoles que todos los otros libros. ansi lo dize hieronimo enel prologo delos actos delos apostolos que lucas sabio fue enla lengua griega.

La tercera e principal fue porque a dios plugo que no fuessen las sanctas scripturas del testamento nueuo en mas alto stilo puestas porque no paresciessen del stilo alcançar su dignidad e auctoridad. e esto paresce: ca como dios alos discipulos dio complidamente el spiritu sancto para saber todas las cosas necessarias aprouechosas para fablar proponiendo o desponiendo delante todo el mundo ansi les diera abastado saber de eloquencia para fazer obras de mas alto stilo que todos los primeros oradores empero no lo dio. pues fue porque no complia al estado dela sancta escriptura. MENOS APUESTO. es a saber que otras scripturas compuestas por los hombres o menos apuesto que sonar podian ca en mayor stilo podieran ser puestas como la materia sea excelente. e MAS ASPERO. dize se mas aspero menos suene o menos agradable ca el sonido aspero no agrada al oyr e esto se faze porque no conuienen del todo a la condicion del lenguaje enel qual son. como sean trasladadas de otro lenguaje discordante al latin. ENLO QUAL LOS HOMBRES SENTIDOS. esta es la opinion mala que toman delas escripturas los quales veen ante que conoscan la sentencia de ellas desechando las luego por el stilo e esto fazen los solos entendidos que saben que cosa es baxo o alto suaue o aspero stilo. ca los ignorantes no fazen diferencia entre vn stilo o otro ni por esso desechan la escriptura mas por no entender la.

NO ACATANDO ELLAS DECLARANDO SER TRASLADADAS entiendese delas escripturas del viejo testamento las quales todas de hebraico son sacadas e dize esto porque si ellos sopiessen que eran de hebrayco sacadas avn que viessen el stilo de ellas menos sonante no las desecharian conosciendo que la aspereza e poca apostura de ellas no vienen dela ignorancia delos auctores mas dela condicion dela traslacion porque el que traslada ha de guardar la semejança del original en quanto podiere e aquel es desemejante ala lengua en que traslada es necessario que no sea apuesta la traslacion enla lengua en que se faze ni otrosi guardara la apostura dela lengua original mas si las escripturas no fuessen interpretadas de hebrayco e fuessen escriptas originalmente en latin en tam baxo stilo no ternian excusacion alguna cerca delos hombres sentidos para que no fuessen desechadas ante que su sentencia fuesse conoscida.

NI LO SABIENDO. Quiere dezir que estos varones sentidos ante que viessen las escripturas sanctas no sabian ser ellas trasladadas de hebrayco ni quando las vieron acataron a esto para saber si con razon las desechan ante que la sentencia conoscan.

MIRANDO LA CORTEZA E AVN NO EL TUETANO. Quiere dezir miran las palabras e no el seso e es methaphora. ca como en la fruta en somo e de fuera esta la corteza ala qual no es para comer e de baxo esta el tuetano para comer ansi enlas scripturas de fuera estan las palabras las quales no aprouechan por si mismas e de baxo esta ascondido el seso por el qual es la escriptura e porende es ansi como tuetano.

AUIENE QUE ANTE ABORRESCAN LA FEA VESTIDURA DELA PALABRA. otra metha-phora es esta. ansi como por la corteza e tuetano son significadas palabra e sentencia. ansi por vestidura e cuerpo porque el cuerpo es por si mismo e la vestidura no es para si mas para el cuerpo. ansi la palabra no es para si mas encobrir el seso. e como auiene de baxo de dura corteza yazer dulce tuetano ansi de yuso de fea vestidura se cubre alas vezes cuerpo fermoso e ambas cosas pertenescen a manera de vna comparacion.

QUE DENTRO FALLEN EL CUERPO FERMOSO DELA SENTENCIA. ansi como de baxo de viles paños yaze de grande fermosura ansi alas vezes en baxas palabras se asconde alta sentencia e quiere dezir como las vestiduras no sean para si mismas mas para encobrir el cuerpo si el hombre sopiesse el cuerpo cobierto ser fermoso no acataria avn que fuessen feas vestiduras mas ante que acate cree tal ser el cuerpo quales las vestiduras por lo qual vista la fea ropa menosprecia lo que de baxo yaze e cae en esto en error. ansi las palabras no son para si mismas mas para significar al. e quando la sentencia fuesse conoscida ser excelente avn que las palabras fuessen torpes no menos preciaria alguno la sentencia. empero ante que la sentencia sea conoscida quien acatare las solas palabras desdonadas menospreciaria toda la obra. e porque las palabras las que primero sentimos e el seso despues conoscemos quien no quisiere tanto se sofrir a exa-minar la valia dela sentencia auerna que deseche fermosa obra por torpes pala-bras. e esto es inconueniente e auiene de ser las palabras dela santa escriptura trasladadas pues daño faze ser interpretadas. ca esto no auernia syendo en latin ansi como en principal o original lenguaje.

Capitulo. xiij. del prologo e dize del psalterio como es de diuersos auctores e todo es en hebrayco en metros de diuersos linages e porque en griego e latin no fue trasladado en metros.

E ALA FINAL puso hieronimo suso dela dificuldad dela traslacion delas escriptu-ras sacras: escriptas en prosa aqui pone delas scripturas que estan en metro e pone primero del solo psalterio despues pone de otras muchas enel parapho seguiente que comiença QUAL COSA SERA.

Cerca delo primero dizen E ALA FINAL. porque esto es la postrimera razon que aqui faze prouando la dificuldad delas traslaciones e la entencion de hieronimo en estos dos parafos es que estos libros todos aqui nombrados son en metro e trasladados en griego en latin pierden mucho dela fermosura e esto es por la dificuldad dela traslacion. ca como tanta diuersidad sea entre la lengua hebrayca ala griega e latina lo que en hebrayco fermoso era e escripto en diuersos linages de versos no pudo en griego ni en latin quidar en aquella fermosura ni ser escripto en versos.

E es de acatar que quando de vna lengua en otra desemejante trasladan quanto fuere mas fermoso enla lengua original tanto mas la fallesceria de su fermosura enel traslado e no se entiende que sera mas torpe la traslacion. ca ante sera mas apuesta. empero mas diferencia avra dela fermosura dela traslacion ala apostura del original que auia quando la escriptura enel original no es fermosa.

Esto paresce por lo que dize hieronimo enel prologo sobre ysayas. Sciendum quod ysayas in sermone suo disertus sit quippe vt vir nobilis et vrbane eloquentie nec habens quicquam in eloquio suo rusticitatis admixtum. vnde accidit vt per ceteris eius sermonis florem traslacio no potuerit conseruare. Quiere dezir ysayas fue auisado en su fabla ansi como noble varon e de eloquencia cibdadana no teniente parte alguna de grosseria en su palabra. por la qual auino que enel menos que en todos los otros podiesse la escriptura trasladada guardan la flor dela eloquencia.

E porende como las escripturas en metro sean mas apuestas que las de prosa. ca tienen mas pinturas de oracion necessario era que enestos libros o partes de ellos que en hebrayco eran en verso menos que dela fermosura fecha la traslacion. ca mucho mayor diferencia queda aqui entre el original e traslado que enlos otros libros dela escriptura porque enlos otros trasladase de prosa en prosa e ha diferencia como de fermosa prosa a no fermosa o a menos apuesta. aqui ha diferencia ansi como de metro a prosa e no son cosas de vna manera o naturaleza.

Qual es cosa mas sonante que el psalterio. Quiere dezir entre todos los libros del viejo testamento qual es libro de mejor son que el psalterio e entiende que no ha otro. e esto prueua porque va por diuersos linages de versos.

Psalterio llamamos al libro que contiene los psalmos de Dauid e de otros ca no fueron todos los psalmos compuestos por Dauid. mas avn ha otros auctores e es de saber primeramente que psalterio propria mente no es nombre de libro mas de instrumento de tañer o sonar cosas de musica. empero de este se nombro psalterio el libro delos psalmos de Dauid porque cantaua vn propheta en psalterio e dezia vn verso en boz e el pueblo presente respondia le. ansi dize ysidoro libro sexto delas ethimologias capitulo segundo. vocatur autem psalmorum liber quod vno propheta canente ad psalterium populus consonando responderet. Quiere dezir llamase libro delos psalmos porque vn propheta cantando con el psalterio el pueblo respondia acordando.

Los psalmos suelen ser dichos de Dauid. empero no son todos suyos ca son muchos auctores pone Ysidoro enel suso dicho lugar ocho sin otros que calla: es a saber Moysen. Dauid Salamon. Asaph. Ethan. Idithum e los fijos de chore. Eman. Errahelita.

Todos estos psalmos de quienquier que sean son en metro scriptos: ca en aquel libro delos psalmos que esdras despues ayunto de todos los psalmos que fechos fallo por diuersos prophetas no puso cosa que en metro no fuesse dos cosas eran necessarias para se llamar psalmos. La primera que fuessen en metro: ca en otra manera no los cantarian. empero todos los psalmos eran para cantar en acordanças de boz e instrumento segun paresce por la palabra suso puesta de Ysidoro. Lo segundo era que touiesse loor de dios ca si fuesse pura hystoria no mesclados loores de dios ni se cantaria ni se llamaria psalmo e esto paresce complidamente en todos los psalmos. ca avn que algunos contengan hystorias otros doctrinas morales no aya alguno que loores de dios no mescle.

EL QUAL ALA MANERA DEL NUESTRO. Aqui declara hieronimo que no solamente el psalterio va escripto en metros en hebrayco mas avn diuersos linages de metros e para esto da exemplo de algunos poetas entre los latinos e griegos que touieron la manera que se tiene enel psalterio DEL NUESTRO POETA ORACIO O FLACO LATINO este era tal como el psalterio.

Cerca de esto es asaber que entre los poetas griegos e latinos fueron algunos que siempre seguieron vn linage de versos ansi como aquellos que toda su obra escriuian en versos exametros. ansi fue entre los griegos el famoso Omero entre los latinos. Virgilio. e ouidio. stacio. Juuenal. lucano e quasi todos o alo menos cada libro fizieron de vn solo linage de versos lo qual se dize por ouidio el qual avn que escriuio en versos heroycos eligiacos que son en dos linages empero el libro que comienço en heroycos todo fue tal e el que començaua en eligiacos todo era de eligiaco dela primera manera es el libro de methamorphoseos o delos trasmudamientos. dela segunda era el libro de arte amandi. e el de remedio amoris.

Otrosi poetas fueron ansi griegos como latinos siguientes diuersidad de versos los quales no fizieron algun libro entero de vna manera de versos. mas partieron los libros por cantares e cada cantar o capitulo es de vn linage de versos. e avn que vn poeta ponga un linage de verso muchas vezes en su obra mas si quier los cantares que estan juntos no son de vn linage de versos.

Estos llaman poetas liricos que quiere dezir vsantes de diuersidad porque no fazen versos de vna sola manera. e de estos fueron muchos entre los griegos ansi como pindaro e symonides e entre los latinos otrosi muchos ansi como oracio. catulo. sereno. marciano. boecio. ca todos estos fizieron versos de diuersa condicion.

El psalterio contiene muchos psalmos los quales todos estan en verso ca no conuiene prosa al psalmo e no son todos de vna condicion mas de diuersas ansi como los nuestros poetas liricos.

En latin e en griego no estan los psalmos en verso. empero bien paresce que en hebrayco no son de vn linage de verso. ca veemos en latin vnos versos de vn psalmo ser mas luengos que los versos de otro psalmo e esto no auiene saluo por la diuersidad. necessario es ser mas luengo verso el tetrametro que el dimetro como sea doblado e mayor el trimetro que el dimetro. e avn que tornados en latin o en griego no quedan tantas sillabas como en hebrayco necessario: ca seran mas o menos. empero el que en hebrayco es tetrametro tornado en latin es mayor que el dimetro despues que tornado.

Que los psalmos no fuessen todos de vn linage de verso pueden ser tres causas. La primera es por no ser los psalmos vna obra ensi continua. ansi como es vn libro de vn poeta es asaber la eneyda de virgilio o el methamorphoseos de ouidio: ca enla obra continua esta bien ser vna sola naturaleza de verso. empero cada vn psalmo por si es vna materia apartada de otro psalmo. pues mejor les esta diuersidad de versos que vnidad de condicion.

La segunda e principal es porque no son todos los psalmos de vn auctor mas de muchos ca son mas de ocho auctores segun suso diximos e vno se gozaua de vn linage de versos que de otro e tenia aquel por mas familiar e aquel vsaua e otro por el contrario e ansi mas ligero era ser de diuersos versos el psalterio que de vna sola manera.

La tercera fue e avn mas principal porque los psalmos fueron fechos en diuersos tiempos ansi como fueron diuersos auctores e no los fizieron a entencion que fuessen vna obra mas cada vno fizo los suyos e ansi no curo de conformar al linage de verso delos psalmos primeramente fechos. auino despues que hesdras los ajunto todos en vn libro e ansi fueron de diuersos. estos todos psalmos en hebrayco verso scriptos no fueron interpretados en griego ni en latin en verso. e la primera razon fue porque los setenta interpretes los quales primeramente de hebreo trasladaron no los tornaron en verso como eran en hebrayco. e ansi despues los que trasladaron de griego en latin no podieron en verso los trasladar e los que de hebreo tornaron en griego o latin no curaron interpretar en verso semejando alos setenta.

La segunda razon fue por la dificultad. ca la lengua hebrayca es muy desemejante ala griega e latina por lo qual tornar verso de vna en verso de otra fue dificultad. ca ni son yguales los vocablos los semejantes sillabas. e porende en prosa puede se fazer traslacion porque no se guarda alguna medida mas en verso no se puede fazer saluo entre los lenguajes mucho semejantes.

La tercera es por la diuersidad de versos. ca los psalmos no son de vna manera de versos mas de muchos como dicho es e si se tornara verso en verso auia de ser semejante. ca no se tornarian heroycos en elegiacos ni tetrametros en dimetros empero tanta diuersidad hebrayca tornan en semejança latina era mucha dificultad e mayor que si todos se ouieran de tornar avn linage de versos e por esto no ouo alguno que de verso hebrayco fiziesse verso griego ni latino.

E ansi no solamente los setenta interpretes primeros no trasladaron en verso griego mas avn todas las otras seys traslaciones o ediciones suso nombradas no

fizieron verso alguno en griego avn que todas fueron de hebrayco en griego.
otrosi Hieronimo que de hebrayco traslado en latin no fizo verso alguno.

E no solo fue esto enel psalterio mas avn en otros libros onde estan versos enel
hebreo ansi como en Job. e ansi como enel cantico del deuteronomio e de ysayas e enlas lamentaciones de hieremias. ca en ninguno de ellos fueron guardados versos en latin. mas para dar algun conoscimiento que en hebrayco estas
obras sean en versos fueron puestas algunas señales. como enel psalterio los
psalmos son partidos por versos los quales no son metros ca no estan en cierta
medida o cuento de sillabas ni de pies ni en quantidad de tiempos luengos o
breues sin lo qual no se faze metro mas quantos metros son en hebrayco en
cada psalmo tantos versos apartados son agora enel

E por esta misma manera enel cantico de ysayas e deuteronomio e todos los
otros canticos dela escriptura son apartamiento de versos enlas lementaciones
de hieremias no solamente se posieron de partimientos a manera de versos. mas
avn encomienço de cada vno posieron el nombre de vna letra hebrayca a dar
entender que aquellos metros de hieremias allende de ser metros seguieron la
orden del alfabeto. ca si vno comiença el otro enla segunda e ansi fasta la fin
e en esta guisa fizo hieremias tres alphabetos e fizo otro quarto enel qual tres
versos juntos comiençan de vna letra e otros tres siguientes comiençan de
otra letra e ansi fasta la fin. enel Iob avn que la mayor parte del sea en metro
entre los judios no posieron señal alguna ansi como si no ouiesse ende algunos
versos.

Dize **DEL NUESTRO POETA ORACIO O FLACO LATINO.**

E dize del nuestro porque es latino ansi como hieronimo el qual esto fablaua a
diferencia de pindaro e de los otros griegos. e llamose flaco o oracio: ca todo es
nombre de vn varon segun costumbre delos romanos los quales ponian a cada
hombre dos o tres o fasta quatro nombres enel latin solo dize del nuestro flaco.
e no dize poeta ni latino. mas yo esto añadi por entendimiento e quitar equiuocacion. ca flaco es oracio. mas porque este nombre flaco no es tanto conoscido
como este nombre oracio añadi este nombre oracio. e porque no pensassen
entenderse de otro oracio añadi poeta e porque dize nuestro añadi latino.

E dize **PINDARO GRIEGO.** comparo lo a dos poetas vno griego otro latino. oracio
fue latino e pindaro griego e ambos vsaron de diuersos linages de metros ansi
se faze enlos psalmos. compara aqui hieronimo el psalterio a dos poetas liricos
vno griego otro latino: ca esto abastaua para conoscimiento de sus versos mas
enla epistola que escriue a paulino comparo lo a seys poetas diziendo dauid
simonides noster pindarus e alcheus flacus quoque catulus e serenus christum
lirat personat e indecacordo psalterio a mortuis existat resurgentem. e de estos
seys los dos primeros son griegos los quatro siguientes latinos e todos son poetas liricos. fue pindaro poeta muy famoso entre los griegos al qual mucho loo

oracio diziendo que no le podia alguno remediar ni dignamente sus versos en latin trasladar.

AGORA CORRE CON JAMBO. en esto declara hieronimo algo dela diuersidad delos metros del psalterio e dize: que algunos de ellos son jambicos.

Los metros tienen diuersos nombres enel latino enel griego. e algunos se nombran de los pies algunos delos auctores algunos delas materias e por otras guisas segun dize ysidoro enel primo libro delas ethimologias. delo primero ansi como asclepiado. gliconio archilogico. delo segundo como datilico anarestico. jambico delo tercero como heroyco elegiaco.

Esta materia delos metros e de sus pies declaramos largamente enel comento latino sobre eusebio e en vulgar ni se puede entender ni entendida aprouecharia como no aya linage alguno de metros en vulgar mas en latin aprouechan mucho por la diuersidad delos metros.

E no nombra aqui hieronimo todos los linages de versos: ca muchas maneras son mas puso exemplo de algunas e por aqui se entiende delas otras. e llamo aqui jambo que es nombre de pie ca los metros se muden por sus pies. e nos vsamos agora seys pies los antiguos vsaron mucho e vno de ellos se llamo jambo el qual tiene dos sillabas la vna breue la otra luenga e pone se este pie por nombre de verso e llamanse versos jambicos aquellos enlos quales el pie jambo es principal e tal es el primero cantar dela primera tragedia de Seneca que comiença. soror tonantis. ca todos los metros de aquel cantar son jambicos. e otros muchos son tales.

E dize que corre con jambo en tres maneras. lo vno porque toda la scriptura de metro es mas corriente que la de prosa por que no van entresi proporcionadas las sillabas en longura o en breuedad como enel metro. lo otro porque jambo es pie e nos corremos con nuestros pies ansi se dize que los metros con sus pies corren e la coprosa no tiene pies por lo qual a ella no damos correr. Lo tercero porque jambo es propio para correr porque sube teniendo la primera sillaba luenga la segunda breue.

AGORA SUENA CON ALCHAICO. es alchaico nombre de verso e nombrase del auctor fue alcheo vn poeta latino de diuersidad de versos e el en especial. el seguia mas vna manera de versos e aquellos versos llamaron alchaicos del nombre de alcheo e tales versos como estos ha muchos enel psalterio. e por esso dize aqui hieronimo que suena enel psalterio con verso alchiayco.

E esto paresce ser verdad. ca hieronimo enla epistola que escriue a paulino pone seys poetas alas obras delos quales los versos del psalterio son semejantes e de estos el tercero es alcheo. pues del se nombraron los versos alchaycos.

Empero no deuen entender que alcheo fallasse estos versos e psalterio recibiesse semejança del mas es por el contrario. ca fueron los autores delos psalmos mucho primero que alcheo e pues ellos aquel linage de verso vsaron no fue fallado por alcheo. mas llamar se puede alchayco. Lo primero porque el lo fallasse. ca avn que entre los hebreos ouiesse aquel linage de verso entre griegos ni latinos no lo auia ni sabian que lo ouiesse entre los hebreos podria alcheo de su ingenio fallar aquella manera de verso ansi como si nunca ouiera seydo por alguno fallada.

Lo segundo porque podia ser que alcheo fuesse el primero delos latinos e griegos que supiessen este linage de verso ser entre los hebreos e dende tomasse ingenio para scriuir en latin e porque el era el primero al qual los latinos veyan vsar de aquel verso llamaron lo auctor.

El tercero porque los versos se nombran a vegadas de aquellos que de ellos mucho vsan avn que auctores no fuessen como dize ysidoro li. primero delas ethimologias del metro asclepiado que se nombra de asclepiades el qual no lo fallo mas de el vso muy altamente e ansi entre los latinos vsaria alcheo este linage de verso e aueria nombre del.

E porque nos no podemos conoscer las cosas hebraycas saluo por respecto delas latinas para dar a entender que tales versos auia en hebrayco nombro hieronimo aquellos que auia en latin nombrados delos latinos avn que primero fuessen entre los hebreos.

AGORA SE LEUANTA CON SAPHICO. otro linage de verso es saphico e nombra se ansi del auctor e fue vna muger entre los griegos llamada sapha la qual esta manera de versos mucho vso e primero fallo e despues todos los poetas liricos tomaron este linage de verso e del mucho vsaron ansi lo faze el boecio li. ij. de consolacione metro. iij. que comiença. cum polophebus e metro. vj. que comiença. nouimus quantas e li. iiij. metro. vij. que comiença. bellabis qui vis e seneca enlas tragedias mucho lo vsa. e el vocablo puesto en latin por el qual nos diximos se leuanta puede significar leuantar o resplandescer e pertenesce ala fermosura del verso.

AGORA ENTRA CON SEMIPES O MEDIO PIE. todo es vna cosa empero esto ansi puse porque semipes mas se ha de nombrar. ansi como nombre proprio por este nombre latino que como nombre apelacio por el su significado que es medio pie ansi como fazemos enla musica deziendo: maxima e minima. e fablando en vulgar ansi las llamamos como que fuessen nombres propios e no les damos sus significados como a nombres apelatiuos deziendo la muy grande e la muy pequeña.

E dixo que entraua con semipes porque auia algunos versos entre los hebreos que vsauan a semipes o acabauan enel e cerca de esto es de saber que comunmente los versos todos tienen pies enteros e no sobra sillaba ni mengua otras vezes sobra o mengua el verso en que sobra sillaba vna llamase ypercatalecto. el verso en que fallesce vna llamase catalecto. el verso en que ni fallesce ni mengua llamase acatalecto.

E el semipes paresce enlos versos pentametros que son de cinco pies. ca ende son cinco pies los quatro enteros e vno partido porque en fin delos dos pies primeros queda vna sillaba sola que faze medio pie e ambos medios pies farian vn pie si fuessen juntos empero no son e por esto se llama de cinco pies e siempre el pentametro acaba en medio pie. ca con el cierra el verso.

Capitulo. xiiij. quales scripturas dela biblia son en hebrayco en metro e en que metros e porque suenan mejor las escripturas trasladadas de hebrayco en griego que trasladadas en latin.

QUAL COSA SERA despues que hieronimo especialmente dixo del psalterio que va por versos demuestra aqui de otros libros del viejo testamento scriptos por versos e como en ellos se pierde la fermosura dela fabla.

E dize QUAL COSA SERA MAS FERMOSA dize ser muy fermoso el cantico deuteronomio tanto que no aya cosa mas fermosa. e esto dize se por grande loor a demostrar quanto se pierde de fermosura enla traslacion como entre nos aquel cantico no tenga mas fermosura que vna prosa. ca el en prosa esta entre nos trasladado.

E bien fizo mencion dela fermosura de este cantico ca este es la primera cosa. que sabemos ser scripto en verso. EL CANTICO DEUTERONOMIO. es deuteronomio nombre de vn libro. ca al quinto libro de moysen ansi llama e quiere dezir deuteronomio nueua ley o segunda ley porque moysen en aquel libro repetio la ley passada e dio nueua ley allende dela que auia dios dado enel monte de sinay segun se dize deutero. xxix. c. el cantico deuteronomio es vn cantico que esta enel. c. xxxij. e comiença audite celi el qual cantico moysen canto delante delos fijos de ysrael.

E este cantico esta en hebrayco scripto en versos e son versos heroicos o exametros que son de seys pies segun quiere ysidoro. li. primo delas ethimologias e hieronimo lo significa aqui. e en esta manera los primeros versos exametros que enel mundo fallamos fechos son los que moysen fizo en este cantico. ca omero el qual vso delos versos exametros e los llamo heroicos segun dize ysidoro e todos los otros poetas delos griegos fueron mucho tiempo despues de moysen segun prueua eusebio enel prologo siguiente. e ansi ante que omero e avn orpheo e poeta alguno vsasse de versos mucho tiempo moysen fizo este cantico deuteronomio el qual es en versos exametros.

Otro cantico esta enlos libros de moysen enel segundo libro llamado exodo enel. xv c. que comiença cantemus domino. e esta en metro. e por ende entrenos avn que da partido en versos como los psalmos del psalterio e como todos los otros canticos e no curo aqui de fazer mencion del ca asaz bastaua de algunas cosas puestas en verso fazer mencion.

E **DEL CANTICO DE YSAYAS.** quiere dezir que no ha otra cosa mas fermosa. e
otrosi este fue traslado en prosa e perdio la fermosura: enel libro de ysayas son
dos canticos e ambos estan en verso e no faze aqui mencion de qual de ambos
entienda porque basta dezir de qualquier de ellos. e el vno de ellos fizo ysayas e
comiença. confitebor tibi domine. e esta ysa. xij. c el otro fizo el rey ezechias
quando fue libre dela enfermedad por virtud de dios. e comiença. ego dixi in.
dimidio. e esta ysayas. xxxviij. c. e no paresce de qual de estos fabla hieronimo
por quanto ambos estan en metro e nos los tenemos partidos por versos avn que
no sean en metro.

Alguno dira que se entiende del solo primero por quanto aquel fizo ysayas e el
otro no fizo el mas fizo lo ezechias. La respuesta es por qualquier de ellos o
por ambos se puede entender ca ambos son de ysayas. el vno es de ysayas porque el lo fizo. el otro es suyo porque el lo escriuio e si no lo escriuiera no fuera
agora conoscido ni de nos sabido e ansi mas es agora de ysayas del que del rey
ezechias.

QUAL COSA SERA DE MAS GRAUEDAD O DE PESO DE SENTENCIA. esto es loor delos
libros de salamon e pone se para entender quanto se pierde de su loor e fermosura enla traslacion. ca en hebrayco estan en verso e entre los latinos e griegos
estan en prosa.

E llamamos graue la pesada cosa ansi como el fierro o plomo e de aqui por
methaphora llamamos hombres graues e palabras graues. llamase hombre graue
aquel que tiene maduro seso e gesto assentado e ni es muy risueño ni se mueue
de ligero a fazer las cosas ansi como la cosa pesada es de trabajoso mouimiento
la palabra llamamos graue quando es llena de sentencia la qual es peso e por el
contrario llamamos palabra leuiana la que tiene poca sentencia e ansi no tiene
dentro ensi peso alguno.

En esta guisa los libros de salamon son de grande grauedad porque tienen muchas
sentencias e dize enel latin qual es cosa mas graue e yo añadi o de mas peso
de sentencia por tirar la dubda dela sentencia. ca diziendo solo de mas grauedad
podia se entender de mas dificultad de sentencia e no es este el seso e añadiendo
peso de sentencia es tirada la equiuocacion.

QUE LOS LIBROS DE SALAMON. estos son tres libros es asaber las palabras o parabolas o prouerbios ecclesiastes. e cantica canticorum. otros avn llaman libros de
salamon. al libro dela sapiencia. e al libro dicho ecclesiastico. empero no es verdad. ca el libro dela sapiencia es de vn judio sabio llamado philon el qual era
viuo en tiempo de christo e avn despues en nombre delos judios fue el embaxa-
dor al emperador gayo caligula contra los alexandrinos e el moraua enla cibdad
de alexandria. ansi lo afirma hieronimo enel prologo de esse mismo libro dela
sapiencia. el libro ecclesiastico no fue fecho por salamon mas por iesu fijo de
sirach morador de hierusalem segun que por el mismo libro paresce. e ansi no

son otros algunos libros de salamon saluo los tres primeros nombrados. e avn
que otros ouo no fueron scriptos enla santa scritura.

E QUAL COSA MAS COMPLIDA QUE JOB. quiere dezir no puede ser fallada scriptura alguna mas complida que la de job. dize se complida porque enteramente
tiene todas las partes dela argumentacion segun forma de logicos lo qual no
tiene algun libro dela santa scriptura ansi lo dize hieronimo en vn prologo.

Los quales todos entienden se de todos los libros nombrados psalterio cantico
de deuteronomio. e de ysaias e los libros de psalmo e job. e no solo estos mas
avn los treuos de hieremias son en verso e van por letras del alphabeto como
suso diximos e delos libros suso dichos no son todas las partes de metro mas
algunas.

El psalterio primero entre todos nombrado es todo en metro. ca no ha psalmo
alguno que en prosa sea. el cantico de ysayas e el de deuteronomio son todos en
metro. ca no ha cantico alguno sin metro ansi como son los psalmos.

El libro de job el qual dize ser cosa complida va en metro empero no todo mas
vna parte del. ca el comienço e la fin sin prosa son en prosa e lo de medio esta
en metro. ansi lo dize hieronimo enel prologo ca desde comienço del libro los
dos primeros capitulos fasta comienço del tercero onde dize Pereat dies in qua
natus sum. es prosa lana e desde la dicha palabra fasta el postrimero capitulo
onde dize Iccirco ipse me deprehendo et penitentiam ago. es todo en metro. e
dende fasta la fin que no es avn vn capitulo entero va en prosa baxa. e ansi tres
capitulos del libro de job son en prosa e treynta e nueue son en metro.

Delos libros de salomon dizen algunos que son en hebrayco. todos en verso.
algunos dizen que sola vna pequeña parte delas parabolas o prouerbios de salamon e es enel capitulo postrimero onde dize. Mulierem fortem quis inueniat.
empero es de dezir que hieronimo aqui no solo dixo de aquella parte la qual es
vn solo capitulo del libro. ca en esta manera no dixera los libros de salamon
mas nombrara especialmente aquella parte del libro o siquier dixera de todo el
libro delos prouerbios mas nombro los libros de salamon. o a salamon absoluta
mente pues mas quiso dar entender.

No paresce abierta mente que se deuia en esto dezir porque hieronimo no fablo
claro. empero si tener quisieremos que en hebrayco sean los libros de salamon
en verso diremos que aquella parte nombrada es a saber mulierem fortem no
sola mente es en verso. mas avn va por la orden delas letras del alphabeto ansi
como los treuos de hieremias. lo qual pocas vezes se faze en metro. ca el psalterio que es todo en metro e quasi todo el job e los suso dichos canticos no van
por las letras del alphabeto ni alguna scriptura en toda la biblia hebrayca va en
metro por la orden delas letras saluo los treuos de hieremias e aquella parte
nombrada de salamon. e por esto especialmente esta parte nombramos. avn que
las otras partes delos libros de salamon sean en metro.

ANSI COMO JOSEPHO E ORIGENES TESTIGUAN a estos dos auctores nombra hieronimo si estos libros en hebrayco fuessen en metro o no como el touiesse complido conoscimiento dela lengua hebrayca. e allende de esto conoscia la condicion e linage diuerso de metros. por lo qual asconderse le no podia si eran o no las dichas escripturas hebraycas en metro.

E avn se prueua mayor mente porque el nombro los linages de metros hebraycos segun los latinos deziendo que eran tales como los metros de oracio latino o de alcheo. e esto no nombraria origines el qual era griego e escriuia en griego. mas de si mesmo los nombro hieronimo pues conoscia el que en hebreo estauan en metro estas escripturas mas nombro a estos dos por auctorizar su palabra. ca alguno no creeria a hieronimo en esta parte e veyendo que josepho e origines lo dezian creer lo yan.

E Hieronimo nombro a estos dos mas que a otros algunos porque estos podian dar testimonio como ambos sopiessen la lengua hebrayca. ca Josepho era judio e ansi en su lengua era sabidor Origines era griego empero aprendio la lengua hebrayca como dize Hieronimo enel libro delos esclarescidos varones Origines contra condicion de su gente la lengua hebraica aprendio pues podia dar testimonio dela prosa o verso hebrayco.

Lo segundo por quanto el vno era judio e otro griego e concordauan en vna sentencia. Ca si fueran ambos judios e dixeran ser en metro algunas scripturas hebraycas podieramos sospechar que lo fazian por loar su lengua. empero como Origines sea griego el qual dela lengua hebrayca no tenia alguna affecion para la loar es de creer su palabra concordante con la sentencia de Josepho.

Lo tercero porque delas scripturas de estos podian los latinos auer testimonio como ellas fuessen en latin. ca Josepho en latin escriuio e origines avn que escriuio en griego fue en latin trasladado e delas escripturas de ambos podian los latinos saber la verdad: otros sabios hebreos auia que esto affirmauan empero como sus escripturas no fuessen tornadas en latin no podian: vincencio e galieno alos quales hieronimo escriuia e los otros latinos auer dende testimonio.

COMPUESTOS DE VERSOS EXAMETROS E PEOTAMETROS. en estas obras suso nombradas ha versos exametros e pentametros e son exametros de seys pies pentametros de cinco como suso diximos. e no es de entender que en solos exametros ni pentametros esten escriptos en hebrayco todas las suso dichas escripturas. ca el psalterio es delas suso dichas scripturas e el es en metro saphico e alcayco e segun los otros linages de versos delos quales vsan oracio e pindaro empero estos no son exametros ni pentametros ca muy pocas vezes los poetas liricos quales son pindaro e oracio vsan de exametros e pentamietros mas de versos de otras maneras pues entiendese del cantico del deuteronomio e del cantico de ysayas e del libro de iob e delos metros de salamon. ca estos todos no salen de exametros e pentametros. ENTRE LOS HEBREOS EN SU LENGUA CORREN. esto dize porque entre los latinos e griegos no estan en verso mas solo entre los hebreos onde primera mente fueron escriptos.

E ESTAS SCRIPTURAS aqui demuestra la entencion porque esto ha dicho hieronimo e es para mostrar que la escriptura enla traslacion pierde la fermosura e estas escripturas en metro puestas en hebreo pierden avn mas dela apostura que todas las otras. QUANDO LAS LEEMOS EN GRIEGO EN OTRA MANERA SUENAN quiere dezir no suenan assi como en hebreo avn que la sentencia sea vna no lieuan tanta fermosura. e este es el son E QUANDO LAS LEEMOS EN LATIN DEL TODO ESTANCAN. quiere dezir menos suenan e no corren. ca es condicion delos versos correr porque tienen pies e las escripturas de prosa quando son puestas en fermosa eloquencia algun tanto corren e mientra menos fueren apuestas menos corren o mas se empachan e para significar que en latin avn son menos apuestas estas escripturas que en griego dixo que en griego poco suenan e en latin estancan.

Alguno dira por que menos en latin suenan que en griego.

E piensan algunos esto auenir porque el lenguaje griego es en si mas apuesto que el latino e ansi todas las escripturas griegas serian mas fermosas que las latinas.

E esto no es verdad ca avn que el comienço delos saberes aya descendido delos griegos alos latinos no son mas fermosas las palabras griegas ni la condicion del linguaje que el lenguaje latino.

Mas la verdad es por la traslacion fecha de hebrayco en griego e de griego en latin. ca como menos suene enla traslacion que enel principal leguaje necessario es que quanto mas vezes por diuersos lenguajes fuere trasladada mas pierda la fermosura e porque mas apartado esta el traslado latino el qual descendio de hebrayco en latin mediante el griego que el griego el qual sin medio alguno descendio del hebrayco menos apuesto sera el traslado en latin que en griego.

E paresce por esto auenir e no porque sea mas apuesto el lenguaje griego que el latino ca por esta razon como mas apuesto sea el latin que el hebrayco avn bue fuesse trasladado de hebrayco en latin seria mas fermoso en latin que en hebrayco. empero es falso ca mas fermoso suena en hebrayco que en griego ni en latin segun dize aqui hieronimo pues no se faze dela condicion dela lengua mas por ser trasladado.

E la razon es ca ansi como trasladando de hebrayco en griego no queda toda la fermosura del hebrayco porque el lenguaje griego ha de seguir ende la condicion del hebrayco la qual no puede seguir quedando en si apuesto ansi quando de griego ouiere de trasladar en latin ha de seguir el latin de la condicion del hebrayco e del griego porque mediante el griego se traslada e como menos paresca la fermosura del hebrayco en griego trasladada que en si misma estando no podra tanto de ella el traslado latino tomar quanto tomo el griego pues si en griego no suenan en latin estanca.

E hieronimo dixo esto delas traslaciones que en latin auia en su tiempo ante que el trasladasse de hebrayco. ca a aquellas todas traslaciones eran fechas de griego. e porende menos sonauan en latin que en griego mas no es verdad dela traslacion que el fizo de hebrayco en latin la qual agora tenemos ca esta no suena menos que el griego como no venga de griego mas por el contrario mas suena que las griegas traslaciones las quales no seguieron tanto la propiedad delas palabras e lenguaje hebrayco como la traslacion de hieronimo ansi lo dize ysidoro li. vj. delas ethimologias. presbyter hieronimus trium linguarum peritus. ex hebreo et latinum eloquium easdem scripturas conuertit eloquenterque transfudit. cuius interpretacio merito ceteris antefertur: nam et est verborum tenacior et perspicuitate sententie clarior. quiere dezir. hieronimo sabio entres lenguas las escripturas santas en grande eloquencia de hebrayco en latin interpreto cuya traslacion con razon fue mas preciada que todas las otras porque guarda mas la propiedad dela lengua hebrayca tiene la sentencia mas abierta.

E si por el contrario fuera que la escriptura fuera trasladada de hebrayco en latin e de latin en griego mas sonara en latin que en griego. e dixeramos que en latin menos suena e en griego estanca. empero porque fasta el tiempo de hieronimo trasladauan de griego en latin dixo hieronimo que en latin estancan e no porque seamos apuesto el lenguaje griego que el latino.

Ca. xv. como las escripturas todas siendo trasladadas pierden la fermosura e que la pierde mas tornando de griego o latino en vulgar que tornando de qualquier lenguaje en latin.

E SI A ALGUNO Hieronimo declaro en cima como las escripturas pierden mucho de su fermosura enla traslacion aqui arguye contra aquellos que dizen no se perder alguna fermosura del lenguaje original enla traslacion e para esto pone exemplo e dize.

E SI A ALGUNO PARESCE. como que dixiesse no puede esto a alguno parescer empero si ansi le paresciere puede de en si mismo auer la prueua. LA GRACIOSIDAD DELA ORIGINAL LENGUA. avn que vna lengua sea mas dulce que otra empero no ay lengua enla qual algunas cosas segun la condicion de ella no parescan fermosas e tornadas en otra lengua no tengan enella aquella fermosura que tenia enla lengua dela qual se trasladaron e avn que mas fermosa lengua sea aquella enla qual trasladamos que la original de que trasladamos por que el trasladador ha de seguir la condicion dela lengua de que traslado ansi como sigue la sentencia e no es tal vna lengua como otra pierde se mucho de la graciosidad dela lengua original enla traslacion. NO SE MUDAN O PERDER ENLA TRASLACION. enel latin dize no se mudar empero yo dixe no se perder porque este mudar es perder como no quede la fermosura en vn lenguaje que en otro auia.

TORNE A OMERO pone exemplo enla traslacion de omero de griego en latin porque esta prueua quiere fazer hieronimo alos latinos que no quede la fermosura dela lengua original enla traslacion: para lo qual es necessario que traslade de otra lengua en latin porque en ella experimenten quanto se pierde dela fermosura e dixo mas de omero que de otro porque el es el mas eloquente de todos los poetas griegos e quanto mas es fermosa la escriptura que trasladamos de vna lengua en otra menos queda dela fermosura o mas se pierde ansi lo dize hieronimo enel prologo sobre ysayas que por quanto ysayas es mas eloquente que todos los otros prophetas menos pudo enel guardar la interpretacion la flor dela palabra que en todos los otros e la razon es porque enla escriptura poco apuesta poco de apostura perder se puede e por ende no paresce mucho quitar se la graciosidad de la lengua original. mas enla escriptura muy graciosa ha mucho que se pueda perder e como no pueda vna lengua a otra ygualmente remedar es necessario que mucho se pierda de aquella fermosura. PALABRA POR PALABRA EN LATIN. esta es traslacion e dize lo porque si alguno tornasse sola la sentencia no curando delas palabras podria fazer obra fermosa no curando de remedar a lo griego mas de fazer nueua obra en latin segun sufre la fermosura latina e esta sonaria bien en latin mas ya no seria traslacion de omero mas seria otra obra por si nueua e esto es error enlos interpretadores ca han de seguir la condicion dela lengua dela qual trasladan e quando torna palabra por palabra es interpretacion e alli es necessario perder mucho dela fermosura.

VN MAYOR COSA dize dos exemplos pone vno es trasladando a omero de griego en vulgar. otro trasladando lo de griego en latin e en ambos se pierde la fermosura si lo trasladaren palabra por palabra.

E dize que es mayor cosa trasladar lo en vulgar que en latin e no se llama mayor porque sea mayor difficuldad trasladar en vulgar que en latin mas porque el argumento es mas fuerte. ca paresce mas ligero ser a cada hombre fablar escriuir e trasladar en su lengua natural que en otro qualquier. e porque la vulgar es natural paresce que mas proprio trasladaria qualquier a omero en su lengua vulgar que en latin.

Alguno dira por el contrario que sea mas ligero escreuir en latin a omero menos perdiendo de su fermosura que en vulgar e ansi al argumento sera menos fuerte.

La respuesta es que de trasladar a omero en vulgar o en latin ha grande diferencia ca en latin puede auer mucha fermosura avn que no tanta como en griego en vulgar quasi ninguna. e esto por la diferencia del latin al vulgar como el latin sea lenguaje artificial e el vulgar sea mas natural e minos limado e no tiene tales apostamientos como el latin ni los sufre. empero mas ligero paresce al hombre trasladar en vulgar que en latin. lo primero porque cada vno mas sabe de su vulgar que del latin. lo segundo porque enel vulgar falla cada vno mas vocablos e con minor trabajo que en latin enel qual no es ligero buscar o fallar la propiedad delos vocablos. e por esto procede el argumento como que dixiesse que avn el vulgar enel qual a cada vno es mas ligero fallar vocablos que enel latin si trasladare a omero no fallara vocablos que le dar e perder se ha toda la graciosidad dela lengua original.

Translade alguno para si mesmo esto dize porque el traslado en vulgar no se puede estender a tantos como el latin. ca el latin es entre muchas gentes e no ha algun vulgar que sea comun a todos o a muchos. otrosi porque la traslacion vulgar no paresce de grande dignidad como la latina e ansi paresce que no se faga para otros mas para si mismo o para pocos e para estar en ascondido e no para se diuulgar

De griego en vulgar sea qualquier vulgar. ca avn que vna lengua vulgar sea mas fermosa que otra e rescebir pueda por arte mas apostamientos no ay alguna al latin ygual enla qual omero trasladado no tenga muchos defectos. ca como el lenguaje griego sea artificioso e el latino otrosi e todos los vulgares sean naturales necessario es que mas fermoso sea el latino que los vulgares e mas semejante al griego e porende menos defectos auera trasladando en latin que en vulgar. Vera vna ordenança de escarnecer. quiere dezir que no podra tal orden de fabla ser guardada enel vulgar como enel griego por lo qual quien aquella orden acatare auiendo visto la del griego reyrse a della.

E al poeta mas alto de todos los eloquentes por omero dize al qual no fallan ygual en eloquencia entre los griegos. Apocas fallar palabras que fable quiere dezir no solo se perdera algo dela fermosura dela obra mas toda en tanto que el poeta que es de mas alta eloquencia entre todos los poetas no fallara palabra que fable lo qual es contrario ala eloquencia. e esto dize porque el que lo en vulgar trasladare pocas palabras fallara que le conuengan para ygualar aquellos altos concibimientos de omero e ansi parece que en toda manera de interpretacion se pierde mucho dela beldad dela fabla original o se pierde toda lo qual hieronimo entendia de prouar.

Capit. xvj. en que se tocan las dificultades especiales de esta traslacion. e dela aspiracion delas muchas consonantes e abertura delas muchas vocales como empachan la prolacion.

Estas cosas. Despues que hieronimo demostro las dificultades que son en la traslacion e las causas de ellas aqui declara para que dixo estas cosas en las quales tanta tardança fizo e diligencia puso e dize que esto para su escusacion si algun defeto en esta traslacion fallaren la qual el faze de griego en latin no lo ponga a su ygnorancia mas ala condicion dela traslacion enla qual necessario es de se perder alguna fermosura.

E dize ESTAS COSAS PORQUE LAS DEZIMOS es manera de pregunta: la qual Hieronimo assi mismo propone por que tenga ocasion de responder.

PORQUE NO VOS SEA MARAUILLA. esta es la respuesta marauillarse podrian Galieno e Vincencio alos quales se dirigia esta obra seyendo hieronimo varon tan enseñado auer algunos defectos en su obra. empero quando consideraren la condicion delas traslaciones no se marauillaran.

SI ALGUN LUGAR ENTREPEÇAMOS. qualquier defecto enla obra se puede llamar entrepeçar: porque llamamos entrepeçar caer topando en alguna cosa que el camino embarge ansi enlas traslaciones quando no ocurren algunas dificultades va llano e sin embargo el interpretador e quando auiene alguna cosa que estorue por su dificultad entropieça el interpretador ca no puede escusarse delos defectos estorciendo los del todo.

SI LA ORACION PEREZOSA este es vn defecto el qual hieronimo creya auer en esta traslacion que muchas oraciones eran perezosas es contraria la oracion perezosa dela corriente e llamamos corrientes aquellas oraciones enlas quales las palabras artificiosa mente afeytadas corren sin estoruo alguno enla prolacion. e por esto los metros todos corren porque les damos pies de tal condicion que vno cerca de otro puesto no se empachan mas fazen correr la palabra. e porque las prosas no tienen pies: no corren ansi como los metros e menos presto se dize tanto de prosa que al tanto de metro. e porende quanto fuere mas artificiosa la prosa mas corre e ansi parece vicio o error la oracion perezosa.

O CON SOBRA DE CONSONANTES RECIBI ASPIRACION. Aqui pone hieronimo la causa dela oracion perosa e son dos causas. aspiracion e abertura de vocales. las vocales letras son cinco. a.e.i.o.u. todas las otras letras son consonantes.

Es el primero vicio es aspiracion fecha por consonantes quando muchas consonantes se ayuntan en vna sillaba o en dos sillabas cercanas. ca tantas son ellas que no se compadecen bien con vna vocal. e porende quiebranse enlos dientes e saltan del garguero. esto pocas vezes auiene enel lenguaje griego ni menos latino por que son lenguajes artificiales. e porende quitan les el vicio limando las diciones. Otrosi enel lenguaje propio castellano porque se falla porque es lengua complida de vocablos. mas fallase en los lenguajes barbaros en los quales muchas consonantes concurren en tal guysa que apenas se puede escreuir e muy menos pronunciar segun la propiedad delas letras en que se escriue segun parece en la lengua alemanesca e inglesa e otras tales otrosi en la lengua cathalana la qual es a nos familiar. algo se falla de esto porque es lengua de muchos consonantes e de pocas vocales e esto le auiene porque es de pocas sillabas pone las en vna como parece en este nombre temps. por el qual el castellano dize tiempo. e pone el castellano tres sillabas. e el catalan vna. empero en aquella vna sillaba pone el catalan todas las consonantes que son en este nombre tiempo que es de tres sillabas e avn añade vna que es. s. e por esto aquellas quatro consonantes no auiendo abastança de vna vocal para con ella se asentar saltan del garguero e quiebranse en los dientes e pocos pueden las tales diciones pronunciar.

E ansi es en este vocablo dorm. por el qual el castellano dize duerme el catalan tiene vna sillaba e tres consonantes con vna vocal. e el castellano tiene tres sillabas e en cada vna sola vna consonante e apenas se puede el tal vocablo pronunciar especial mente por estar. m. cerca de. r. e estas dos letras mal concuerdan con vna vocal estando ambas juntas. e el tal quebramiento que estas consonantes entre si faze con vna vocal llamamos aspiracion porque saltan fuera dela boca como si el vocablo fuesse cosa que se podiesse quebrar e bolar empieças. Alguno empero dira como hieronimo se quexo dela aspiracion por muchas consonantes trasladando de griego. ca el lenguaje griego como sea artificioso no recibe muchas consonantes juntas en vna sillaba.

La respuesta es que esta aspiracion no viene del griego lenguaje mas de propiedad dela cosa trasladada. ca aqui se trasladan ystorias de diuersas gentes e escriuense ende nombres hombres como de lugares montes rios e prouincias e otras cosas alas quales no pudo sacar de su aspereza la condicion dela lengua griega ni otrosi puede la latina e aqui auiene necessaria mente algunas quiebras de aspiracion e por esto tarda e mal suena la oracion e avn que esto en algunos vocablos paresciesse enla traslacion de hieronimo en este libro demuestra que no deue de ello ser redarguydo.

O CON MUCHADUMBRE DE VOCABLOS SE ABRE O SE PARTE. este es otro vocablo de vicio o linage. ca ansi como el ayuntamiento de muchos consonantes en vna sillaba faze perezosa la oracion por que no se pueden prestamente pronunciar ansi las muchas vocales juntas fazen que se abra mucho la oracion e tarda.

E no se entiende de muchas vocales. ca vna sillaba ansi como delas consonantes. ca no puede mas de vna vocal estar en vna sillaba quando esta en fuerça de vocal. mas entiendese delas vocales ayuntadas en diuersas sillabas e vna esta junta con otra. esta abertura se faze agora sean aquellas vocales semejantes como si vno se pone dos o tres vezes vna empos de otra agora sean diuersas. Este abrimiento se faze ansi enel latin como enlos vocablos castellanos ca mucho concuerdan estos lenguajes en la manera delas letras e dela pronunciacion del latin no son aqui necessarios exemplos del vulgar es exemplo. va auila. ca esta letra a. se pone tres vezes juntamente e faze ella sola tres sillabas. o si digamos vino o hombre. ca esta letra. o. se pone tres vezes.

E en esto son tres defectos el vno es la abertura dela boca: el otro es la tardança dela oracion. el primero se prueua porque cada vna delas vocales faze por si son e en el son se abre la boca. las consonantes no fazen son alguno por si mas puestas con las vocales ayudan a fazer son las consonantes para cerrar la boca e las vocales para la abrir onde quando vinieren muchas vocales juntas en diuersas sillabas queda la boca abierta grande espacio sin cerrar o batir los beços. e esta es mala e fea pronunciacion segun paresce enlos exemplos suso puestos. E por esto en el lenguaje castellano suelen corromper los tales vocablos en la pronunciacion quitando letras o sillabas de fin o de comienço del vocablo sin regla alguna. e esto no rescibe el latin el qual todo se rige per ciertas reglas. empero en este quitar se causa algunas vezes fermosura razonable enla oracion. ansi como quando muchas vocales juntan e quitamos alguna otras vezes se faze con poca razon e es corrupcion vsada.

De lo primero ansi como auiendo de dezir aluaro alfonso dezimos aluar alfonso quitando vna vocal e ansi pierde se vna sillaba e esto porque el vn vocablo acabo en vocal e el seguiente comienço en vocal delo segundo como auiendo de dezir diego gonçales. ca no estauan alli dos vocales juntas e tiraron vna sillaba.

El segundo defeto es la tardança o pereza de la oracion. ca puestas muchas vocales juntas es perezosa la oracion e esto se faze porque cada vna vocal faze son entero e requiere tiempo complido de su prolacion e seyendo quatro juntas ocupan lugar de quatro sillabas e podria auer en cada sillaba tres o quatro o cinco letras. pues tanto tiempo de prolacion tomaron quatro vocales como diez e seys letras o mas e esta es pereza de oracion e es vicio.

Esta pereza de pronunciacion mucho fuye el lenguaje castellano para la qual estorcer algunas vezes corrumpe los vocablos: tirando letras o sillabas como suso diximos auiendo de dezir pedro yuanes porque vna corre otra tarda e auiendo de dezir diego gonçales e diegaluarez e diegaluarez prior que aquellas letras o sillabas que tiramos estoruan mucho el correr dela oracion. empero avn que el pronunciar tal sea los vocablos siempre se escriuen enteros ansi como en fabla dezimos fernan perez e escriuimos fernando perez.

Este defecto de no correr la oracion ansi por consonantes como por vocales. se deue estorcer enel latin quanto ser podiere. empero hieronimo por la condicion delos vocablos barbarescos que eneste libro trasladaua: ansi por quiebra o aspiracion de consonantes como por muchadumbre de vocales no pudo estorcer siempre la tardança dela oracion o pereza: e porende dize que no se marauillen de ello. Como hombres muy enseñados en esto oyan sentido trabajo quiere dezir otros varones muy letrados interpretadores de ystorias trabajo mucho ouieren en desechar la pereza dela oracion: quitandose dela aspiracion delas consonantes e dela abertura delos vocales: e no lo podieron fazer: pues no es marauilla avn que nos no lo podamos escusar.

Capitulo. xvij. De algunas dificultades que este libro tiene para se trasladar e avn para se entender.

E ala general. Puso en general las generales dificultades de todas las otras traslaciones e aplicolas a esta obra suya aqui pone allende de todo lo suso dicho la especial dificultad que es en esta obra e consiste en muchas cosas segun en la letra pone e dize.

E ALA GENERAL COMUN DIFICULTAD demuestra. hieronimo en todas las traslaciones auer dificultades generales e aquellas auenir aqui e allende de ellas otras proprias a esta obra.

QUIEN TODA INTERPRETACION O TRASLACION SER NOS QUEXAMOS. dize esto hieronimo en persona de todos los interpretadores ca ellos se quexan en todas las traslaciones auer muchas dificultades o se puede entender en nombre de hieronimo. ca el no sola fizo esta traslacion mas otras mayores como fueron todos los libros dela santa escriptura enlas quales auia muchas dificultades e el se quexar en los prologos delos libros del viejo testamento muchas vezes de estas dificultades.

ESTO SE AYUNTA. es a saber esto que se sigue ansi como proprio e especial esta traslacion tiene special dificultad allende delas generales dificultades.

QUE LA YSTORIA ES DE MUCHAS COSAS. todo este libro se llama ystoria. ca no tiene al saluo ystorias. e es de muchas cosas. e porque verdadera mente no ha ystoria alguna o libro de ystorias que tantas cosas diga como de todos los reynos e reyes de ellos e de todas las cosas dignas de memoria tracte. e esto faze dificultad porque quando la ystoria es vna no es necessario que el interpretador tenga conoscimiento complido de otras cosas sacadas aquellas que traslada. e quando la ystoria o libro que se ha de interpretar tractare de todas las cosas o de muchas es necessario que el interpretador tenga conoscimiento complido de todas las cosas lo qual es grande dificultad.

Otrosi como de todas las cosas tenga ystoria este libro tiene la muy breuemente lo qual es mas tañer la que dezir la e si cada vna delas cosas largamente se escriuiesse seria ligero de entender. mas como sea tan breue cada cosa escripta es dificile de entender e no puede alguno verdadero trasladar lo que complidamente no entendiere. pues la ystoria ser de muchas cosas faze aqui grande dificultad.

E TIENE NOMBRES BARBAROS. llama aqui hieronimo nombres barbaros todos los que no son griegos ni latinos: e estos causan dificultad en dos maneras. La vna quanto al escriuir e sonar. ca tienen alas vegadas muchas consonantes en vna sillaba las quales fazen quiebra o aspiracion otras vezes tienen muchas vocales las quales fazen abertura como dicho es enel precedente capi. e esto es vicio e estorcer lo qual es dificile: e alas vezes impossible.

La otra es porque los nombres barbaros aqui puestos son propios e como para conoscer el significado de estos no aya arte alguna. sera dubda delos tales nombres si son de hombres o de lugares o rios o montes o otras cosas e esto saber no se puede saluo por muy complida e particular conoscimiento delas cosas el qual apenas a alguno auiene. tales muchos ha en este libro como tenga las ystorias de todas las gentes e tierras pues esto fara grande dificultad.

E COSAS NO CONOSCIDAS. esto dize porque muchas cosas se tocan en este libro que no son en comunes ystorias por lo qual son comunmente no conoscidas empero el interpretador no puede verdaderamente trasladar sin auer conoscimiento delo que interpreta pues necessario que conosca lo que alos otros es no conoscido e esto es grande dificultad.

QUE POR CUENTOS A PALABRAS LATINAS EXPLICAR O DECLARAR NO SE PUEDEN. quiere dezir no se pueden complidamente poner. ca si no se podiessen en manera alguna declarar no las escriuiria hieronimo. e esto se puede entender delos nombres barbaros e cosas no conoscidas: no solo alas ystorias no comunes mas avn alos nombres no conoscidos que son de lenguas apartadas. ca para escriuir los tales nombres no abastan las letras latinas: ansi como si quisiessemos los nombres hebraycos escriuir en letras latinas no fallariamos letras para ello ansi con los nombres barbaros. pues dificultad es ocurrir tales nombres enla traslacion los quales escriuir segun su condicion no podamos e llamamos cuentos alas letras. ca ansi como por el cuento todas las cosas contamos ansi las letras todas las cosas escriuimos.

E TIENEN VIRGULAS MESCLADAS CON YSTORIAS. esta es vna dificultad decendiente dela manera de escriuir. e porende en dos maneras faze dificultad alos interpretadores. la vna es quanto al entender. ca como no sea la ystoria o escriptura continua como todas las otras escripturas es dificultad dela saber leer e porende sera necessario dureza enla poder entender. la otra es quanto al escriuir. ca avn que el interpretador entienda lo que ha de interpretar queda la dificultad en seguir aquella manera de escriuir la qual no es enlas otras escripturas.

E llaman se aqui virgulas algunas lineas de bermellon o de otro color las quales estauan primero en este libro e agora no estan e estas aprouechauan para conoscer al qual linea de reyno conuenia la ystoria. o llamanse virgulas las lineas delos cuentos de cada reyno o gente. ca estas solas con las ystorias abastauan para el libro complir.

Dizen se ystorias aquellas partes del libro enlas quales alguna cosa se recuenta enlo qual es de considerar que acabados los prologos de este libro e vn poco del comienço de lo qual es letra adelante ha solas dos cosas. es asaber lineas de cuentos enlos quales solamente se ponen cuentos de años de algunos reynos o gentes. e entre las lineas alguna poca escriptura la qual declara algunas cosas cerca de aquellas gentes o reyes cuyos son los cuentos que estan en aquellas lineas e estas escripturas llamamos ystorias.

De estas ystorias dize que son mescladas con virgulas. ca las lineas de los cuentos delos años son tan juntos con las ystorias que parecen estar mescladas por la muchedumbre de lineas e ystorias e pequeñeza de espacio con que se escriue.

EN TAL GUISA. pone aqui la dificultad que se causa por estas virgulas e ystorias mescladas. QUE APOCAS ES MAS DURO DE APREHENDER LA ORDEN DE LEER QUE

ENTENDER LO QUE SE LEE. llamase orden de leer onde han de començar e onde acabar. e principal mente porque las ystorias responden a ciertas lineas de cuentos saber qual ystoria conuiene a qual linea e cuento como sean muchas lineas. otrosi seyendo en cada linea cuentos de muchos años saber al qual año de que linea conuiene la ystoria es dificultad e esto pertenece ala orden de leer. pues avn que dificultad grande sea entender lo que esta enlas tales ystorias scripto poco menor es en algunos lugares ver la orden de leer por lo qual cerca de esto pone aqui reglas hieronimo.

(...)

Capitulo. xxvij. como Hieronimo en este libro en parte es auctor. e en parte trasladador.

E SABED QUE YO Despues que puso Hieronimo cerca dela doctrina de este libro pone aqui dela manera que el touo en trasladar o escriuir e demuestra que el touo manera de trasladador e de auctor e esto pone aqui porque sepan que es lo que tiene Hieronimo en este libro. ca algunos viendo este libro ser scripto por Hieronimo pensarian el ser auctor no acatando que el lo traslado de Griego otros viendo que lo traslado Hieronimo pensarian el ser solo interpretador. empero ni el lo escriuio como autor ni fue puro interpretador por lo qual porque no den a Hieronimo mas auctoridad dela que le es de vida ni menos puso aqui que manera touiera el eneste libro e dize.

E SABED QUE YO DE OFFICIO DE INTERPRETADOR EN PARTE. Quiere dezir que vso en parte del libro de oficio de trasladador. es oficio de interpretador tornar de vna lengua en otra lo que esta scripto guardada complidamente la verdad dela sentencia e el thenor e propiedad delas palabras quanto se puede guardar e esto fizo Hieronimo quanto alas cosas que torno de Griego.

E DE OFFICIO DE AUCTOR O DE ESCRIPTOR EN PARTE VSE officio de auctor es poner cosas nueuas no tomadas de otro o siquier no ansi como de otro avn que de otro primero sean mas que a entencion del escriuiente sean traydas e por esto este libro en alguna manera se puede llamar de Hieronimo porque el tiene auctoridad alguna en este libro quanto alo que el escriuio.

CA LAS COSAS GRIEGAS demuestra en que fue auctor e en que interpretador. quanto alo que estaua en Griego escripto por Eusebio fue interpretador porque las cosas griegas traslado.

FIELMENTE ANSI COMO FALLE TRASLADE. dize fielmente por que no mudo ni quito palabra e esto es officio de interpretador e esto se dize a diferencia de otros auctores e delos glosadores. ca vn auctor algunas vezes torna las palabras de otro alegando dichos de otro o para prouar su entencion o para arguyr contra e no toma todas sus palabras continuadas e esto es no tomar fielmente. otrosi los glosadores no toman fielmente ca avn que declaran la sentencia del auctor no dize todas sus palabras ansi como el lo dixo ni conuernia ca no seria glosa. E ALGUNAS COSAS aqui demuestra como touo lugar de auctor poniendo de si algo que no escriuiera Eusebio. QUE A MI PARESCIAN EN MEDIO DEXADAS AÑADI. pone la causa porque añadio sobre Eusebio como el fuesse trasladador e dize que con razon lo fizo porque parescia algo fallescer ala ystoria e aquello el aña-dio e dize que parescian dexadas por ser causa quasi necessaria de escriuir las para que este libro paresciesse todo vn cuerpo. e dixo en medio porque esta era mayor necessidad delas suplir: ca si en comienço fallescieran porque Eusebio no quisiera començar de antes no touiera Hieronimo causa de añadir comen-çando de ante. mas en medio fallesciendo algo no puede la obra ser continua e alli la razon demanda que se añada.

E ESTO MAYORMENTE ENLA ROMANA YSTORIA. en otras cosas algo dexo Euse-bio de escriuir. empero mas fizo esto enla ystoria romana dexando de escriuir muchas cosas.

LA QUAL EUSEBIO. escusa aqui Eusebio Hieronimo a Eusebio: ca diziendo que Eusebio auctor de este libro auia dexado grandes partes dela ystoria parescia que no supo apurada mente los fechos romanos. e esta era grande reprehension para tan enseñado varon como eusebio. por lo qual dize Hieronimo que no fizo esto eusebio por no saber la ystoria romana como el fuese varon muy complido en todas estas cosas. mas porque sentio la ystoria romana no ser muy complide-ra alos griegos alos quales el escriuia.

AUCTOR DE ESTE LIBRO. solo Eusebio se llama propia mente auctor de este libro porque el escriuio e no traslado de otro. Hieronimo avn que algo de si escriuio empero principal mente traslado por lo qual no se llama auctor del libro.

NO ANSI POR NO SABER. Quiere dezir no fue dexado por no saber mas por no que-rer. SEYENDO EL VARON MUY ENSEÑADO. esto es prouança que no lo dexo por no saber como el fuesse tan entendido varon e especialmente enlas ystorias lo qual se podiera presumir si fuere menos encendido varon ca entonce avn que lo fizie-ra de industria o por su voluntad presumieran que lo fazia por ignorancia.

COMO POR ESCRIUIR EN GRIEGO E ALOS GRIEGOS. dos razones pone aqui Hie-ronimo por las quales Eusebio razonable mente pudo dexar muchas partes dela romana ystoria: la vna es porque escriuio alos griegos los quales poca cura tenian de romana ystoria e esto es verdad. ca eusebio griego era e alos de su gente escriuia los quales eran griegos. si fueran latinos touiera grande causa de escriuir con diligencia la romana ystoria porque entre los latinos las ystorias romanas eran ala sazon las cosas mas gloriosas.

La segunda es por que escriuio en griego. ca si eusebio en latin estouiera avn que alos griegos escriuiera deuia escriuir la ystoria romana con diligencia porque seyendo en latin muchos latinos leerian la tal obra alos quales era principal cuydado dela romana ystoria entre todas las otras ystorias pues era razon dela escriuir. ca en otra guisa paresciera defecto. mas seyendo el libro en griego no lo leerian los latinos por lo no entender saluo los solos griegos alos quales delas cosas romanas era pequeño cuydado. pues no ouo menester de escriuir con toda diligencia las romanas ystorias que en griego escriuiesse paresce ca en otra manera no la trasladara Hieronimo en latin.

ANSI COMO COSA NO NECESSARIA ALOS SUYOS. llamo suyos alos griegos alos quales el escriuia e de cuyo linage era e a estos era poco necessaria la ystoria romana como no tocasse alas gentes griegas ansi como a nos es poca cura de saber la hystoria de las gentes de Persia o de Asiria o India como de nos mucha sean apartadas e el conoscimiento de aquellas ystorias es a nos poco prouechoso.

ME PARESCE BREUEMENTE AUER QUERIDO PASSAR. esta es la opinion de Hieronimo. ca si otra entencion ouo Eusebio en dexar muchas partes dela romana hystoria no paresce. e dixo breuemente passar porque eusebio no dexo del toda la romana ystoria. ca esto fuera error como el de todas las gentes contasse ystorias e las principales gentes auian seydo las romanas. mas conto breuemente segun la grandeza dela ystoria romana. e segun lo que los latinos querrian que de tal ystoria les escriuiessen.

Íñigo López de Mendoza

Biografía

Nace en Carrión de los Condes, Palencia, en 1398 y muere en Guadalajara en 1458. Desciende de una familia noble inclinada tradicionalmente a las letras, por lo que estuvo emparentado con grandes figuras literarias de su tiempo como el canciller Pero López de Ayala, Fernán Pérez de Guzmán o Gómez Manrique. Fue uno de los mayores mecenas culturales de su tiempo, lo que le permitió la enorme riqueza de su madre y la de su esposa, hija del maestre de Santiago.

De joven fue copero del rey Alfonso V de Aragón. Su formación literaria en la corte aragonesa le permitió acceder a los clásicos del humanismo italiano y de la poesía trovadoresca al lado de Enrique de Villena. No obstante guardó fidelidad toda su vida al rey Juan II de Castilla, quien le concedió por sus servicios militares los títulos de marqués de Santillana y conde del Real de Manzanares. Políticamente fue enemigo del condestable de Castilla Álvaro de Luna. A la muerte de su mujer en 1455, ya bajo el reinado de Enrique IV se retira a su palacio de Guadalajara donde, ayudado por brillantes humanistas como Juan de Mena entre otros, había formado una extraordinaria biblioteca, que después de su muerte engrosó los fondos de la de su sucesor el duque del Infantado y a partir de 1884 pasó con la famosa de Osasuna a la Biblioteca Nacional de Madrid.

Su obra literaria refleja su formación italiana especialmente en su obra maestra el poema *La Comedieta de Ponza* hecha en estilo alegórico dantesco y en su introducción en España de sonetos «fechos al itálico modo». En su lírica menor destacan serranillas, canciones y decires líricos. Su prosa comprende escritos morales y políticos, como *La lamentación de España*; literarios, como la carta o *Proemio al condestable don Pedro de Portugal*, donde se ocupa en el prólogo de cuestiones de poética; exegéticos, como sus *Glosas a los Proverbios*, y también recopilaciones de la tradición castellana, como los *Refranes que dicen las viejas tras el fuego*.

ORIENTACIÓN BIBLIOGRÁFICA

Cartagena, Nelson. «Cómo se debía traducir en España en el siglo XV» en en A. Gil, D. Osthus, C. Polzin-Hausmann (Hg.) *Romanische Sprachwissenschaft. Zeugnisse für Vielfalt und Profil eines Faches*. Festschrift für Christian Schmitt zum 60. Geburtstag. Frankfurt, Peter Lang, 2004: 437-454.

Russell, Peter. *Traducciones y traductores en la Península Ibérica (1400-1550)*. Bellaterra, Universidad Autónoma de Barcelona, Escuela de Traductores e Intérpretes), 1985.

Schiff, Mario. *La bibliothèque du Marquis de Santillane*. Amsterdam, Gérard Th. van Heusden, 1970 [réimpression de l'édition de Paris 1905], especialmente pp. XXIII-XCI.

Valbuena Prat, Ángel. *Historia de la literatura española*, I. Barcelona, Editorial Gustavo Gili, 1968, octava edición corregida y ampliada, pp. 263-281.

CARTA DE DON ÍÑIGO LÓPEZ DE MENDOZA, MARQUÉS DE SANTILLANA, CONDE DEL REAL, A SU HIJO DON PEDRO GONZÁLEZ DE MENDOZA, A LA SAZÓN ESTUDIANTE EN SALAMANCA (1446-1452).

EN

OBRAS DE DON ÍÑIGO LÓPEZ DE MENDOZA, MARQUÉS DE SANTILLANA / AHORA POR VEZ PRIMERA COMPILADAS DE LOS CÓDICES ORIGINALES E ILUSTRADAS CON LA VIDA DEL AUTOR, NOTAS Y COMENTARIOS POR JOSÉ AMADOR DE LOS RÍOS. MADRID, IMPRENTA DE LA CALLE DE S. VICENTE BAJA, A CARGO DE JOSÉ RODRÍGUEZ, 1852: 481 Y SIG.

I. Algunos libros é oraçiones he resçebido, por un pariente é amigo mio, este otro día, que nuevamente es venido de Italia, los quales asy por Leonardo de Areçio, como por Pedro Caudiño, milanés, d'aquel príncipe de los poetas Homero, é de la Historia Troyana, que él compuso, á la qual *Iliade* intituló, traduçidos del griego á la lengua latina, creo ser primero, segundo, terçero ó quarto, é parte del décimo libro. É como quiera que por Guydo de Columna é informados de las relaçiones de Dítis, griego, é Dares, phrigio, é de otros muchos auctores assaz plenaria é extensamente ayamos notiçia d'aquellas, agradable cosa será á mí ver obra de un tan alto varon é quassi soberano príncipe de los poetas, mayormente de un litigio militar ó guerra, el mayor, é mas antiguo que se cree aver seydo en el mundo. É asy, ya sea que non vos fallescan trabajos de vuestros estudios, por consolaçion é utilidat mia é de otros, vos ruego mucho vos dispongades; é pues que ya el mayor puerto, é creo de mayores fragosidades, lo passaron aquellos dos prestantes varones, lo passedes vos el segundo, que es de la lengua latina, al nuestro castellano idioma.

II. Bien sé yo agora que, segunt ya otras veces con vos é con otros me ha acaesçido, diredes que la mayor parte ó quassi toda de la dulçura ó graçiosidat quedan é retienen en sí las palabras é vocablos latinos: lo qual, como quiera que lo yo non sepa, porque yo non lo aprehendí, verdaderamente creo que los libros asy de Sacra Scriptura, Testamento Viejo é Nuevo, primeramente fueron escriptos en hebráyco que en latin, é en latin que en otros lenguajes, en que oy se leen por todo el mundo, é doctrina, é enseñança á todas gentes; é despues muchas otras historias, gestas fabulosas é poemas. Ca difiçil cosa sería agora, que despues de assaz años é non menos trabajos, yo quisiesse ó me despusiesse á porfiar con la lengua latina, como quiera que Tullio afirma Caton, creo Utiçense, en edat de ochenta años aprehendiesse las letras griegas; pero solo é singular fué Caton del linage humano en esto é en otras muchas cosas.

III. É pues non podemos aver aquello que queremos, queramos aquello que podemos. É si caresçemos de las formas, seamos contentos de las materias. A ruego é instancia mia, primero que de otro alguno, se han vulgariçado en este reyno algunos poemas, asy, como la *Eneyda* de Virgilio, el libro mayor de las *Transformaçiones* de Ovidio, las *Tragedias* de Luçio Anio Séneca, é muchas otras cosas, en que yo me he deleytado fasta este tiempo é me deleyto, é son asy como un singular reposo á las vexaçiones é trabajos que el mundo continuamente trahe, mayormente en estos nuestros reynos. Asy que, aceptado por vos el tal cargo, prinçipalmente por la exçellencia de la materia é clara forma del poeta, é despues por el traduçidor, non dubdedes esta obra que todas las otras será á mí muy mas grata. Todos dias sea bien de vos. De la mi villa de Buytrago, etc.

Pedro González de Mendoza

Biografía

Nace (1428) y muere (1495) en Guadalajara como quinto hijo del Marqués de Santillana, llevando el mismo nombre de su bisabuelo. En Toledo estudió retórica, historia y latín entre 1442 y 1445 y luego a partir de 1446 en Salamanca donde se doctoró en derecho civil y eclesiástico (1452). Con gran actividad religiosa y militar sirvió a los monarcas Juan II y Enrique IV y, ya como cardenal de España y arzobispo de Sevilla, llega a ser uno de los principales consejeros de los Reyes Católicos, especialmente en asuntos religiosos y en el apoyo a la empresa de Cristóbal Colón. En 1482, al ser designado obispo de Toledo, renuncia al resto de sus numerosos cargos, conservando de ellos sólo el obispado de Sigüenza. Se le conocen tres hijos, dos de los cuales fueron legitimados por la reina Isabel la Católica.

Su principal aporte a la cultura de la segunda mitad del s. XV fue su mecenazgo en el ámbito de la arquitectura, donde introduce los modelos renacentistas. Las numerosas obras que promueve y financia se encuentran no sólo en todo el reino de Castilla, especialmente en Guadalajara, sino que incluso se realizan en Roma y Jerusalén.

M. Schiff (ob. cit., pp. 2 y sig., 7), siguiendo a A. Morel-Fatio, no duda en asignarle la paternidad de la traducción de *La Ilíada* sobre la base del análisis del prólogo que la acompaña y de una carta anterior del marqués a su hijo en la que le solicita realizar dicho trabajo, razón por la cual reproduce el prólogo en toda su extensión.

Orientación bibliográfica

Cartagena, Nelson. «Cómo se debía traducir en España en el siglo XV» en A. Gil, D. Osthus, C. Polzin-Hausmann (Hg.) *Romanische Sprachwissenschaft. Zeugnisse für Vielfalt und Profil eines Faches*. Festschrift für Christian Schmitt zum 60. Geburtstag. Frankfurt, Peter Lang, 2004: 437-454.

http://es.wikipedia.org/wiki/Cardenal_Pedro_González_de_Mendoza

Nader, Helen. *Los Mendoza y el Renacimiento Español*. Guadalajara, Institución provincial de Cultura «Marqués de Santillana», 1985.

Russell, Peter. *Traducciones y traductores en la Península Ibérica (1400-1550)*. Bellaterra, Universidad Autónoma de Barcelona, Escuela de Traductores e Intérpretes), 1985.

Schiff, Mario. *La bibliothèque du Marquis de Santillane*. Amsterdam, Gérard Th. van Heusden, 1970 [réimpression de l'édition de Paris 1905], pp.1-7.

DEDICATORIA DE PEDRO GONZÁLEZ DE MENDOZA (ENTRE 1446 Y 1452) DE SU TRADUCCIÓN AL CASTELLANO DE LA TRADUCCIÓN DEL GRIEGO AL LATÍN DE *LA ILÍADA* DE HOMERO HECHA POR PIETRO CANDIDO DECEMBRI
EN
VOLLMÖLLER, K. «EINE UNBEKANNTE ALTSPANISCHER ÜBERSETZUNG DER ILIAS» EN *STUDIEN ZUR LITERATURGESCHICHTE. MICHAEL BERNAYS GEWIDMET VON SCHÜLERN UND FREUNDEN.* HAMBURG UND LEIPZIG, VERLAG VON LEOPOLD VOSS, 1893: 238-242[89].

Si a umanas neçessidades mandamientos diuinales se prefieren, yllustre e muy magnifico señor, enbalde escusaciones porne a la carga que uuestra señoria por la preçedente epistola me inpone, acatadas la nouedat de mi tienpo e baxeza de ingenio que grandes cosas non sufren, grave e quasi insoportable, mandando me los çinco libros de la grande Yliada de Homero, conuiene a saber: primero, segundo, tercero, quarto e decimo, ya por Pedro Candido, excelente orador del griego traduzidos en prosayca oraçion al latin, en nuestra maternal lengua traspasse. En los quales aqueste ingeniosissimo poeta tanta dio a los vencedores gloria, quanto de los uençidos fue estendida la fama. Altos escriptores aquesta estoria por muchas e diuersas causas escriuieron. Unos commo Seneca tragedo queriendo demostrar quand breues e caducos los prinçipados e poderes son deste mundo e quand ligeramente los que en la mas alta cunbre de la fortuna se asientan pueden caer. Otros commo Uirgilio por auer e alcançar beniuolençia de algunos grandes prinçipes y enperadores que asi de los Troyanos commo de los Griegos desçendieron, loando singularmente a aquel de cuya prosapia uenian. Otros commo Guido de Colupnis por comendar una tan estrenua conquista que en el mundo fasta el presente tienpo ygual non se falla. Otros como Eusebio muchas estorias sumariamente passando, uiendo aquesta tan memorable non era de callar en sus obras ingeniosamente la asentaron. Otros como Titu Libio queriendo los grandes fechos romanos desde su primer comienço contar commo descendientes de los Troyanos. La presente ystoria escriuieron diuersos otros por dyuersos fines. Los libros de los quales so muy çierto uuestra señoria aya mas estensa e particularmente leydo que yo en genero [fol. 1 v°] agora pudiese dezir. Mas quien con Homero se puede ygualar, por el qual escriptor de los fechos de Achiles puesto que murio desastrada e

---

[89]   Hemos eliminado las notas en alemán de Vollmöller, que traducen vocablos o giros conocidos para un hispanista (*loor, en balde*), que refieren a pasajes del libro, que el lector no puede controlar o constituyen observaciones típicas de edición crítica, que superan nuestros propósitos.

mala muerte lo llamamos bien fortunado? A quien no desdeño seguir el grand poeta latino. Antes, segund Pedro Candido abaxo recuenta, tanto loor le dio, que como entre los mortales por monarca de los poetas latynos sea auido, no se atreuiendo aquellos mismos uersos en latyn escreuir que en el Griego Homero auia compuesto, dezia figuratiuamente por el: quis auferet clauam de manu Herculis? Que quiere decir: quien osara tirar la maça d'armas de la mano de Hercules? Por lo qual no sin causa uuestra señoria quiere uer obra de tan exçelente uaron, el qual en solos los Athenienses fuera grand cosa ser un tienpo numerado e meresçio para sienpre en todos los Griegos ser por exçelencia llamado poeta. Paresçe la grande eminençia suya e famoso nonbre en la controuersia que los antiguos escriptores, de tiempos asi Griegos como Latinos ouieron por saber su hedad, unos diziendo auer sido en tienpo de Ozias rey septimo de Ysrael e de Agripa rey onzeno en los Latinos e de Joas rey dezimo de Juda, profetizando en Jherusalem el santo profeta Eliseo, seyendo prinçipe quinto en Athenas Meracles e Rey de Aram Azael e de los Egipçianos Suseñe e de los Lacedemonios Archelao Rey septeno, siendo entre ellos Ligurgo famoso, reynando en los Corintios Eudemus septimo rey e en los Asirios Octorapes Rey XXXV°. Asi se falla en la estoria latyna. Apolodro e Euforbo escriptor de ystorias lo pusieron antes de la Romana fundaçion ciento e ueynte e quatro años. Cornelio Nepos dixo auer sido antes de la Olinpia primera çient años. Otros dezian poco antes de la deçendida de los Eraclitas, (de los) [fol. 2 r°] de los quales fue uno Socrates. Aristotiles lo puso despues de la captiuidat de Troya çient años. Aristarco en este mesmo tienpo o en la fuyda de los Iones de su tierra. Phirocolo en tienpo de Arçipo prinçipe de Athenas, despues de la subuersion de Troya çiento y ochenta años en la trasmigracion o pasada de los Iones de su tierra. Apolodro Atheniense afirmo auer sido dozientos e quarenta años despues del perdimiento de Troya. Arçilogo en la veynte y tres Olinpiade, reynante en los Medos Deiodes rey quinto. Algunos dixeron auer sido poco ante que las olimpias començasen, quatroçientos años quasi despues de tomada Troya. Otros lo pusieron en aquel tienpo que por trayçion de Machareo sacerdote de Apolo en la ysla Delfos Orestes mato a Pirro. Aquesta grand discordia de tan singulares uarones sobre el tienpo de nuestro poeta Homero muestra la su grande heminençia. Ca no es de creer estudios de tan señalados sabios se quisieran ocupar en luenga altercaçion de un uaron tan solamente si una de dos causas no les mouieran: o perfecto conosçimiento e sçiençia de su famosa elegançia, o a su proposito de ystoriar no fuera muy neçesario siendo como prinçipio de ystoria donde el proceso nasce o fin en quien se concluye. Asi commo uemos mucha contradiçion entre los interpetres e otros estoriadores con los Ebreos que dizen desde el primer padre fasta el naçimiento de Abraham auer sido mill e nueueçientos e quarenta e nueue años. Los otros con los interpetres afirman auer sido tres mill e çiento e ochenta e quatro años. Paulo Orosio e el bien auenturado Eusebio en los prologos primeros que cada uno faze a sus libros, el primero a la orden e oromesta del mundo, el otro a la coronica de los tienpos con los interpetres contra los Ebreos acuerdan. Pues asaz es claro [fol. 2 v°] a todos que de Homero ni dependen estorias ni con el se çierran, queda que solamente su generosa fama aya entre los nonbrados uarones causado disconueniençia e desacuerdo, aunque de su elegançia muy poca e delgada notiçia en la obra presente tornada por mi en romançe podemos auer, commo ya por muchas manos passada aquella biueza no retenga que en la primera lengua alcanço.

Afirmalo Sant Geronimo que faziendo grand dificultat en el traduzir de Griego por inposible conparaçion puso que alguno prouase ni aun para si solamente interpretar a Homero que tornado a otra lengua, como el dize[90], en aquel mas eloquente de todos los poetas no paresçiese una orden burlosa e digna de escarnesçer mayormente que Homero aquesta obra canto en uersos de los quales la prosa suelta no resçibe conparaçion bien que en ella aya hordenadas e distintas cadençias. Pero, commo uuestra señoria sin emienda en el prologo general a todas sus obras al yllustre condestable de Portogal escriue, los açentos, cuento e medida no se guarden commo en el uerso. Porque muy grand parte de su fermosura pierde la dulçe oraçion. Asi mesmo, commo Pedro Candido ayuso dira[91], aquesta obra no fue por el traduzida palabra por palabra dando por causa lo suso dicho, que si Uergilio a lo tal no se atreuio, mucho menos el ni ninguno de los biuientes. De lo qual se sigue no la eloquençia como trompa resonante e arte famosa suya, mas algund tanto de las altas inuençiones e sentençias podamos conosçer. Es otra razon y muy legitima porque asi no podemos conosçer su perfecçion, passando aquesta obra a nuestro uulgar, que nos no auemos tan conpendiosos uocablos para que en pocas palabras pudiessemos conprehender grandes sentençias. Commo sea que la eloquençia de fuerças caresca quando el ydioma uocablos no padesçe diuersos respectos significantes. Por aquestas cosas e por euitar algunos yerros que en la interpretaçion, attento lo que dicho he [fol. 3 r°] arriba podrian caer si digno me fuera aquesta carga yo quisiera mucho fuyr. De mas desto que se uuestra señoria ha muy bien uisto e leydo una pequeña e breve suma de aqueste Homero de latyn singularmente interpetrada a nuestros uulgares por el egregio poeta Johan de Mena. Por la qual sin

---

[90]   En la transcripción de Vollmöller se lee «[...] que tornado a otra lengua como el dize. En aquel mas eloquente[...]», lo que hace el período ininteligible. La carencia de comas antes de «mayormente» y de «bien que» corresponde en cambio a la redacción normal en manuscritos de esa época, que para su mejor comprensión exigen a menudo una lectura en voz alta con las pausas correspondientes.

[91]   En la transcripción de Vollmöller se lee «[...] ayuso dirá. Aquesta obra [...]». Cp. nota [90].

dubda conosçera quanto el uaron de Esmirna sobrepuia todo el genero poetal, pospuestas pero estas causas mas que miradas, muy uirtuoso señor. La çierta uoluntat e mandamiento de vuestra señoria espressados en la muy insigne epistola me forçaron la inposiçion suya açeptase, considerando que aun aquellos que la distançia de las tierras de uuestra ingenua presençia partiçipes no les fizo por la fama sola oyda con plazer e seruir le desean, commo ya de muchos d'estos tan solamente por aquella nuestra prouinçia, ui[92] ser uisitada. Asi commo a Paulino el santissimo Geronimo escriuia de Apolonio, aquel maguo, o, segund los Pitagoricos quieren, philosofo, que por uer Aliarca que en el trono de oro se asentaua e de la fuente de Tantalo auia beuido, el monte Caucaso e muy grandes reynos de India penetro. E dende passada la muy ancha agua o Rio Phison aporto a los bragmanas, donde entre pocos diçipulos del curso de dias e estrellas le fallo enseña[n]te. Tuuo, dezia Geronimo, aquella hedat grande e digna de çelebrar marauilla de todas las gentes. Que aquellos que por contemplaçion suya las prouinçias asi no leuaron fama de un solo onbre los truxo. E asi no menos la presente con uuestro preclaro nonbre aura gloria en los uenideros que por el grande Yarcha aquella fue remenbrada en los passados, mas para que ya en palabras me detengo si la uuestra grand sinçeridat e perfecçion loar non oso? Uulgado prouerbio es : el alabança en la propia boca ensordeçe. Que si por mi fuesse fablada manifiesto es de aquella exçelente persona paresçeria en ella mis [fol. 3 v°] ma se tornaua. E por esso me detengo. Pues si los longincos a aquella dessean los confines auian e los nuestros adoran, commo yo a quien la umana naturaleza obliga en todos seruiçios podre recusar las mosaycas leyes con mano diuina escriptas. Que son en mi uuestros mandamientos solo en la region de los biuos de mi mas temedero señor, por lo qual el ingenio al trabajo e la mano executando el mandamiento de uuestra señoria puse a la pluma, confiando asy mesmo no tanto de mis fuerças commo que por aquella sean corregidos los yerros. Por que los sabios que aquesta interpetraçion o uulgar por mi fecho leyeren commo ya passado so correcçion de tan heminente sçiençia pierdan cuydado de hemendar mis faltas. Non me faziendo nunçio de algunos maliçiosos, de todo retractadores, que no los prouechos e cosas singulares de los libros, mas xamas donde se tengan para blasfemar los que en conponer o interpretar trabajan con grande acuçia andan buscando. De los quales faziendolo que deuo me descuydo con aquel que dixo. Digan los ombres lo que quisieren, en tanto que mesma mi conçiençia non me acusa, los sieruos con obediençia satisfazer e

---

[92] La transcripción de Volmöller dice «ni», lo que no tiene sentido. También dificulta la comprensión su separación por punto seguido de la oración introducida por «como» después de «servir le desean».

yo con testimonio de aquella me contento, pues con afecçion e diligencia por la obra lo confirmo. Quien Homero e de que naçion o calidat aya sido e quand gloriosa uida fue la suya segund philosufia, por que abaxo despues de su prohemio Pedro Candido copiosamente lo escriue, e las dubdas que en el libro pueden uenir, no curo desplanar en lo presente.

PEDRO DÍAZ DE TOLEDO

BIOGRAFÍA

Escritor español del s. XV, de quien no se conocen mayores detalles biográficos. Se sabe que fue capellán del Marqués de Santillana y uno de sus más destacados colaboradores y traductores. Vivió en Guadalajara gozando de la intimidad y de la protección su maestro y posteriormente de los hijos de éste. De especial relieve son sus traducciones y prólogos del *Fedón* de Platón (ca. 1455) y del *Axiocus*, que debe haber terminado antes del 8 de agosto de 1445, ya que llama en el prólogo a su protector simplemente señor de la Vega, que en esa fecha recibió del rey los títulos superiores de marqués de Santillana y conde de Real de Manzanares. M. Schiff (ob. cit., pág. 334), basándose en el contenido del prólogo, le atribuye también la traducción de la *Genealogia deorum* de Boccaccio: «Celui qui a écrit ces pages, dont le déchifrement n'est pas toujours facile, était évidemment un des familiers du château de Guadalajara, il connaissait à fond la bibliothèque du Marquis et en avait profité. Nous ne croyons pas nous avancer beaucoup en attribuant cette version du *De Genealogia Deorum* à Pedro Díaz de Toledo». También ha dejado traducciones de Séneca y una extensa glosa de los *Proverbios* del Marqués, hecha a petición del rey Juan II. En homenaje póstumo a su protector, a quien asistió en 1458 en sus últimos momentos, escribe a instancia del conde de Alba el *Diálogo o razonamiento sobre la muerte del Marqués de Santillana*, a quien, con apostólico celo, hace despedirse de este mundo con las palabras de Jesús «Domine tibi commendo spiritum meum» (v. Morel-Fatio, ob. cit., nota 1, pág. 100 y Valbuena Prat, ob. cit. (4a ed.), nota 1, pág. 257).

ORIENTACIÓN BIBLIOGRÁFICA

Cartagena, Nelson. «Cómo se debía traducir en España en el siglo XV» en en A. Gil, D. Osthus, C. Polzin-Hausmann (Hg.) *Romanische Sprachwissenschaft. Zeugnisse für Vielfalt und Profil eines Faches*. Festschrift für Christian Schmitt zum 60. Geburtstag. Frankfurt, Peter Lang, 2004: 437-454.

Gran Enciclopedia Larousse. Madrid, Editorial Planeta, 2000: 3259.

Morel-Fatio, Alfred. «Notice sur trois manuscrits de la Bibliothèque d'Osuna» en *Romania*, tomo XIV, Janvier, 1885: 94-108.

Russell, Peter. *Traducciones y traductores en la Península Ibérica (1400-1550)*. Bellaterra, Universidad Autónoma de Barcelona, Escuela de Traductores e Intérpretes), 1985.

Schiff, Mario. *La bibliothèque du Marquis de Santillane*. Amsterdam, Gérard Th. van Heusden, 1970 [réimpression de l'édition de Paris 1905], pp. 340-345.

Pedro Díaz de Toledo 191

PREFACIO DE PEDRO DÍAZ DE TOLEDO A SU TRADUCCIÓN AL CASTELLANO (ANTES DE 1445 SEGÚN MOREL-FATIO, OB. CIT., PÁG. 102) DE LA TRADUCCIÓN DEL GRIEGO AL LATÍN DEL *AXIOCUS* DE PLATÓN HECHA POR LEONARDO BRUNI

EN

MOREL-FATIO, ALFRED. «NOTICE SUR TROIS MANUSCRITS DE LA BIBLIOTHÈQUE D'OSUNA» EN *ROMANIA*, TOMO XIV, 1885: 100-101.

(f. 70) Introducçion al libro de Platon, llamado Fedron, en que se tracta de como la muerte no es de temer, romançado por el doctor Pero Dias de Toledo [...], para el muy generoso e virtuoso señor singular suyo, señor Yñigo Lopez de Mendoça, señor de la Vega.

Segund dize Aristotiles, en el tercero libro de sus Ethicas, lo postrimero de las cosas temerosas e espantables es la muerte, e esto con gran razon, ca por aquella fallesçemos e dexamos de seer; e como el prinçipal desseo de los animales sea conseruar su seer, dubdan e reçelan la muerte, assi como cosa contraria e destruydora de su seer. Sudo la humadiat de Nuestro Señor gotas de sangre, conosçiendo la muerte çercana, e en esto non se quiso librar de los deffectos humanos, non enbargante que conosçia que aquella era nesçessaria a el en quanto onbre, en qualquier tienpo que fuesse, e nesçessaria por estonçe quanto a nuestra salud. E ya sea que por nesçessidat de natura la muerte non se puede escusar e el temor suyo congoxe e trabaje las voluntades de los onbres, enparo el gran filosopho Platon, prinçipe e caudillo de la conpaña achademica, por que con reposado e folgado coraçon pudiessemos beuir, fablo en esto assi como en todas las otras cosas diuinalmente, introduziendo a Socrates que disputa e faze persuasiones e razones, por donde entiende de prouar la muerte, non solamente non se deue temer, mas antes deuerse dessear, por que quasi por diuinal sentido arraygue de nos otros el miedo de la muerte e el temor de aquella aparte de nuestras voluntades. Retraydo por pocos dias a reposar la fiesta a mi casa, pense en que e a quien daria essas pocas oras que en aquellos dias para mi reposo tomaua, e mi memoria representome quantos en los dias passados con generoso coraçon e voluntad esforçada vy disponerse a morir por seruiçio e bien de la cosa publica e por esguarde de sus honores e offresçerse a morir syn dubdosa voluntad, seyendo la muerte tan dubdosa e espantable. Tengo en memoria el combate de Peñaflel, tengo la escaramuça de Lorca, asi mesmo el rrecuentro que ouistes çerca de Torote, e vy otros actos donde se representauan peligros de muerte. Dispuse de espender aquel poco tienpo en pensar que razon abastaua a traher a los omes a se disponer a morir, seyendo aquella lo postrimero de las cosas temerosas e espantables. E occuriome un libro de Platon, llamado

Phedron[93], donde vy e ley la causa e razon de aquesto; emprendi de leer e estudiar aqueste libro por obiecto de mi pensamiento, e delibre de lo rromançar e rremitir a vos, el muy generoso Señor, mi señor singular, que por propia virtud e bien de la cosa publica sabeys e sopistes anteponer la muerte a la vida. Por que, confirmado por auctoridat de aqueste diuino onbre, non judgues la muerte ser uno de los males, e vos, señor, entre los grandes afferes e cuydados que occurren, por una singular manera de alegria vos deleytades en leer libros de grandes sabios. Resçebid aqueste libello de Platon, pequeño en volumen e grande en auctoridat, el qual entre los otros qu'el compuso en lengua griega es en tanto resplendor de eloquençia, que en la manera de fablar, como diz Plutarco, non deue cosa al dios Jupiter. E si el romançe non guardare aquesta magestad de diuinal eloquençia, atribuyasse, o a mi que lo romançe grossera mente, o qu'el romançe nuestro non pudo obseruar la virtud e dulçor del proprio lenguaje en que fue compuesto nin del latin en que lo falle trasladado. Fares vos, señor, en aquesto lo que suelen fazer los buenos conosçedores de cauallos, que apresçian la naturaleza de los cauallos, su fuerça, su ligerez e non apresçian las guarniçiones. Assi, leyendo vuestra merçed aqueste libro, medira e considerara la fuerça del fablar de Platon e la magestad de tantas e tan graues sentençias, e conosçera yo auer auido voluntad de vos seruir e non acatara al rrudo romançe. Vengamos, ya dexadas todas las otras cosas, a veer la disputaçion graue e sentençiosa de Socrates.

---

[93]   Il est assez singulier de voir reparaître encore une fois ce *Phedron* pour *Axioco*. On doit supposer que Pedro Diaz, ou le scribe qui a transcrit son traité, avait sous les yeux un manuscrit où á côté de l'*Axiocus* figurait le *Phédon* dans la traduction de Bruni.

INTRODUCCIÓN DE PEDRO DÍAZ DE TOLEDO A SU TRADUCCIÓN (CA. 1455 SEGÚN
SANTOYO, 1987: 44) AL CASTELLANO DE LA TRADUCCIÓN DEL GRIEGO AL LATÍN
DEL *FEDÓN* DE PLATÓN HECHA POR LEONARDO BRUNI
EN
PLATON, *PHEDON*, FOLIOS 1-3 DEL MANUSCRITO SIGNATURA VIT. 17-4, PROCEDENTE
DE LA COLECCIÓN OSUNA, DE LA BIBLIOTECA NACIONAL DE MADRID.

TRANSLITERACIÓN DE NELSON CARTAGENA[94].

(Folio 1r)

Dela inmortalidad del alma diuersos actores en diuersa manera sintieron e
fablaron. Ca algunos de los philosophos que se llamaron epicuros negaron el
anima ser inmortal. E dixeron que muerto el honbre el alma perecia e della non
quedaua sustancia alguna. E la opinion de aquestos introduze Seneca enla sesta
tragedia donde introduze al coro que si preguntan las animas delos deffuntos
donde estan. dize que responde que donde estan las cosas que non son naçidas.
Quiere dezir que asy commo lo non naçido non tiene ser nin sustancia alguna que esso mesmo se dira delas animas delos deffuntos. E dize que dizen aquestos quelo que se dize comunmente que ay infierno e que se penan ende los malos
que a este dezir son nueuas vanas semejantes al sueño que faze al honbre cuydo-
so por algun mal que soño. e commo espierta non falla cosa de que tema. Asy
dezir que ay infierno e que se penan ende los malos aquesto pone miedo e espan-
to. E dezian aquestos que non ay tal cosa. Aquesta opinion introduze el sabio
Rey Salamon enel libro del Eclesiastes suyo al fin del tercero capitulo. donde
dize que era opinion de algunos. que uno e esse mesmo fin es del honbre e dela
bestia e egual es la condiçion de ambos a dos. Asy que estos segun este dezir
non creyan la inmortalidad del alma pues dezian que ygual era la fin e muerte
del honbre e de la bestia. E commo el spiritu e anima dela bestia se torna

(fol. 1v)

en nada que asy fazia el spiritu del honbre lo qual ninguno crea que fue de
entinçion del dicho Rey Salamon segun escriue sobre la dicha abtoridad maestre Nicholao de Lira e paresçe por fin del dicho libro Eclesiastes donde dize

---

[94] Hemos transliterado fielmente el texto escrito en letra gótica, manteniendo su ortografía
literal, acentual y puntual, salvo que hemos resuelto las abreviaturas, provisto de mayúsculas los nombres propios y añadido entre [ ] elementos que se omiten en el texto.
No hemos incluido dos notas eruditas sobre el *Fedón* que se encuentran en los márgenes
del folio 2^v porque no parecen provenir del traductor.

que dios ha de traer a todo honbre a juyzio por las cosas que fara. lo qual non podria ser sy el anima non fuesse inmortal. De aquesta peruersa e dañada opinion eran los saduceos los quales por que creyan que las animas non eran inmortales negauan la resurreçion segun que se escriue enel acto delos apostoles enlos veynte e quatro capitulos.

Otros philosophos fueron que se llamaron peripateticos el cabdillo e maestro delos quales fue Aristotiles. El qual en su philosophia natural nin moral non fablo cosa çerca dela inmortalidad del anima abierta mente. caso que algunos doctores lo quieran concluyr de algunos dichos suyos enlos libros que compuso del anima. Otros philosophos ouo que se llamaron stoycos el maestro e el cabdillo de aquestos fue Platon. El qual mas que otro philosopho alguno afirmo el anima ser inmortal e las animas delos buenos o virtuosos auer galardon enel otro mundo. E las animas delos malos auer pena. E para mostrar abierta mente aquesto introduze a su maestro Socrates en aqueste libro que disputa con sus disçipulos. En persona del qual Socrates Plato por discurso e manera de dialago prueua el anima del honbre ser inmortal por munchas razones e prueuas assaz coniecturales.

E caso que non llegue del todo ala verdad de nuestra fe es mucho de marauillar que honbre philosopho sin fe solamente atraydo por la razon e lunbre natural viniesse en tan grant conocimiento. Aquesto pu

(fol. 2r)

do ser quelo aya causado por que commo dize sant Geronimo enla epistola que se intitula a Paulino la qual se pone por prologo de la bliblia. Plato descendio descendio [*sic*] en Egipto por ver los libros dela ley e delos prophetas los quales vido e pudo ser que informado dela sacra escritura fue induzido a fablar del anima mas verdadera e catholicamente que otro philosopho alguno. Algunos dizen la opinion delos quales introduze Macrobio sobrel sueño de Sçipion que uno que se llamo Feres Panfilus del qual fabla Valerio enel libro primero enel titulo delos miraglos el qual dize que murio en una batalla e que estouo muerto diez dias apa[r]tada el anima del cuerpo que despues ressuçito e que reuelo munchas cosas del otro mundo. en espeçial dela inmortalidad delas animas e que de aqueste honbre ressuçitado houo Plato el fundamento e doctrina que en aqueste libro introduze.

De aquesta opinion fue Tulio el qual segun dize el dicho Macrobio por postrimera de todas sus obras e libros escriuio el dicho sueño de Sçipion donde introduze a Sçipion el asyano [*sic*] e a otros grandes e virtuosos honbres fingiendo que aparescieron despues dela muerte e dixeron delos premios e galardones que las animas de los virtuosos honbres han e tienen enel çielo e las penas que los malos padecen. Aquesta opinion esso mesmo introduze Vergilio enel sexto

libro de los enoydos donde escriue quando Eneas vino alos canpos elisios que
son los canpos de parayso e fallo ende a Anchises su padre e alos otros mayores
e antecessores suyos. E de aquesta opinion fueron todos los philosophos que se
llamaron stoycos. La qual opinion es grand confirmaçion de nuestra

(fol. 2v)
santa fe e confussion delos malcreyentes que sy el dicho philosopho e Plato e
todos los otros sequaces e disçipulos suyos atraydos solamente por razon e lunbre natural creyeron e conoçieron que las animas eran inmortales e que muertos
los honbres aurian premio las animas delos buenos e gloria e las animas delos
malos padeçerian penas crudas e sin fin. Mas son obligados alo creer los que
allende dela razon e lunbre natural son informados dela ley que dios dio e publico
asy por Moysen e por los otros santos prophetas como por los sermones e doctrina que nuestro saluador dios e honbre por sy mismo en persona predico e demostro. con grand razon pues Leonardo de Areçio docto e sabio honbre enlas letras
griegas se trabaio a traduzir en nuestros tienpos del griego enla lengua latina
aqueste libro llamado Fedron[95]. Del qual caso que santo Agostin e los otros santos doctores fazian mençion del en grand reuerençia e actoridad mas non se
fallaua traduzido en la lengua latina. E por un preçioso don lo remitio al papa
Inocencio septimo segun que el dize en su introducion.

Muy docto e muy generoso señor a quien los negoçios non han fuerça nin
vigor de enbargar nin inpedir el oçio de vuestro estudio. por recreaçion delos
trabaios corporales vuestros me dispuse a traduzir en nuestro vulgar castellano
aqueste libro de Platon llamado Fedron e lo remitir ala sabia discreçion vuestra
por que allende de los catholicos actores que auedes leydo e leedes leades aqueste philosofo gentil. E vuestro spiritu generoso se anime e esfuerçe a conportar
trabaios e peligros corporales en actos e exer[çi]cios virtuosos. Por que el anima
se delibre e desenbargue a entender en si mesma e entendiendo en si enten

(fol. 3r)
dera en quien la crio e redimio e la ha de saluar. Verdad es que la magestad dela
fabla que el dicho Plato touo enel griego non pienso que se pudo guardar por
Leonardo en la dicha traducion que fizo segun que sant Geronimo dize en un
prologo de la bliblia escusandose que el non podria traduzir la sacra escriptura
de ebrayco en latin con aquella magestad de eloquençia e dulçor de fablar que
enel propio lenguaje la sacra escriptura tenia. E por consiguiente menos podre

---

[95] Fedrón es una forma bárbara de Fedón común en el s. XV y que ya se encuentra en un
      manuscrito latino que contiene la versión de Leonardo Bruni, traducida por Pedro Díaz
      (v. Schiff, ob.cit., pág. 9).

yo guardar en aquesta mi indocta rude traduçion la elegante e curiosa manera de fablar enla qual Leonardo el dicho libro traduxo enla lengua latina. Asy por la magestad del fablar de Platon e de las ylustres sentençias suyas commo por que non se sy muchas de sus razones se pueden bien aplicar al nuestro vulgar castellano. E caso que de muchos philosophos se diga que touieron ardua e singular manera en fablar solamente de Plato segund escriue Plutarco se dize que en su fabla non era menor que el dios Iupiter. E bien se mostro en su nasçimiento quien auia de ser aqueste philosopho Plato que segund escriue VaIerio enel libro primero enel titulo de las prenosticaciones que seyendo niño Plato estando enla cuna las abeias vinieron a fazer panal de miel en su boca delo qual todos los sabios prenosticaron que aquel niño hauia de ser muy suaue e dulçe en su fabla. Asy mesmo se escriue en el Policrato enel libro primero enel capitulo dezisiete que durmiendo Socrates en Academia vido en sueño que del ara del tenplo de Venus le ofresçian un çisne que su cuello llegaua al çielo e con su rostro tocaua alas estrellas e que trascendia el mirar de todo honbre e que cantaua tan

(folio 3v)
du[l]cemente que a todo el mundo ponia en plazer e en alegria. E dize que al syguiente dia Ariston padre de Plato traxo e presento a Socrates a su fijo Plato de pequeña hedad para quele enseñase e mostrasse las çiençias que sabia. E dize que commo Socrates vido al moço e acato su disposiçion que dixo. Ciertamente aqueste es el cisne que yo vi en sueños que me ofrecian del ara del tenplo de Venus. de las cuales prenosticaçiones se coniectura bien quien fue Plato en su fablar e cognosçe se euidente mente por las sentençias suyas. Pues dexemos ya de prolongar mas la fabla e entendamos enla traduçion del dicho libro de Platon llamado Fedron.

Prefacio de Pedro Díaz de Toledo a la traducción (s/f) del latín al castellano de *De genealogia deorum* de Boccaccio[96]
en
folios 1-4 del manuscrito signatura JO.221 de la Biblioteca Nacional de Madrid.

Transliteración de Nelson Cartagena.

(Folio 1r, col. 1)

... enla primera de sus comedias llamada *Andria* muestra deuerse temer de alguna enfermedad non ser muy lueñe del syn medida guzo[97] /. dire non commo el en *Eunucho* dizia / o Jupiter guarda me aqueste tan deleytoso bien /. mas dire breue mente commo fiel cristiano / adaptando a my dezir algunas palabras del glorioso apostol san Pablo / vaso de eleçion /
O alteza de riquezas
eterna diuinidad
en quien de todas firmezas
es ffirme seguridad
o verdadera unidad
e dios infynito en quien

---

[96] Seguimos al respecto la argumentación de M. Schiff, *La bibliothèque du Marquis de Santillane*. Amsterdam, Gérard Th. van Heusden, 1970: 334 [réimpression de l'édition de Paris 1905]: «La préface que l'auteur de cette version a mise en tête de son travail est fort curieuse. Elle est malheureusement incomplète, et nous ne savons pas à qui l'ouvrage était adressé. Mais nous sommes certain qu'une lecture attentive de ce document, que nous reproduisons ci-dessous, donnera au lecteur la conviction qu'il s'agit ici du marquis du Santillane. Toutes les allusions faites par le traducteur anonyme le désignent. Celui qui a écrit ces pages, dont le déchiffrement n'est pas toujours facile, était évidemment un des familiers du château de Guadalajara, il connaissait à fond la bibliothèque du Marquis et en avait profité. Nous ne croyons pas nous avancer beaucoup en attribuant cette version du *De Genealogia Deorum* à Pedro Díaz de Toledo». Para facilitar la «lecture attentive» que permite aceptar estas conclusiones hemos transcrito también el texto completo del referido prólogo, aun cuando los tres primeros folios contienen nada más que alabanzas al personaje a quien se dedica la traducción; y sólo las últimas líneas de la primera columna del cuarto folio se refieren a su técnica de traducir. En nuestra transliteración se mantienen la ortografía literal, puntual (los signos empleados, aunque con poca sistematicidad, son punto, rayita oblicua simple, doble o incluso triple seguida o no de punto) y acentual del códice, pero se resuelven las abreviaturas y los nombres propios se escriben con mayúscula y además con cursiva cuando corresponda.

[97] Schiff, ob. cit., pág 334 propone «gozo (?)».

se onrra la trynidad
tu me g[ua]rda aqueste bien
/. dire mi culpa omi muy temido e muy amado señor /. e afirmante verdad ante vuestra magnifiçençia /. que muchas vezes nembrando me en commo Virgilio enel quarto de su *Eneyda* describiendo la fama dize della / que tanbien toma consigo e testifica lo non verdadero e ficto e malo commo lo que por verdad consiste /. nembrando me esso

(col. 2)
mesmo de lo que della dize Panfilo en su pequeño volumen que tracta de Amor /. que se leuanta de pequeña costa e non canssa tan de ligero e que en caso que miente cresçe mas todauia /. dubde con migo mesmo e pensse non ser tanto quanto de vuestra merçed se dizia /. ala qual desque por presençia mire /. e vi e conosçi por corporea vista lo que por la mental luengo tienpo antes auia conçebido açerca del politico beuir e magnifico estado uestro e delos notables e famosos fechos e pelegrinos e altos pensamientos e illustres e muy arduos aferes / en los quales veo que se exerçita e se deleyta grande mente vuestra señoria /. Verdadera mente muy magnifico señor / me paresçe non auer lugar açerca de vuestra merçed aquel (.....) dicho de Claudiano en que dize que la presençia amengua la fama /. mas veo que con muy legitima razon yo puedo dezir a vuestra magnificençia lo que al sabio Salamon dixo la reyna de Saba

(folio 1v, col. 1)
quando por sola su fama lo vino a ver en Jerusalem e le dixo verdadera fue señor la fama que de ty oy en mi tierra sobre tus sermones e sobre tu sabiduria e non lo creya alos que melo contauan fasta que yo mesma vine e lo vi por mis propios ojos e proue e conosçi que non me auian anunçiado la media parte delo que en ti es / e mejor es la tu sabiduria e las tus obras que la nueua que de ty oy /. bienauenturados son tus seruidores e tus sieruos aquellos que estan ante ty e oyen la tu sapiençia etc. E quiero señor que piense quien con sano juyzio e con sinçero animo querra imaginar enel resplendor de vuestras gloriosas obras / e asi bien lo considerare non dubdo que se acuerde con migo en dezir que vuestra merçed es oy quien syn de[s]lizar nin declinar del tramite e derecho camino de virtudes / en todo e por todo arremeda / non menos en discreçion que en cauralleria / alos claros e famosos principes e señores delas pristinas hedades los quales por sus virtudes e ffechos de grandes fazañas dexaron memorable nombre e

(col. 2)
perpetua memoria a los despues dellos / sinon vean e consideren con diligente animaduersion / con quanto triunfo e gloria e honor vuestra çelsidumbre sienpre

se aya auido en los fechos de armas e obras militares en que infinitas vezes se ha visto/. donde non sola una mas muchas / e mas / con legitymo temor se temia e se judgaua delos astantes / la muerte ser preçio de vuestro viril ardimento / e todauia se fallo ser deuida a vuestra señoria la palma de la victoria // [¡]0 gloriosa hedad la passada / quando ningund famoso fecho passaua con somnolento silençio/. syn se perpetuar o por hedifiçio o por escriptura [!]//. digolo señor por que si lo padesçiesse el presente siglo/. el qual fablando syn injuria nin detrimento delos que enel son / mas con razon deuia llamar ffes de siglo /. qual razon contraria dever se auer fecho a vuestra magnifiçençia arcos triunfales por donde passasse segund los romanos ffazian quando algund su capitan torrnaua ala çibdad victorioso de alguna

(folio 2r, col. 1)
batalla / los quales aun oy dia duran/. [¿] E qual seria la escusaçion que escusasse deuerse historiar con calamo copioso / e perpetuarse por escriptura vuestros illustres fechos por muchos autenticos estoriadores[?]/. Ca por cierto segund dizia Marco Çiçero en la oraçion ponpeyana / la qual es asi dicha por quanto el la ffizo en fauor e loor de Ponpeyo/. que aquel que quisiesse dezir e fablar non le ffallesçeria jamas que dixiesse açerca de sus loores/. e asi mesmo se deue dezir que jamas non les fallesçeria alos tales escriptores que escriuiessen açerca de vuestras proezas innumeras//. Alaba a Hercoles la antiguydad e cuentan del las fablas e poeticas fiçiones que commo el se viesse hun dia en medio de dos caminos delos quales el uno era el dela virtud el otro el dela delectaçion e considerasse con sigo mesmo qual de aquellos deuia eligir e seguir/. commo el uno es a saber el de la virtud se mostrasse muy aspero e muy graue e muy difiçile de caminar / e el otro conuiene saber el de la delectaçion sele mostrasse muy llano e muy espaçioso e muy plazentero/. que el delibero de seguir

(col. 2)
el camino de la virtud /. Pues por que en semejante cosa vuestra señoria non deua ser loada en eleuado e muy summo estilo / non lo puedo pensar/. Commo sea notorio que pospuestas las ileçebras e voluptades delos mundanos deleytes siguio sienpre la derecha via de virtud/. si non do por testigo los fechos / e presento en testimonio las obras / que vuestra merçed ha fecho e faze de cada dia que jamas tan solo hun momento non consume en vano / en canpo / commo / en canpo / siguiendo los fechos de la insigne miliçia / e en casa / commo en casa / dando se al estudio de notables cosas / e estudiadas / poniendolas en escriptura / para instruçion e documento de otros / siguiendo a Luçio Aneo do dize ser cosa muy dulçe el oçio que se espiende en estudio/. Pues que se podra dezir delas otras syn numero graçias e donos çelestes e naturales que son en

vuestra señoria /. de vuestra egualdad / fortaleza / temperançia / prudençia / costançia / ffe / piedad /

(folio 2v, col. 1)
e continençia / e de todas las otras cosas que se requieren a virtuosos actos/. yo non siento ingenio tan abundante que conprehender las pudiesse para las referir entera mente segund en vuestra merçed se albergan / e ffinal mente toda bondad/. la qual que en vuestra magnifiçençia sea infinita façile es de conosçer a quien pensar querra lo que Platon dize en una de sus epistolas en que afirma ser grande argumento de bondad ala persona abundar en amigos/. pues quien se pueda dellos dezir mas rico / quien mas copioso o quien mas abondoso que vuestra merçed yo non los siento nin lo[s] conozco en aqueste reyno / mas / [¡]O (.....) vida la en que beuimos[!]/. [¡]0 peruersa condiçion de tienpo la en que somos[!]/. [¡]0 mundo inico el presente/. que antes se ffallaran mill reprehensores que hun loador / e antes quien sepa o quiera detratar e prefacar [?] de los buenos ffechos e equiuocar los siniestra mente / que quien los quiera loar e comentar[!]// Non dubdo señor que seran algunos que me notaran de nota de adulaçion diziendo

(Col. 2)
yo alabar en mi escriptura al señor cuyo so e en cuya mençion biuo. a los quales si responder me conuenga [ruegoles nembrar se quieran][98] que dize el philosofo / la virtud loada cresçe e se esmera mas / e que es liçita cosa dezir bien del bien / e que en dezir la verdad syn oprobio de otro non se comete error nin mal fecho alguno/. Ca si bien consideraren en vuestras magnificas obras / fallaran por verdad deuerse dezir con razon a vuestra señoria lo que a Lucio Luçeyo dizia Marco Tulio en una de sus epistolas / es a saber que mas justa mente deuyan ser llamados enuidiosos los que non han admiraçion de vuestra merçed e de sus claros e mirificos fechos que aduladores los que los loan //. Dirian por çierto muy generoso señor / mayor verdad si dixiessen / yo en este caso fazer grande ofenssa a vuestra magnifiçençia / por solamente tomar en mi tanta presunçion de querer loar las virtudes e insignes condiçiones e fechos egregios de hun tanto señor. commo yo non sea abastante / non dire a loar mas aun a recontar la menor parte dellos//. E pues segund el comico Africano non ha cosa tan digna

(folio 3r, col.1)
de loor nin fecho tan famoso que (.....) se recontando non venga en diminuçion e despreçio podrian concluyr que en lugar de ensalçar vuestro nombre por mi

---

[98] Schiff, ob. cit., pág. 337 añade el texto entre paréntesis, interpretando una nota al margen prácticamente ilegible en la copia electrónica utilizada por nosotros.

escriptura lo diminuya por ella mesma//. Por çerca desto muy magnifico señor / non dubdo yo que sea en ne[m]brança a vuestra clara memoria la qual mas verdadera mente se podria dezir angelica que humana / lo que el moral Seneca dize / que en qualquier cosa que las personas fagan se deue parar mientes a la voluntad con que la ffazen /. la qual commo en mi sea e sera en quanto biua muy leal a seruiçio vuestro / espero de vuestra señoria que dissimulando la insuffiçiençia dela inepta e descompuesta escriptura mia flectera e inclinara su generoso animo a mirar e considerar la puridad e lealdad que en mi es sacrificada a perpetuo seruiçio de vuestra magnifiçençia con aquel muy enteroso muy verdadero amor que de leal seruidor a su muy obedeçido e muy amado señor es deuido. El qual commo en mi sea en su propio e verdadero ser açerca de vuestra merçed e de su querer absoluto . el mesmo es aquel

(col. 2)
que da de si testimonio//. quien dubda señor que do amor consiste fallesçe el derecho juyzio//. Ca por tanto segund Petrarca dize en el prohemio del su libro *De vita solitaria* lo fingio ciego la antiguydad por quanto non ha nin puede auer recto conosçimiento en los fechos //. demas desto señor / non es de dubdar que segund dize Ouidio Naso / amor sea aquel que vençe todas las cosas//. Esto considerado muy magnifico señor / e veyendo en commo por seruicio vuestro yo me dispongo alo que ya mi animo es deliberado / es a saber a trasladar e transcribir de latyn en nuestro vulgar materno la obra que si plaze a dios adelante se seguira intitulada *Genealogia de los dioses de los gentiles /*. de ligero puede vuestra merçed conosçer amor ser aquel que me çiega e me priua del cierto juyzio e me roba mi (......) /. por manera que non so señor de conosçer a mi mesmo / nin para quanto so / e el mesmo ser aquel que por una estraña manera me fuerça e me vençe todas mis fuerzas / de las quales / si yo non fuesse commo oy me veo desapoderado e puesto en oscura ceguedad e tiniebra del propio

(folio 3v, col. 1)
conosçimiento / e ageno de mi (.....) e libre aluedrio / de creer es que me arredraria de aquello a que tanto me allego / e que fuyria de començar lo que si viuo fenesçer entiendo /. Ca pensaria señor e temeria lo que justa mente deuo temer / es a saber la obra ser grande e puesta en muy alto estilo metrico e prosayco / tal que requiere especulaçion muy biua de la qual yo so muy lontano /. Pensaria esso mesmo quien so en doctrina / e quien es aquel a quien se dirige la obra commo sea vuestra merçed hun señor de çeleste ingenio muy estudioso e perspicaz e muy marauilloso çensor en semejantes cosas /. Consideraria otrosi otros diuersos respectos de los quales por el menor me deuia esquiuar de hun tanto fecho e de tan grande assayo //. Enpero muy magnifico e mi muy obedesçido

señor / por obedesçer a vuestra magnifiçençia de cuyo espreso mandamiento el qual es a mi ley inpossible de ser quebrantada / me es injuncto que vulgarize el tal libro /. E pues que amor que tanto puede es mi guia en este caso el qual segund dize Oraçio acresçienta las funcçiones de aquel que ama e asi espero que acresçentera las de

(col. 2)

mi minimo saber. El qual essomesmo segund dize Dante ["]a ningund amado amar perdona["] e creyendo que sera a mi reçiproco de parte de vuestra señoria e que commo dize Terençio en la (.....) comedia el amor dara yguales partes al señor e al seruidor /. Nembrando me esso mesmo de lo que el mesmo cartaginense poeta dize que a los osados ayuda la fortuna / dando le otrosi ffe en aquella parte do dize que las cosas que paresçen grandes e asperas se torrnan ligeras a las personas que han animo para las cometer /. creyendo esso mesmo al atheniensse philosopho Eusopo çerca de la moralidad de la su fabla del leon e del raposo. la qual remicto alos que ver la querrian /. non oluidando otrosi lo que dize Seneca /. que en los grandes fechos / en caso que non sucçeda commo la persona se pienssa que es honesto el esfuerço (.....) a los comienços /. auiendo tanbien nenbrança de hun notable dicho que el glorioso Troylo ouo fablado en consejo ante el rey Priamos su padre quando se tractaua del passaje en Greçia por delibraçion de Esslona

(folio 4r, col. 1)

el qual dicho esse mesmo remicto a aquellos que buscarlo les plazera e que la historia troyana tienen familiar / Nenbrando me otrosi entre las otras cosas delo que Aristotyles dize enel libro ultimo de las *Ethicas* conuiene saber que la delectaçion fenesçe la obra / e que pues vuestro seruicio es a mi muy singular deleyte el causara la obra auer fyn dios medianero///. Pospuestos todos otros objectos e obstaculos. los quales liçita mente deuerian contrastar mi proposito e querer en aqueste caso / no dexare de me ofresçer al trabajo detrasferir la tal obra de latyn en vulgar. a nonbre gloria e honor de vuestra magnifiçençia /. E si non pudiere lo que quiero querre segund el comico prouerbio aquello que pueda / esforçando me en quanto mi poder bastara al tal fecho por sacar palabra de palabra o intento de intento e alas vezes por equiualençia segund razon lo ditare e mas propia mente mi exiguo ingenio lo pudiere adaptar /. E prinçipiando en nonbre de aquel que sin prinçi

(col. 2)

pio es comienço de todos bienes seguyr se ha el prologo que ffizo el auctor / el qual aun que se que fara grande verguença al mio / pero auiendo por mi la escusa que justa mente es dada a los que ffazen aquello que pueden / pues que si mejor pudiera / mejor lo ouiera ffecho / suplico muy humill mente a vuestra exçelssa señoria que resçiba el afecto por efecto e açepte mi trabajo en seruiçio / digo trabajo aun que por lo que ya desuso dixe / mas propia mente diria solaz e deleyte en conosçer que siruo en ello a vuestra muy magnífica señoria /. la qual el prinçipe del çielo luenga mente conserue con aumento prospero de estado e virtudes e fama.

FERRAN VALENTÍ

BIOGRAFÍA

La documentación sobre el jurisconsulto y humanista mallorquín data desde 1440. Murió en 1476, pero no se conoce la fecha de su nacimiento. Según Menéndez Pelayo (*Bibliografía hispano-clásica latina*, III. Santander, Aldus, 1950: 19) «es la misma persona que el *Ferdinandus Valentinus*, de quien se conservan algunas epístolas latinas en un códice de la Academia de la Historia, y que figura con el nombre de *Fernando de Valencia* en la *Historia de la literatura española* de Amador de los Ríos». Tuvo un hijo de nombre Teseo, que también fue jurista, compiló los privilegios de Mallorca y murió en 1511. Valentí fue discípulo de humanistas italianos, especialmente de Leonardo Bruni de Arezzo, pero también de Antonio Beccadelli, el Panormita, y de Lorenzo Valla. Escribió en latín epístolas en prosa y poesías, algunas de ellas en versos sáficos. De su obra en catalán se conservan un discurso pronunciado en diciembre de 1467 ante el Consejo de Mallorca y su traducción de las *Paradoxa* de Cicerón hecha seguramente después de 1444, puesto que en el prólogo se refiere ya como difunto a Leonardo Bruni, quien falleció en dicho año. En el prólogo hace un recuento de los traductores y escritores en lengua vulgar y expone brevemente su manera de traducir.

ORIENTACIÓN BIBLIOGRÁFICA

Cartagena, Nelson. «Cómo se debía traducir en España en el siglo XV» en A. Gil, D. Osthus, C. Polzin-Hausmann (Hg.) *Romanische Sprachwissenschaft. Zeugnisse für Vielfalt und Profil eines Faches*. Festschrift für Christian Schmitt zum 60. Geburtstag. Frankfurt, Peter Lang, 2004: 437-454.

Ferran Valentí en *Enciclopèdia catalana* http://www.enciclopedia.cat/

Medina, Jaume. «Ciceró a les terres catalanes. Segles XIII-XVI» en *Faventia*, 24/1, 2002: 179-221.

Russell, Peter. *Traducciones y traductores en la Península Ibérica (1400-1550)*. Bellaterra, Universidad Autónoma de Barcelona, Escuela de Traductores e Intérpretes, 1985.

Valentí, Ferran *Traducció de les Paradoxa de Ciceró. Parlament al gran e General Consell*. Text, introducció i glossari de Josep M.ª Morató i Thomàs. Barcelona, Biblioteca Catalana d'Obres Antiques, 1959.

PRÓLOGO DE FERRAN VALENTÍ A SU TRADUCCIÓN (1450) DEL LATÍN AL CATALÁN
DE LAS *PARADOXA* DE MARCO TULIO CICERÓN
EN
MENÉNDEZ PELAYO, MARCELINO. *BIBLIOGRAFÍA HISPANO-LATINA CLÁSICA, III*
(...CICERÓN – HISTORIA AUGUSTA). EDICIÓN PREPARADA POR ENRIQUE SÁNCHEZ
REYES. SANTANDER, ALDUS, S.A. DE ARTES GRÁFICAS, 1950: 20-25[99].

Molts son estats dels passats doctissims e sapientissims, los quals vehent
alcunes doctrines estar amagades e secretes per ignorancia de la lengua ó idioma en lo qual eran stades posades, per lo inuentor ho componedor de aquellas,
la manifestacio de les quals, si en lengua o parlar intelligible fossen tornades,
fora cosa molt aprofitable a molts; e per aço moguts volgueren pendre tan tre-
ball en [s]i[100] e carrech no poch en transferir aquelles en ydioma o parlar entes
e conegut ha aquells per los quals tal traslacio feta era. Aquesta matexa cosa
han seguida los moderns e modernissims, posant he transferint molts libres e
hobres de vna lengua en altra, que per rao poguesen ha molts valer he aprofitar.
Si volem atendre als nostres maiors he dels quals hauem aguda doctrina e
tenim grant fundament e quasi (el) total de nostra ffe e religio, conexerem
aquestes cosas esser estades fetes. Veges lo que ha fet aquel lum e claredat de
sciencia he spill de la lengua latina, grecha he ebraycha, *S. Hieronim*, en manifestar aquelles ambiguhitats he ob[s] curedats de les scriptures e libres de la
antiga sinagoga, figura de nostra Ecclesia catholicha vniuersal he militant. La
qual cosa apres de aquel molts an seguida, no solament per voler aquelles cosas
transferidas demo[s]trar, mes encara per saber respondre ha aquells qui tals
coses volrien ho volguessen esforçar contra sciencia e raho, la qual cosa per
ventura ser no poguesen, si tal cosa ignorassen. Mira la lengua latina como era

---

[99]   En Ferran Valentí, *Traducció de les Paradoxa de Ciceró. Parlament al gran e General
        Consell*. Text, introducció i glossari de Josep M.ª Morató i Thomàs. Barcelona, Bibliote-
        ca Catalana d'Obres Antiques, 1959: 35-43, se puede consultar una versión de este pró-
        logo adaptada a la ortografía catalana moderna, lo que facilita indudablemente la lectu-
        ra, pero impide observar características de la lengua medieval, como por ejemplo, los
        hipercultismos del tipo *herudita*; *hobres* y *he*, variantes de *erudita, obres* y *e*, que reve-
        lan las dudas surgidas a raíz de la pérdida de [h] aspirada, o bien, la inestabilidad de las
        vocales átonas (*tadiosa, tosculana*), etcétera. Como solución de compromiso sólo
        hemos modernizado moderadamente la puntuación. Por otra parte, hemos llamado la
        atención en notas sobre las escasas diferencias léxicas importantes que se observan en
        la transcripción de Morató.
[100]   Ponemos entre [ ] la letra **s** cada vez que en el texto la antigua letra gótica **ſ** se puede
        confundir con **f**.

freturant de les arts e de philosofia, axi moral natural, com de mathafissicha, [s]ino fossen stats transferits los libres he doctrines dels grechs, los quals eran a tal lengua no intelligibles, de la qual cosa fouch auctor aquell docte e prudent Boeci. Jats sia en philosofia moral sia stat altre, lo qual no paria assats copios en tal lengua, e per ço ha aportat a nosaltres gran escabro[s]itat de sentencia, e per conseguent tedi, en voler aquelles coses o legir o ensenyar.

Pero no ha defalgut en nostre segle he edat corrector e esmenador ha tal manquament he defecte, [anshi es stat per aquella sobirana Causa vniuersal he principi de totes les altres causes, ja en la sua pensa diuina he inmensa estatuit he ordenat ans de alcun temps futur esdeuenidor - entemps a mois[101], per conseguent, aprofitable, en aquella edat constituits, eh esdeuenidors en altra tempestat succehidora], ornament he claredat de la lengua latina eh grega, nat en Thoscana, en la ciutat de Areço[102] he nodrit, criat he educat en aquella magnifica e splandidissima ciutat de Florença, en la qual jatsia inquili e no originari, per les sues grans virtuts aconsegui gran loch, nom e fama inmortal, lo qual transferi de grech en lati les *Etiques de Ari[s]totil*, politiques he ychonomiques, e mes hun libell, lo qual es intitulat o scrit *Plato in Phedone*, he moltes altres obres de les quals la narracio seria molt prolixa he tadiosa. E mes auant alcunes coses posades per lurs inuentors en vulgar ha volgudes en lengua latina trasportar, no per voler aquelles amagar als ignorants tal art, mes per maior auctoridat donar ha tal inuencio he istoria, lo nom del qual, per que no l' ignores tu, legidor de aço, ans aquell ages en tal oppinio he reputatio com es degut he yo he, lo qual aquel he vist he de ell son stat adoctrinat e ensenyat, e plagues a Deu fos ara ab nos viuent.

— Mes ¿que he dit? Creuria el es viuent e nos som morts, he morts viuim he habitam en aquest mon sensible, plens de hiniquitat e cupiditats, fraus, voluptats, engans, ihres he altres satellites e companyons de aquestes coses, de les quals totes aquel fretura, com sia peruengut en loch no capace ne receptible de tals medis, en[s]utzats he envoluptats ab altres vestidures he portaments, que per aquella [s]obirana Causa ja damunt dita fossen stats creats; aquella es vida e la nostra es mort, he aquell ha viscut he ara viu, husant de aquell fruyt he beatitud en tanta obscuritat he fragilitat entesa e coneguda. Pero yom[103] sent en quant varat ho allenegat de aquell terme, en lo qual era mon proposit en lo principi anar e peruenir, e per ço, la entench retornar, he dich lo nom de aquell pare he preceptor meu, ço es, Leonardo de aeço[104], home in[s]igne, gloria he honor

---

[101] (Nota nuestra.) Morató, ob. cit., pág. 36, línea 46 transcribe «molts».
[102] Arezzo.
[103] Léase *yo em*.
[104] Arezzo.

de la lengua toscana; e per tant que tu no ignores lo que damunt es stat dit de transferir de lengua vulgar he materna en lengua latina, sapies que aquesta obra es aquella si vista la auras o legida, la qual se [s]criu *Es conte istoria de Giscart e de Gismunda*, los quals, ab quants duptosos passos forem deduyts he portats a tal mort cruell he piadosa.

Veges mes auant, pus del nostre preceptor hauem parlat, lo que ha fet aquella gran trompa de vulgar pohesia, Dant Aldagier, per ensenyar he erudir lo vulgo he popular, lo qual comunament es ignorant de lengua herudita e latina. Mira, apres de aquell, lo gran poeta laureat[105] com ha volgut moralitzar en la vila de Archa, no pas en lengua latina, mes materna e vulgar; e si mes auant pensaras[106], veuras lo seu dexeble[107] en qual ydioma aura posada la *Fiamela he Coruatgi*. ¿Que dire de aquell *Cechodascho* (?)[108], agre he dur reprehenedor de vicis, lo qual en vulgar ha parlat interposant grans sentencias plenas de grauitat et moralitat? E per que no oblit(s) los de nostra natio catalana, guarda *Arnau Daniel*, quant es stat subtil e ple de sentencia en son rim e prosa vulgar. No sonch certes de menor stima, ans pus altes he subtils coses ha tractades, inuestigades e aconseguides ab aquella sua noua he inaudita art, cerquant tots los cells he confors en haquells errants he fixos, tractant he manejant aquelles intelligencies en grau he orde differents, les quals nosaltres *Angells* apellam. E mes es entrat en aquella gran e profundissim(a), inmensa[109], he sobre eterno secret inefable de la Santissima Trinitat he humanitat, tan quant se es puscut, ne per esdeuenidor se pora per intelligencia humana; e mes en terra deuallhat, perhagrant aquesta nostra maxina[110] mundial, entes he conegut, ensenyant la composicio daquells quatre cossors[111] elamentals axi entremesclats he intergectes entre si com entre los indiuiduus he particulars de aquells composts, e mes la resolucio de aquells en lo grau y la materia de totes aquestes coses sens alcuna forma. E mes a nosaltres adoctrinats, mostrant la corrupcio atenyer aquestes formes nostres vi[s]ibles he accidentals, e no pas la materia. E mes auant baxat, ha cercades aquellas grans profunditats invies he obscures, cauernoses he abruptes, mes intrincades[112] sens comparacio que aquella gran fabricha del

---

[105] Petrarca.

[106] Pasasses.

[107] Boccacio.

[108] (Nota nuestra.) Morató, ob. cit., pág. 38, línea 98 transcribe «Ceco d'Ascoli». En todo caso el nombre correcto del autor es *Cecco d'Ascoli*.

[109] (Nota nuestra.) Morató, ob. cit., pág. 39, línea 109 transcribe «profundíssim, inmens».

[110] Máquina.

[111] Cossos.

[112] Intricades.

Laberinto, ço es, del *Regne stigios senyorejat per Pluto*[113], princep del tenebros imperi, naueguant per aquella gran vastitat procellosa de *Acheron*, flum infernal, ab aquella petita barcheta, ab la qual en temps passats feu nauegar la gran Sibilla lo pare he principi seminador de la casa Julia he imperi Roma[114]. No empero anaua vellat segons aquell, ne de armas cubert, ne ague mester adoctrinament de aquella Sibilla, com per aquell no fora preuengut, segons ella no preuench - ne per conseguent lo qui per aquella ensenyat es stat - en aquell alegre Port de perpetua felicitat, iocunditat e suauitat. Mes sonch adoctrinat per aquella clarissima he Santissima Sibilla[115], mare de Aquell qui nuu he de cinch colps nafrat, no pas armat segons *Eneas*, per si propi deualla e rompe les ferreas portes de la ciutat obscura, e trasch ab si de preso e ligams aquells los quals lo gran he antich drach hauia per sa gran força presos he captiuats, com morts no fossen en tal batalla; e aço pertant, com en lo entrament de aquella espera[s]en en hun gran capita esdeuenidor deliurament de ells e altres, se aturaren[116] los vestiments per no esser trauats e pogueren per ço liberament exercitar e laugera, dels quals no [s]onch *Eneas*, ne *Priam* ne lo gran *Ector*, *Paris* ne *Menalau*, n[e] lo fort *Aquilles*, *Ercules*, ne *Geson*, mas sonch lo vell canut e ab molts fills[117] seguint aquella[118], la qual fouch cau[s]a he principi de tan longa preso; venia apres *Abram*, *Jacob*, *Samso*, e *Salomo*, primer lo pare e infinits apres. Lo pus detras auia nom *Traja (?)* lo qual sonch mort e torna viu, gitant lo en hun flum. Apres, sonch pres, he tret de tal carcre[119] he preso.

Mes hauant ha nosaltres demostrat he manifestat lo dit gran drach hauer temptat de apressonar aquella Santi[ss]ima Sibilla damunt dita, segons dels altres faya, pero sonch frustat he escarnit, segons aquells qui los raigs del sol vol abraçar he strenyer, o la subtil he impalpable aura tenir, he manejar; he compren si mateix no trobant altre cosa. Axi sonch, de la sera antiga, car no trobant aquella, no podent retenir ne toquar, [s]i matexa comprenia e axi fru[s]tada[120] marauellant staua.

Aquell, lo qual totes aquestes coses ha fetes de[121] acabades, es stat lum, gloria he honor de la gran illa Ballear, doctor he mae[s]tre sobre tots los altres,

---

[113] (Nota nuestra.) Morató, ob. cit, pág. 39, línea 124 y sig. transcribe «del regne Stigiós, senyoretat per Plutó».
[114] (Nota nuestra.) Morató, ob. cit., pág. 40, línea 129 transcribe «Imperi romà».
[115] Alude a María Santísima.
[116] (Nota nuestra.) Morató, ob. cit., pág. 40, línea 144 transcribe «acurtaren».
[117] Adam.
[118] Eva.
[119] (Nota nuestra.) Morató, ob. cit., pág. 40, línea 153 transcribe «carçre».
[120] (Nota nuestra.) Morató, ob. cit., pág. 41, línea 162 transcribe «frustrada».
[121] (Nota nuestra.) Morató, ob. cit., pág. 41, línea 163 transcribe «e».

- lur pau demanant he benvolensa, com aço no diga per alcuna infamia de aquells, [s]ino ab tota amor, fraternitat e caritat -, mestre *Remon Lul(l)*, nat per clarissims parents e per virtuts fet noble, les quals son[122] he indubitat mija de nobilitat hauedora he conseguidora. Aquest ha volgut tantas he tals cosas en lengua vulgar he materna tractar he deduir, jatsia per donar a molts antendre e a aquells ensenyar, (e) haja en altres lengues tal doctrina scrita he posada. E perque veges los propimques a nostra hedat, pensa lo que ha fet en *Bernat Metge*, gran cortesa e familiar real, en la *Gran visio he sompni*[123] per ell compost, part del qual veura[124] pots en la primera *Questio tosculana*, he part per lo *Bocatci* recitat he narrat. Mira com sonch transferit lo *Troyá*, he *Valeri* he *Boeci*, he *Senecha* moral y *Osopho*[125], *Liuio*, e los *Grans fets hebreus*; e a la fi aquells *Officis* de *Cicero Roma*[126] per aquell religios he prudent hom en la ciutat de *Barchelona*, frare de la orde de menors, maestre *Nicolau Quiris*[127], los quals *Officis*, segons foren liurats per lo componedor de aquells, *Tulli*, yo a vosaltres de mon poder he declarats, e perque ereu ignorants de lengua latina, e yo no molt doctrinat en aquella, no he pogut les subtilitats ali tochades ensenyar o declarar, segons fora debida cosa e pertanyent. Per la qual cosa vosaltres, de mi hoydors, sou romasos ab gran set e hauidtat de aconseguir la veritat de molts passos, los quals sots dupte romasos eran; he aço maiorment as tu *Remon Gual*, hoydor meu, ha memoria reservat. He per que ha paregut a tu alcunes de aquelles ambiguhitats esser tractades en aquell petit libre per Tulli ordenat he compost, lo qual se intitola *Paradoxa(s)*, as a mi no solament pregat, mes turmentat e forçat, volgues per causa tua he erudicio aquelles dites *Paradoxes* de lati en vulgar transferir, creheu(s)[128] tu yo esser en tals coses suficient he abte, la qual cosa es molt lluny de la veritat. Pero per aquella amicicia he voluntad, la qual yo a tu maiorment en tals actes port, vull aquells teus prechs agen en mi força de imperi. Jat sia aquesta cosa no sia pocha, ans per ventura sera reputada presuncio e folia, de hauer yo tal carrech pres, [s]i donchs nom[129] scusa, la gran amor la

---

[122] (Nota nuestra.) Morató, ob. cit., pág. 41, línea 169 y sig. transcribe «[...] les quals són vertader e indubitat mijà de nobilitat hauedora e conseguidora».

[123] (Nota nuestra.) Morató, ob. cit., pág. 41, línea 177 transcribe «en la gran *Visió e Sompni*». Por su parte Wikipedia catalana y española indican correctamente que la obra maestra de Metge es *Lo somni*.

[124] (Nota nuestra.) Morató, ob. cit., pág. 41, línea 178 transcribe «veure».

[125] (Nota nuestra) Morató, ob. cit., pág. 41, línea 180 y sig. transcribe «*Sèneca* moral, *Yosopho*, [....]*».

[126] (Nota nuestra.) Morató, ob.cit., pág. 41, línea 182 transcribe «*Officis* de Ciceró romà».

[127] Quilis según otro manuscrito.

[128] (Nota nuestra.) Morató, ob. cit., pág. 42, línea199 transcribe «creent».

[129] (Nota nuestra.) Léase «no em».

qual he en les tues coses he desigs maiorment virtuoses acabar he complir. E per tant, segons mon arbitre he poca intelligencia mia, seguint aquells maiors damunt recitats he infinits altres, los quals, ha present nomenar seria pus laborios que subtil, confiant de aquella Summa sapiencia diuina, la qual no ha defalgut socorrer a aquells los quals en ella son esperants he confiants he a les vostres precorrer, yo, *Ferrando Valenti*, inerudit e dexeble dels dexebles, he posada he transferida aquesta petita obreta de Thulli, gran en sentencia, de lati en vulgar materno he malorqui, segons la ciutat de on so nat he criat he nodritt [*sic*]. Alcunes paraules he a les voltes tolent de la textura literal de aquella, no pero tocant en sentencia alcuna, ans per retre aquella clara he perceptible, he alcuna volta transferint de mot per no mudar sentencia en aquella. E per ço, tu llegidor, si per ventura veuras he conexeras les dites coses, pren ho per aquesta intencio; yo apresent te dich et manifest que totes erros, inepcies, he grosseries veuras e legiras en la dita obra, pero not[130] penses sien del a(u)ctor de aquella obra, mes digues he verdarament[131] cregues son de mi, indigne ignorant he atrevit transladador. Sera pero quant se vulla inepta, a tu, *Remon* amich meu, si al quant aquella legiras, aprofitable, e aço maiorment per tu deu esser fet e mes en obra, com en son[132] nom e per causa tua aquella sia estada transferida he transportada en aquest parlar a tu intelligible e conegut.

---

[130] (Nota nuestra.) Léase «no et».

[131] (Nota nuestra.) Morató, ob. cit., pág. 43, línea 226 transcribe con corrección «verdaderament».

[132] (Nota nuestra.) Morató, ob. cit., pág. 43, línea 230 transcribe correctamente «ton».

CARLOS, PRÍNCIPE DE VIANA

BIOGRAFÍA

Nació en Peñafiel en 1421 y murió en Barcelona en 1461. Hijo del infante Juan de Aragón (futuro Juan II) y de la reina Blanca I de Navarra (hija y heredera de Carlos III el Noble), recibió el título de príncipe de Viana el año 1423 por concesión de su abuelo materno, quien le dio una educación muy variada que contempló el desarrollo físico (remo, caza, monta), la formación literaria y la administración del reino. La defensa de sus legítimos derechos a la corona de Navarra le consumió años de porfiada lucha con su padre, quien finalmente se impuso por las armas en 1452, debiendo Carlos emigrar a Nápoles. A su regreso a Navarra sufre nuevamente las iras de su padre, quien impide que contraiga matrimonio con la hija de Enrique IV de Castilla, Isabel la Católica, y le pone en prisión. Catalanes y navarros toman partido activo por Carlos, obligando a su liberación. Incluso su temprana muerte no está exenta de la sombra de luchas dinásticas, pues se sospecha que fue envenenado por su madrastra. A pesar de su agitada vida política, Carlos no dejó nunca de lado su afición por la música y la literatura. Testimonio de ello es su traducción y comentario de la *Ética* de Aristóteles, publicada por primera vez en Zaragoza en 1509 y sus obras *Crónica de los reyes de Navarra*, también de importancia para Aragón por haber usado para la descripción de acontecimientos históricos comunes a ambos reinos entre otras fuentes la crónica de san Juan de la Peña, *Tratado de los milagros del famoso Santuario de San Miguel de Excelsis*, así como una *Epístola literaria*.

ORIENTACIÓN BIBLIOGRÁFICA.

Carlos (, príncipe) de Viana en GEA OnLine-Gran Enciclopedia Aragonesa
  http://www.enciclopedia-aragonesa.com y en Wikipedia español
  http://es.wikipedia.org/wiki/Carlos_de_Viana
Cartagena, Nelson. «Cómo se debía traducir en España en el siglo XV» en en A. Gil, D. Osthus, C. Polzin-Hausmann (Hg.) *Romanische Sprachwissenschaft.*

Zeugnisse für Vielfalt und Profil eines Faches. Festschrift für Christian Schmitt zum 60. Geburtstag. Frankfurt, Peter Lang, 2004: 437-454.

Russell, Peter. *Traducciones y traductores en la Península Ibérica (1400-1550)*. Bellaterra, Universidad Autónoma de Barcelona, Escuela de Traductores e Intérpretes), 1985.

PRÓLOGO DE CARLOS, PRÍNCIPE DE VIANA A SU TRADUCCIÓN (CA 1455) DEL LATÍN AL CASTELLANO DE LA TRADUCCIÓN HECHA POR LEONARDI BRUNI DEL GRIEGO AL LATÍN DE LA *ÉTICA* DE ARISTÓTELES
EN
LA PHILOSOPHIA MORAL DEL ARISTOTEL: ES A SABER ETHICAS, POLITHICAS Y ECO-NOMICAS: EN ROMANÇE. POR INDUSTRIA Y DESPENSA DE GORGE COCI ALEMÁN. ÇARAGOÇA, 1509.

TRANSLITERACIÓN DE NELSON CARTAGENA[133].

Prologo del muy illustre don Carlos principe de Viana: Primogenito de Navarra: Duque de Nemos y de Gandia endreçado al muy alto y excellente principe y muy poderoso rey y señor don Alfonso tercero: rey de Aragon y delas dos Sicilias [...]

Publico poder enla tierra e imagen de la diuina magestad. Yo el principe vuestro humil sobrino: mas por la deuida obediencia: que a todos vuestros mandamientos deuo mouido que ignorando la flaqueza de mi entendimiento fuesse de tanta presumpcion cegado. Delibere la presente traducion hazer de latin en nuestro romance de aquellos libros d'la Ethica de Aristotiles que Leonardo de aretino del griego en latin translado: por los hauer el frayre que la primera traducion fiziera mal y peruersamente conuertido: tomando por enxemplo el exercicio de vuestro real ingenio enlas epistolas de Seneca. Y yo señor muy excellente stimando pues ethica en griego se llama la scientia de virtud: y que no la pertenesce saber sino al que ha houido platica de aquella: como Aristotiles dize en el capitulo V. del libro primero. Mas que a otro a vos señor se deue endreçar el presente tractado: que assi concebidas en vuestro muy real y escogido entendimiento: quanto por vuestro continuo y acostunbrado todas las virtudes teneys: y discorriendo los nombres de aquellas: y no oluidando vuestros gloriosos fechos no vos pueden ser que dignamente confessadas. Ca del esfuerço de coraçon que primero en orden Aristotiles pone: quien mas que vos lo ha sperimentado: que no en solamente ser de la fortuna conbatido en el conporte loable del usastes. Mas esto no vos bastara para la grandeza de vuestro real animo: que al cometimiento della con tollerancia sobrando: mas vos con real denuedo acometiendola: assi la quesistes sobrando vencer. De la tenperancia quien es que mas vse que vuestra real señoria: que en vuestro beuir el exenplo puede ser conocido

---

[133] Nos limitamos a transliterar del alfabeto gótico al latino y a resolver las abreviaturas empleadas en el texto.

y verdaderamente mostrado: Dexo la franqueza: porque no basta a los terminos y excellencia de vuestras dignidad y costunbres: mas dela magnificencia assi vuestras monedas: los donatiuos y mercedes que fazeys de cada dia quanto vuestras sumptuosas obras y edificios: los arreos de vuestra real persona: y los alinnos de vuestra morada: y otras sumptuosas despensas manifestamente declaren. Dexo tan bien las honrras comunas que vuestra magnanimidad no consiente: porque todas sus virtudes mas divinas que humanas parecen. Dela mansedumbre y clemencia vuestros subditos amigablemente tratados: quanto otros a quien la justicia: y a otros que vuestra caballerosa victoria podieren corregir las vidas de aquellos de contino predican. De la verdad de vuestra real boca y pesadunbre de vuestro gesto aquel que contempla enla real persona vuestra bien conocera vuestra señalada costumbre: y la cortesia que envuestros razonamientos reales seruays y el amor con que vuestra señoria ha sienpre vsado sus vasallos continuamente tratar. De vuestra justicia ciertamente es clara: porque el reposo entre gentes feroces: la obediencia en tierras apartadas ser el solo de muchos seguro: el pequeño de los grandes acatado otra cosa ninguna no lo basta hazer. Y esto baste quanto alas virtudes que enla platica y costunbres consisten. Y hablando delas intellectuales que consisten enla razon: y enlas potencias del anima. Y primeramente dela memoria incorporable que pocas son las cosas que assi por leer veer y oyr no tenga en su seno concebidas y promptas. Y lavoluntad assi ordenada que los vicios aborrecidos sienpre ala virtud le plaze seguir. Con el entendimiento vuestro claro limitando sienpre y ordenando se: que delas tres partes dela prudencia ninguna en su tiempo le parezcan fallescer. Ca delas passadas recordando se: enlas presentes con el seso: y alas venideras con maravillosa prouidencia soleys del todo proveer. En tal manera señor de vos mismo que ni de pasiones turbado: ni de vicios vencido: ni de vanaglia cobdicioso: mas entre los extremos moderado: y de virtudes tantas ornado: y mas dela razon contento: sobretodos los otros reyes vos ha plazido sienpre beuir. Assi que señor muy virtuoso esta es propia escriptura para vos: no porque de doctrina sirua: saluo de espejo enel qual vuestros actos vereys. Llamaron otrosi algunos philosofos a esta sciencia Dispothica: que en Griego es sciencia de rey: y vos rey y virtuoso otorguen la pues todos a vos: cuyas fama dignidad y costunbres por el mundo volando singularmente resplandecen. Y dexo vos o muy sclarescido principe de mas alabar: porque mi lengua errar en algo por ventura podria. Porende passare a dezir que Leonardo hizo de cada libro un capitulo: pero yo quise cada libro en deuidos capitulos partir: segun que la diuersidad dela materia subjecta requiere: y aquellos capitulos en tantas y distintas conclusiones quantas el philosofo determino sobre las oppiniones delos otros philosofos. Y porque vuestra señoria mejor pueda notar y fallar la materia que mas le pluguiere: y porque todos los morales se estudiaron en aclarecer sus señaladas doctrinas por el comun prouecho que dellas se sigue: aquellas palabras que claras son en otras tantas del nuestro vulgar y propias conuerti: mas donde la sententia vi ser conplidera por cierto señor de aquella vse: juxta la verdadera sentencia de sancto Thomas claro y catholico doctor y rayo resplandesciente en la yglesia de dios: esforçando me dar a algunas virtudes y vicios mas propios nombres: como por los margines del libro vera vuestra alteza con declaraciones notado. Ca dize sant Hieronimo enla epistola del muy buen stilo de interpretar: y yo por cierto no solamente vso mas dela libre voz me aprouecho enla interpretacion delas Griegas y santas scripturas: donde el orden es y misterio d'las p[a]labras: no solamente la palabra d'la palabra: mas del seso la sentencia exprimir. Y quasi esto dize Tullio enlos trasladados que fizo del Prothagoras de Platon: y de la Yconomica de Xenofonte: y delas dos oraciones de Schinio y Demostenes. Item Terencio: Platon: y Cecilio: y Oracio en su poesia: alos quales seguiendo quise assi mi presente traducion fazer. Y como vuestra señoria mejor que yo sabe el pozo de la moral philosophia el Aristotiles fue: y los que despues del escriuieron pozadores son. Y hago fin: porque vos señor no enoge tanto ayuntamiento de prologos e introduciones.

APÉNDICES

APÉNDICE 1

PRÓLOGO DE LEONARDO BRUNI A SU TRADUCCIÓN (ENTRE 1416 Y 1417) DE
LA *ÉTICA* DE ARISTÓTELES

EN

BIRKENMAIER, ALEXANDER. «DER STREIT DES ALONSO VON CARTAGENA MIT
LEONARDO BRUNI ARETINO» EN *BEITRÄGE ZUR GESCHICHTE DER PHILOSOPHIE DES
MITTELALTERS*, 20, 1922: 162-186.

Y EN

GONZÁLEZ ROLÁN, T./MORENO HERNÁNDEZ, A./SAQUERO SUÁREZ-SOMONTE, P.
*HUMANISMO Y TEORÍA DE LA TRADUCCIÓN EN ESPAÑA E ITALIA EN LA PRIMERA MITAD
DEL S. XV.* MADRID, EDICIONES CLÁSICAS, 2000: 194-264.[134]

TRADUCCIÓN DEL LATÍN DE NELSON CARTAGENA.

Hace poco me decidí a poner en latín los libros de la *Ética* de Aristóteles, no
porque aún no hubiesen sido traducidos, sino porque habían sido traducidos de
tal manera, que parecían tener más rasgos bárbaros que latinos. No hay duda
pues de que el autor de esta traducción, quienquiera que haya sido (es, no obstante, manifiesto que fue alguien de la Orden de los Predicadores[135]), no conocía
suficientemente ni las letras griegas ni las latinas. Porque ora no entiende bien
el griego en muchos pasajes ora traduce de modo tan pueril e indocto al latín,
que uno debe avergonzarse profundamente de tan crasa y supina ignorancia.

---

[134] Inicialmente sólo utilizamos el referido texto de A. Birkenmaier, cuyas omisiones y
variantes dudosas fueron posteriormente completadas y corregidas con la excelente edición crítica de T. González *et alii,* salvo en dos casos, a saber, preferimos *contineri* (Birkenmaier, pág. 159, línea 37 y sig.) al gazapo *cotineri* (línea 85) y el singular *diceret*
(Birkenmaier, pág. 161, línea 4) al plural *dicent* (línea 129).

[135] El autor fue en rigor el obispo inglés de Lincoln Robert Grosseteste (1168-1253). V.
Ezio Francesquini, «Leonardo Bruni e il "vetus interpres" della Etica a Nicomaco» en
Medioevo e Rinascimento. Studi in onore di Bruno Nardi, I. Firenze, G. C. Sansoni-
Editore, 1955: 299-319.

Más aún, desconoce a menudo excelentes y reconocidas palabras latinas y, mendigando en medio de la riqueza de nuestro vocabulario, cuando no encuentra una voz latina para la griega, como desesperado y falto de criterio, deja la griega tal como está. De este modo se convierte pues en un griego y en un latino a medias que, con deficiente conocimiento de ambas lenguas, no maneja bien ninguna de ellas. ¿Y qué diré sobre la transformación del [orden del] discurso, en sumo grado confuso y trastornado? Por lo demás, Aristóteles concedió enorme importancia a la elocuencia uniendo retórica y sabiduría, lo que atestigua el propio Cicerón en muchos pasajes y revelan sus libros, escritos con sumo cuidado y brillantísima elocuencia. Por ello, si aquél [Aristóteles] tuviese ahora algún tipo de conocimiento de nuestro mundo, ya ha tiempo debe creerse, que se rebelaría contra esta absurda e incongruente traducción y se indignaría ante tanta incultura, negando que estos libros sean los suyos, porque querría aparecer ante los latinos tal como se exhibió ante los griegos. Y que por cierto nadie me alegue la pobreza de la lengua latina, pues ésta abunda ciertamente en locuciones para expresar lo que desees y también, desde luego, para adornarlo suficientemente. Sólo hace falta conocerla bien: lo más necio y al mismo tiempo más indigno es que un ignorante emprenda esta tarea y atribuya a la lengua su propia incapacidad. Vemos ciertamente que Plauto y Terencio, poetas cómicos que trataron temas muy ligeros, tradujeron del griego las comedias de Menandro y las hicieron tan latinas, que expresaron todo hasta el menor detalle sin que usaran palabras griegas ni les faltara suma elegancia y ornato en el estilo. Tampoco a Cicerón le faltó jamás capacidad expresiva ni riqueza del discurso en aquellos libros en que expuso precisamente los mismos temas tratados por Aristóteles. Tan lejos estaba de quejarse, que en muchos pasajes incluso ha sostenido que la lengua latina es más rica que la griega[136]. Aunque esta opinión fue criticada por algunos, no obstante hasta el punto de que no anteponen nuestra lengua a la griega, reconocen que es sin ninguna duda completa y rica. Quienes acusan pues al latín de tosquedad, me parece que nunca han leído ni a Marco Tulio ni a Virgilio; no veo ciertamente por qué, en el género de la prosa, Demóstenes habría de preferirse al primero, y, en el de la poesía épica, Homero al segundo. Y ciertamente los griegos no tienen a nadie de mayor calidad que pudieran presentar.

¿Pero por qué tengo yo que discutir sobre la comparación entre ambas lenguas y sobre la traducción exacta de las palabras? Que sea tarea de los eruditos

---

[136] Cp. por ejemplo *De finibus bonorum et malorum*, I, 10 (Stuttgart, Reclam, pág. 62). «Sed ita sentio et saepe disserui, Latinam linguam non modo non inopem, ut vulgo putarent, sed locupletiorem etiam esse quam Graecam» (Pero soy de la opinión, y así lo he expuesto a menudo, que el latín no es de ningún modo una lengua pobre en medios expresivos, como comúnmente pudiera creerse, sino aún mucho más rica que el griego).

dilucidar las cuestiones ocultas y refinadas. Pero este nuestro traductor se atasca tanto en los terrenos más llanos como en las asperezas del camino y esto cuando no sufre penuria, sino que mendiga en medio de las riquezas. Daré un único ejemplo de los suyos para que esto se vea con mayor claridad. En el caso de la cuidadosa descripción que hace Aristóteles del justo medio y de los extremos, entre cuyos límites se sitúan, como demuestra, las virtudes y los vicios, traduce aquél un pasaje como sigue: «En relación con el deleite, que hay desde luego en el juego, el término medio es ciertamente el *eutrapelos* y la disposición, la *eutrapelia*; El exceso es en cambio la *bomolochia*, y el que la posee, el *bomolochus*; quien no la tiene es un *agrichos* y la disposición, la *agrichia*»[137]. ¡Oh, hombre de hierro![138] No puedo contenerme al leerlo. ¿Es que eso es traducir? Por supuesto que todas estas palabras, que por ignorancia ha dejado sin traducir, pueden expresarse cómoda y elegantemente en latín. En primer término, opino que donde dice *in ludo* [en el juego] debe traducirse *in ioco* [en la broma], porque decimos más bien jugar a la pelota y a los dados [lat. *ludere pila et alea*] y, en cambio, bromear con palabras [lat. *iocari verbis*]. Pues bien aquel término medio en la broma tan digno de alabanza que los griegos llaman 'eutrapelia' lo denominaron los nuestros ora 'urbanitas' [amabilidad], ora 'festivitas' [festividad], ora 'comitas' [afabilidad], ora 'iucunditas' [alegría], siendo el que la posee 'urbanus' [amable], 'festivus' [festivo], 'comis' [afable] o 'iucundus' [alegre]. Todas estas son palabras reconocidas y usadas a menudo por los mejores autores. Así veis la riqueza de nuestra lengua. Dice que el exceso [lat. *superabundantia*] es la 'bomolochia' [chocarrería]. Entre nosotros usamos aquí con propiedad 'scurrilitas' [bufonada], que además es una excelente palabra, siendo el que la practica un 'scurra' [bufón]; quien no la posee es según él un 'agrichos quis' [un rudo]. Correctamente debe usarse aquí 'rusticus' [tosco] y 'rusticitas' [tosquedad] para el comportamiento, de manera que, quien mantiene el justo medio en las bromas es 'urbanus' [amable] o 'comis' [afable]; quien no las hace en absoluto e incluso siente aversión por ellas, 'rusticus' [tosco], y, quien es tan bromista que sobrepasa la medida, un 'scurra' [bufón]. ¿Acaso parece que estas palabras griegas no pueden expresarse en latín? ¿Está la deficiencia en la lengua latina o más bien en el traductor mismo?

Pero tal vez es posible que éste tuviese amplios conocimientos de filosofía. Sin embargo, ciertamente no lo creo, cuando veo que incluso confunde a la vez

---

[137] El correspondiente texto latino citado por Leonardo dice: «Circa delectabile autem, quod quidem in ludo, medius quidem eutrapelos et dispositio eutrapelia; superabundantia autem bomolochia et qui habet eam bomolochus; qui autem deficit agrichos quis et habitus agrichia».

[138] Lat. *O ferreum hominem!*, es decir, en el contexto, traductor indocto, incapaz.

las cosas y sus nombres. ¿Pues qué es más corriente entre los que escriben acerca de cuestiones éticas que la palabra 'honestus' [honorable][139]? cuando incluso los estoicos, de los cuales Séneca destaca entre nosotros en grado máximo, colocaron el grado supremo de las buenas cualidades en la honorabilidad y a menudo se discute si lo útil puede distinguirse de lo honorable y afirmamos que este concepto abarca todas las acciones virtuosas[140]. No obstante, el traductor ha usado siempre la palabra latina 'bonus' [bueno] en todos los lugares en que Aristóteles emplea el vocablo correspondiente a 'honestus' [honorable]; lo que es desde luego totalmente absurdo, ya que si bien todo lo honorable es bueno, sin embargo hablamos de distinta manera de lo honorable y de lo bueno, así como en contextos distintos hablamos de ser animado y de sustancia, aunque todo ser animado es también una sustancia. Pero si porque todo lo honorable es bueno, nos permitimos traducirlo siempre por 'bonus' [bueno], también podríamos decir 'bonus' en vez de 'utilis' [útil] en todos los lugares en que apareciese esta palabra; así confundiríamos en una sola unidad la tríada máxima de la filosofía, a saber, lo bueno, lo útil y lo honorable. Y cuando queramos averiguar si lo útil puede distinguirse de lo honorable o no, la cuestión se formulará en los siguientes términos: ¿es que puede distinguirse lo bueno de lo bueno? Y si los propios estoicos sostuviesen que la vida bienaventurada radica en lo bueno, nadie lo negaría; los epicúreos a su vez niegan que se fundamente en lo honorable, concediendo sin embargo que se basa en lo bueno, porque ellos mismos llaman al placer un bien. Por tanto ¿traducir de esta manera significa en definitiva verter a otra lengua o pervertir las palabras de Aristóteles? Lo contrario de lo bueno es ciertamente lo malo, en tanto que lo contrario de lo honorable es lo indecente. Así como los latinos expresan estas diferencias mediante vocablos diversos, así también lo hacen los griegos; el traductor no los habría confundido jamás, si algo hubiese entendido.

Me referiré también a algún otro error; aunque son casi innumerables, bastará no obstante con haber mostrado dos o tres de ellos, sobre todo entre los mayores y los que tienen relevancia. Casi no ha habido en filosofía mayor disputa que la relativa al placer y al dolor. Así algunos siguiendo a Eudoxo y a

---

[139] V. nota [49] en nuestra traducción de la respuesta de A. de Cartagena a este prólogo de Bruni.

[140] Cf. Seneca, Epíst. CXX, 3, Libro XX : «Nihil est bonum, nisi quod honestum est; quod honestum, est utique bonum» [Nada es bueno, sino lo que es honorable; lo que es honorable, es siempre bueno]; Epíst. LXXXV, 17, Libro XI: «Si unum bonum est, quod honestum, omnes concedunt ad beate vivendum sufficere virtutem» [Si sólo es bueno, lo que es honorable, todos conceden que basta la virtud para vivir feliz]. Para ambas citas véase http://www.thelatinlibrary,com.

Aristipo[141] no dudaron de que el bien supremo radicaba en el placer y el mal, en el dolor, en tanto que otros sostuvieron que el bien supremo no sólo no estaba en el placer, sino que éste era algo abyecto y perverso. Todos, no obstante, reconocieron que las cosas que realizamos están gobernadas por el dolor y el placer, como si ellos actuaran de timón. ¿Ahora bien, cómo tradujo éste los dos conceptos alrededor de los cuales gira toda la ética y que todos los nuestros que alguna vez escribieron sobre filosofía llaman 'voluptas' [placer] y 'dolor' [dolor]? Como si ahora acabara de nacer y nunca hubiera leído algo puso 'delectatio' [deleite] en vez de 'voluptas' [placer] y 'tristitia' [seriedad, severidad[142]] en vez de 'dolor' [dolor]. En primer término pregunto ¿por qué motivo se apartó del uso lingüístico de Cicerón, de Séneca, de Boecio, de Lactancio, de Jerónimo y de otros escritores nuestros? Creo que respondería, si quisiera confesar la verdad, que nunca ha leído a esos autores, sino que ha tomado los vocablos 'delectatio' y 'tristitia' del habla popular. Pero es que debió haber leído a estos eminentes varones, ya que por cierto el pueblo no es de ningún modo autorizado profesor de lengua. No obstante pregunto, no ya al traductor, sino a los que creo que lo defenderán: ¿cuál fue la razón por la cual se ha dejado de lado la antigua y reconocida palabra 'voluptas' y buscado una nueva? ¿Quería decir que 'delectatio' [deleite] es lo mismo que 'voluptas' [placer], o bien que 'voluptas' no designa lo que los griegos llaman ἡδονήν? En primer lugar, aunque 'delectatio' y 'voluptas' significasen lo mismo, no había ninguna razón para apartarse del uso de los antiguos, sobre todo de los más eminentes. Además, todo esto es un error, pues 'voluptas' y 'delectatio' no son lo mismo, si se reconocen los contrarios por sus contrarios. Pues 'tristitia', vocablo antónimo, según el traductor, de 'delectatio', no significa dolor, sino seriedad y severidad que son poco más o menos lo contrario de la alegría. Por eso hablamos de la seriedad del rostro y de un juez severo[143], es decir, severo y serio; y se cuenta que había alegría en Lelio, mientras que la vida de su amigo Escipión fue más severa y su ambición mayor[144]. Por lo tanto, como

---

[141] Aristipo de Cirene (435 a.C.-350 a.C.), filósofo griego fundador de la escuela cirenaica, que identificaba el bien con el placer, y Eudoxio de Cnidos, filósofo y matemático griego, destacado miembro de la Academia, se consideran precursores de las doctrinas epicúreas. Para sucinta información sobre personas y temas aludidos, consúltese http://es.wikipedia.org/wiki/Aristipo_de_Cirene; http://es.wikipedia.org./wiki/Eudoxo_de_Cnidos y párrafo «History of Epicureanism» en el artículo «Epicureanism» de la *Enciclopedia Britannica*.

[142] Como se comprueba unas líneas más adelante, Leonardo no considera el sentido de «aflicción, tribulación» que tiene el vocablo, en oposición a «dolor».

[143] Lat. «Tristitiam uultus dicimus et iudicem tristem».

[144] Gaius Laelius, cónsul romano en 140 a.C. fue gran amigo del político romano Publius Cornelius Scipius Aemilianus Africanus (186 a.C.-129 a.C.), lo que tematiza Cicerón en

'tristitia' [severidad] no es 'dolor' [dolor], ciertamente 'delectatio' [deleite] tampoco será 'voluptas' [placer]. Por otra parte 'delectatio' [deleite] me parece ser desde luego algo exterior, en tanto que 'voluptas' [placer] es algo interior. Deleitan pues fastuosos preparativos, deleitan sonidos y cantos, y deleita el comediante durante su actuación. Todo esto viene desde fuera; y así como el impacto de una flecha no es por cierto el dolor mismo, sino lo que lo produce, así también el gozo de las cosas que vienen de fuera no es el placer mismo, sino lo que lo produce. Que en latín 'voluptas' es lo que los griegos llaman ἡδονήν y que por ello debe traducirse así, no lo ignora nadie, ni siquiera alguien medianamente instruido. Por eso me veo impelido a sorprenderme de que en [todo] esto hubiera tanta impericia, por no decir ignorancia. Tulio lo formula así en los libros de *De finibus bonorum et malorum* [Del supremo bien y del supremo mal]: «Nosotros denominamos 'voluptas' a lo que los griegos llaman ἡδονήν. A menudo buscamos una palabra latina que corresponda a la griega y signifique lo mismo, pero en este caso no hubo nada que tuviéramos que buscar, pues nada puede encontrarse que traduzca más exactamente la palabra griega que 'voluptas'»[145]. Hasta aquí Tulio, cuyas palabras, si no me equivoco, muestran que debe decirse 'voluptas' y no 'delectatio'. ¿Debo pues en medio de escollos elegir a este traductor como guía, a quien veo tropezar y caer indignamente en terreno llano, como cuando no sabía decir 'honestus' ni entendía los conceptos de 'voluptas' y 'dolor'?

Además, aunque 'eligere' [elegir] es otra cosa que 'expetere' [desear], ya que es en la elección y no en la apetencia donde previamente consultamos y reflexionamos, y siempre apetecemos el bien mientras que en contadas ocasiones elegimos el mal menor; y aunque Aristóteles lo delimite con exactitud y

---

De amicitia. Sobre ambos una breve reseña biográfica en http://de.wikipedia.org/wiki/ Gaius_Laelius(Konsul_140_v._Chr.) y en http://de. wikipedia.org/wiki/Publius_ Cornelius_Scipius_Aemilianus_Africanus.

[145] El pasaje citado por Leonardo es parte del siguiente fragmento de Cicerón, ob. cit., II, 13: «ergo illi [sc.... bonos illos quidem viros, sed certe non pereruditos] intellegunt, quid Epicurus dicat, ego non intellego? Ut scias me intellegere, primum idem esse dico voluptatem, quod ille ἡδονήν. Et quidem saepe quaerimus verbum Latinum par Graeco et quod idem valeat; hic nihil fuit, quod quaereremus. Nullum inveniri verbum potest, quod magis idem declarat voluptas» («¿Por tanto, ellos [sc. esos hombres ciertamente buenos, pero sin duda no especialmente doctos] entienden lo que dice Epicuro y yo no lo entiendo? Para que sepas, que sí lo entiendo, explico en primer término, que 'voluptas' es lo mismo que él llama ἡδονήν. Ciertamente buscamos a menudo una palabra latina que corresponda a una griega y que signifique lo mismo; en este caso no hubo nada que tuviéramos que buscar, pues nada puede encontrarse en latín que traduzca más exactamente la palabra griega que 'voluptas'»).

destaque muchísimo en su discurso, y aunque los nuestros también se adhieran con no menor cuidado a tal deslinde y precaución, éste [el traductor] confunde las palabras que tienen la mayor importancia para la claridad y el sentido de la doctrina, de modo que dice 'eligere' [elegir] y nunca 'expetere' [desear] en todos los lugares en que aparece la correspondiente palabra griega, con lo cual se enreda casi toda la doctrina.

¿Y qué diré de los extremos y del justo medio, en donde Aristóteles situó las virtudes y los vicios empeñándose en analizar cada uno de ellos, y de cuán falto de recursos e inculto el traductor emplea algunas de nuestras palabras, ellas mismas impropias, y mantiene las restantes en su forma griega, de manera que quienes las leen, no llegan a entender más, que si no hubiesen leído nada? Además de esto, cuando los nuestros usan la palabra 'vitium' como antónimo de virtud, lo que place a Cicerón, porque su nombre se deriva de considerarlo «vituperable», aquél, ignoro por qué motivo, emplea 'malitia' [maldad], nombre que es impropio, desacostumbrado y que designa sin duda una forma específica de la maldad, no la disposición viciosa en general.

Consecuentemente movido por los casi innumerables errores de esta índole; porque me pareció que esto no era digno de Aristóteles ni de nosotros ni de nuestra lengua, porque vi que el suave encanto de estos libros, que es inmenso en el discurso griego, se convertía en aspereza, en vocablos retorcidos, en contenidos oscurecidos, en malograda doctrina, he emprendido la tarea de hacer una nueva traducción, en la cual, sin mencionar ningún otro aspecto, creo que he logrado poner por primera vez estos libros en latín, pues antes no lo estaban.

APÉNDICE 2

EXPLICACIONES SOBRE LA TRANSLITERACIÓN DE LOS COMENTARIOS DE EL
TOSTADO SOBRE EUSEBIO.

I. El referido texto ha sido transliterado de letra gótica al alfabeto latino. Con el fin de facilitar su lectura se han realizado los siguientes cambios:

1) se han explicitado numerosas abreviaturas, las que se ejemplifican con referencia al original en la siguiente lista:

a) Abreviaturas generales[146]:

ã = an (ãsi)
ẽ = em (tiẽpos); en (podiessẽ, leyẽdo)
ĩ = in (ĩclinaria, latĩo); im (septĩa), nim (aĩalia)
õ = on (razõ, declaraciões)
ũ = un (algũas); um (hũana), (lat. Atheniẽsiũ, eorũ)
d' = de (d'las, d'zir)
ꝑ = par (ꝑa); per (ꝑsonas, emꝑo); por (corꝑales)
p̃ = pre (ĩterp̃taciões)
ṗ = pri (ṗmero)
ꝓ = pro (ꝓlogo, ꝓseguir)
q̈ = qua (q̈les)

---

[146] Generales significa que se aplican con alta frecuencia en los mismos contextos grafemáticos, aunque ello no ocurre necesariamente, incluso con un mismo vocablo. Por tanto encontramos variantes del tipo *interpretacion* (folio vʳ*, col. 2, línea 18) /* ĩterpretacion (folio vjʳ, col. 1, línea 30 y s.); *interpretaciõ* (folio vijᵛ, col. 2, línea 34) / *interp̃tacion* (folio vjʳ, col. 2, línea 21 / *interp̃taciõ* (folio vjʳ, col. 1, línea 46) / *ĩterp̃taciões* (folio xixʳ, col. 1, línea 44), etc.

q̃ = que (al q̃ pluguiere)
q̇ = qui (aq̇, siq̇er)
qz = que (lat. Iãqz (folio viijʳ, col. 1, línea 50); nomẽqz (folio viijʳ, col. 2, línea 4), quoqz (folio xxijʳ, col. 2, línea 9))
v̇ = ver (v̇dad, v̇sos)
ʒ = cast. e; lat. et

b) Abreviaturas especiales:

Aliqñ	=	lat. aliquando (folio xvᵛ, col. 1, línea 22)
c.	=	capítulo (folio ixʳ, col. 2, línea 23). También se dan las variantes ca., cap. y capi. en las abreviaturas de capítulo
diſ̃to	=	diserto (folio viiʳ, col. 1, línea 47)
ip̃e	=	lat. ipse (folio xxiijᵛ, col. 1, línea 18)
nr̃o, nr̃os	=	nuestro, nuestros (folio ixʳ, col. 2, línea 30; ixᵛ, col. 1, línea 4)
scp̃tura	=	scriptura (folio vijʳ, col. 1, línea 20)
spŭ scõ	=	spiritu sancto (folio xvᵛ, col. 1, línea 22)
tp̃o	=	tiempo (folio viijʳ, col. 2, línea 34)
xp̃ianos	=	christianos (folio xvjᵛ, col. 2, línea 17)
xp̃m	=	lat. christum (folio xxijʳ, col. 2, línea 9)
xp̃o	=	christo (folio xvjᵛ, col. 1, línea 20)
9	=	us (lat. hui⁹ (folio viijʳ, col. 2, línea 2), nat⁹ (folio vᵛ, col. 1, línea 40), op⁹ (folio viijʳ, col. 1, línea 50))
ꝛ	=	rum (lat. disertoꝛ (folio vijʳ, col. 1, línea 40), terraꝛ (folio viijᵛ, col. 2, línea 45))
ꝙ	=	lat. quod (folio viijʳ, col. 1, línea 50)

2) Se ha convertido en punto y aparte sin sangría el signo ℭ utilizado por el Tostado para separar los capítulos y los comentarios dentro del capítulo. Además el número y título de cada capítulo se han puesto en negrita y separados por un espacio adicional de los textos precedente y siguiente.

3) Se han eliminado las columnas, transcribiéndolas de corrido. A continuación copiamos el folio iij para mejor comprensión de las modificaciones indicadas.

fo.

Comiença el comento o

exposicion de Eusebio delas cronicas o tiepos interpꝛado en vulgar. Cap.j.del plogo enel qual se pone la entencion del auctor.

Ro position io fue ẽl comié ço del tra bajo. En esta inter pretació de Euse bio escri uir algu nof comẽ tos o breues glosas poꝛ las q̃ es algũas dias co sas obscuras o menos entẽdidas mas abierto po diesse ser conoscidas. C Alo q̃ l asi el mãdamiẽto suyo puesto como la razõ ichinaria sepẽdo la obꝛa de tal cõdiciõ q̃ agora poꝛ breuedad de palabꝛa. agora poꝛ diuersidad d cosas algũas obscurida des necessario ouiesse de cõtener. C Ni fue ni en recion pseguir en este vulgar cometo toda la ex posiciõ q̃ las cosas poꝛ eusebio tocadas rescibir podriã.ca esto seria relatar poꝛ menudo las ysto rias d todas las gẽtes.como eusebio las succssi ones de todos los famosos reynos fasta su tpõ aya escrito.ca esto ni se podria acabar:ni seria p uechosa obꝛa relatar lo q̃ todos los otros ya di cho ouiessen:mas rato pẽse ser aq̃ puechoso dzir q̃ nto abastasse pa poder cõpꝛebẽder la entẽcion dla letra d eusebio C Otrosi no cuyde aq̃ escriuir todas las declaraciões ꝼ doctrinas q̃ ẽ los come tos poꝛ mi fechos en palabꝛa latina no solamẽte sufre mas avn poꝛ necessidad deuada.mayoꝛmẽ te q̃ al q̃ pluguiere mas largo ꝼ curioso las decla raciões dlas dichas cosas veer podra los men cionados cometos latinos leer. C Ni por esto pẽse o este cometo ser dmasiado o el latio ser mas de razõ largo.ca aql cõtienc todo lo q̃ al stilo la tino pescio ser cõueniẽte cõtener:ꝼ este tiene lo q̃ ala vulgar interpretació abasta: quando mas poꝛ estos diuersos cometos ser fechos pa diuersos estados ꝼ cõdiciõcs d psonas C Das avn ni por esto crea q̃ el q̃ touiere el latino cometo ser dema siado este vulgar.ca este no es interpꝛació de aql ni pte suya mas cosa poꝛ si fabricada teniẽte otros

algũos cõcibimiẽtos o doctrinas q̃ ẽ el latino no fuerõ assentados.poꝛ lo q̃ l avn alos conosciẽtes la palabꝛa latina ꝼ vsados poꝛ el latino comento puede este assaz ser puechoso asi como otra apar tada exposició. C E poꝛq̃ cada vna cosa sea mas pista mẽte fallada seria esta obꝛa de comẽto priua poꝛ capitulos no sola mẽte ratos q̃ antes ẽil testo sõ mas avn poꝛ mas menuda diuisiõ poꝛ q̃ los ca pitulos no ayan d ser muy largos ꝼ como suso di ximos faremos sus virgulas ꝼ trũcaciones d ber mellon asi enel testo como enel comẽto fizer ẽil comento sobre aq̃ llas partes sobre las quales la glosa comẽçara.poꝛ q̃ sea presto acaba vno saber cada parte del testo qual glosa le responde. C E esto abaste poꝛ breue pꝛologo de este comento ꝼ luego començare a expoñer el primero pꝛologo del libꝛo el qual es de pꝛospero.

C Cap.ij. ꝼ contiene la exposicion del primero p logo del libro el qual es de pꝛospero.

Dniuro o requiero. Este plogo es d pspero.cerca d esto es a saber segũ en comẽço d'sta interpꝛació o trasacó dizimos q̃ en este libꝛo son tres auto res.eusebio .bieronimo pꝛospero. el pꝛincipal fue Eusebio el q̃ l el libꝛo escriuio no lo tomando de otro ꝼ escriuio lo en griego.el segũdo es hieroni mo d q̃ l de libꝛo de griego en latin interpꝛo aña diendo ala fin alguna poca ystoria onde Eusebio la auia degado ꝼ cerrado ꝼ en medio algunas co sas enxerido las q̃ les eusebio no auia q̃ ndo escri uir.el tercero es pꝛospero cuyo es este pꝛologo. C E avn q̃ estos tres ayan en este libro sus traba jos puesto no se llaman pꝛopia mẽte todos tres auctores del libro mas solo eusebio. ꝼ esso mismo no se llama el libro d bieronimo o d pspero mas de solo eusebio poꝛ q̃ la obꝛa fue de eusebio. ꝼ lo q̃ bieronimo ꝼ pꝛospero fizieron no fue cosa poꝛ si apartada dela obꝛa de eusebio.ꝼ esto fue mas la ga mẽte tocado enel comienço del libro enel capi tulo segũdo. C Este pꝛospero fue d naciõ de aq̃ tania q̃ es parte de frãcia varõ letrado ꝼ de buena eloqncia abastado en palabꝛas.escriuio algunas obꝛas famosas.especial mẽte libro de ystorias de comienço del mundo fata el tiẽpo del emperadoꝛ valentiniano segun se contiene enel libro del nasci miento ꝼ muerte delos padres que algunos dizẽ ser de san pꝛospero. C Pꝛospero en este libro puso comienço ꝼ fin.La quando Eusebio su pꝛimero auctor lo fizo començaua el enel pꝛologo que ago ra es tercero ꝼ comiença.Dopsen dela gente de

a iij

Capitulo.   **.ij.**

los judios. z acabaua enel año vegente del regno o emperio de constantino. z esto estaua en griego. ¶ E quando hieronimo vegendo ser este libro d tanta dotrina z prouecho lo quiso en latin boluer añadio encabo pstoria del lugar onde acabara eusebio fasta la muerte del emperador valente. z por que paresciesse que el en este libro alguna cosa fecho auia z otrosi por declarar la difficultad dela traslacion puso vn prologo en comiéço del libro el qual es agora segundo z comiença eusebio bie ronimo. ¶ Despues prospero el qual fue poco tiempo despues de hieronimo queriendo en algo parescer a el añadio a este libro continuado desde el lugar onde acabara hieronimo enla muerte dl emperador valente. z proseguio pstoria d setenta z siete años. segun enla fin dl libro paresce. z otro si por mostrar alguna parte de este libro a el perte nescer puso este breue prologo en comienço del li bro el qual agora es primero. ¶ Empero prospe ro enla parte que en este libro escriuio no touo la manera de Eusebio ni de hieronimo. lo primero porque despues que el cuento delas olimpiades començo continuaron las Eusebio z hieronimo mas en la scriptura de Prospero no ha cuento de olimpiades. ¶ Lo segundo que Eusebio z hie ronimo cuentan los años de cada rey o empera dor por si començando de vno. z ansi d cada vno delos otros. z prospero no ansi mas en principio de su scriptura puso vn z continuo siépte el cué fasta .lxvij. dlos qles acaba el libro avn q cnste tpo se contenga regno o vida de seys emperadores. z por vétura lo figo por mostrar no ser aqlla scriptu ra de Eusebio ni de hieronimo como no concurre de con el prospero de ellos. ¶ Escriuio prospe ro fasta su tiempo z ca escriuio fasta el año vegnte z dos del emperador theodosio z entonce era p spero en francia varon famoso en letras segendo papa leon primero. z era cerca del año de cristo de quatrocientos z sesenta z cinco. ¶ Es a saber q en este libro como en todos los otros ay prologo z obra o tractado. la obra comiença énl cap. qrto q comiéça. Comiéçã los tiempos. E los prolo gos son tres segun las escriptores de este li bro fueró tres como dicho es z son estos tres ca pitulos primeros tres prologos. este primero es de prospero. ¶ E por que no fallo prospero cosa que no conuenisse a esta obra que d poner fuesse en prologo puesto ouiesse lo que ala entencion dl libro pertenescia z hieronimo enel suyo lo que fa zia a demostrar la dificultad dela traslacion z la

manera del leer. no sintaua cosa digna d en prolo go escriuir. penso vna conjuració o amonestamié to para los que este libro seriotesse z esta fue cóue niente. ca mucho fue necessario en este libro curio sa mente emendar la escriptura. ¶ E ansi dize có. juro o requiero a ti. Estas palabras significan amonestamiéto o requirimiento empero por mu cho demostrar la entencion del fablante digo con juro te. ca esta palabra es d grande premia. en nue stra manera d fablar. E por ende quando forçar queremos alos demonios a nos responder o co sa alguna fazer dezimos les conjuro te zc. qualq er. porque en todos los hombres se requiere dili gencia quando este libro escriuieren en lo emédar ca no abasta ingenio de algun hombre pa lo por si mismo verificar z emédar si corrupto fuere por que no esta salvo en cuentos z pstorias las quales cosas consisten en puro secho z no en ingenio. ¶ Que estos libros escriuieres. digo libros z es vn solo libro ca no se parte en muchos libros co mo vecinos en otros z puede se dzir en dos mane ras. lo vno porq avn q el libro sea vno por ptinua cion no partido de escriptura. empero lo énl escri pto no es de vno mas de tres segun dicho es z suso z ansi por los tres escriptores se pudieron llamar tres libros. lo otro porque esta es condicion del lenguaje latino z Griego poner vn numero por otro qual por singular o singular por plural. z esto causa grande fermosura énl latin en muchos lugares e mayor mente entre los poetas z aucto res. E la vulgar fabla no rescibe este color de pa labra empero go por guardar la fe z autoridad del latin ansi lo interprete en plural dizie do libros z esto es la verdadera sentencia. ¶ Por nue stro señor cristo. Qualquier que jura o conjura por alguno ha de jurar o conjurar. z porque el có jurar descienle dela naturaleza de jurar z el jura mento siempre se faze por alguna cosa es a saber enel nombre de ella ansi se ha de fazer el conjurar. ¶ Enel juramento la entencion del juráte es mo strar ser su palabra firme z cierta z la entencion de aquel a quien se faze el juramento es que aquello que le prometio o afirman sea cierto. z porque el juramento toma toda su firmeza de aquel en cuyo nombre se faze es necessario quel a tal cosa aq lla la ql segedo nóbrada sea de psumir q no osaria el juráte mécir o faltar: z por esto el juramento se suele fazer enel nóbre d aqlla cosa q mucho ama mos o d aqlla q en gráde reuerécia tenemos ca al qer d estas segedo nóbrada no es d creer q osaria

II. Prescindiendo de las indicadas alteraciones tendientes a la mejor visualización y a la mayor fluidez en la lectura del texto, se han conservado rigurosamente la ortografía y puntuación de los comentarios. Aclaramos para el lector que lo haya menester que esto implica conservar la frecuente alternancia de vocablos debida a la inestabilidad de la lengua de la época en el uso de vocales protónicas y postónicas, de la diptongación, de grupos consonánticos cultos, de ciertas formas verbales, del género gramatical, de la pérdida de aspiración de h, así como también casos de metátesis. Los siguientes ejemplos, que se encuentran en sus formas abreviadas en los lugares que se indican del original, ilustran lo dicho:

1) *lamentaciones* (folio xxij^r, col. 1, línea 9 y sig.) / *lementaciones* (folio xxij^r, col. 1, línea 23); *yperbaton* (folio xij^v, col. 2, línea 14) / *yperbeton* (folio xij^v, col. 2, línea 15); *muchedumbre* (folio xxvj^v, col. 1, línea 41 y s.) / *muchadumbre* (folio xxv^v, col. 1, línea 32); *lenguaje* (folio xxiiij^r, col.1, líneas 31, 37) / *linguaje* (folio xxiiij^r, col. 1, línea 36 y s.); *menor* (folio xxvj^v, col. 2, línea 5) / *minor* (folio xxiiij^v, col. 2, línea 33); *quedar* (folio xj^r, col. 2, línea 46)/ *quidar* (folio xxj^r, col. 1, línea 14); *diziendo* (folio v^v, col. 1, línea 40) / *deziendo* (folio xvij^v, col. 2, línea 21); *intencion* (folio xvj^r, col. 1, línea 5) / *entencion* (folio xxj^r, col. 1, línea 6); *interpone* (folio xiij^v, col. 1, línea 48) / *enterpone* (folio xiij^v, col. 2, línea 1); *siguiente* (folio v^r, col. 2, línea 29) / *seguiente* (folio xxv^v, col. 2, línea 29).

2) *pentametros* (folio xxiiij^r, col. 1, línea 2) / *pentamietros* (folio xxiiij^r, col. 1, línea 4); *recibieron* (folio xix^r, col. 1, línea 22) / *resciberon* (folio vij^r, col. 1, línea 12 y s.).

3) *defectos* (folio xv^r, col. 1, línea 6 y sig.) / *defetos* (folio xv^r, col. 1, línea 5).

4) *parece* (folio xxv^r, col. 1, línea 22) / *paresce* (folio v^v, col. 1, línea 43); *parescer* (folio xj^r, col. 1, línea 19 y s.) / *parescir* (folio xix^r, col. 2, línea 25).

5) *perfecto conoscimiento* (folio vij^r, col. 2, línea 7) / muy *conplida e particular conoscimiento* (folio xxvj^r, col. 2, línea 31 y s.); *aquellas cuatro consonantes* (folio xxv^v, col. 1, línea 1) / *muchos consonantes* (folio xxv^r, col. 2, línea 43).

6) *hystoria* (folio xxj^r, col. 2, línea 38) / *ystoria* (folio xxvj^r, col. 1, línea 45).

7) *alimalias* (folio xiij^v, col. 2, línea 23) / *animalia* (folio xiv^r, col. 2, línea 27); *relevacion* (folio xix^v, col. 2, línea 26) / *revelacion* (folio xix^v, col. 2, línea 32);

interpretracion (folio iij^r, col. 1, línea 11 y s.) / *interpretacion* (folio xxv^r, col. 1, línea 22 y s.); *interpetre* (folio xij^r, col. 2, línea 17 y s.) / *interpretes* (folio xij^v, col. 1, línea 28).

Incluso hemos mantenido evidentes errores tipográficos del texto que afectan a palabras aisladas y a la concordancia de frases nominales y verbales, como se indica en los siguientes ejemplos:

avn bue (folio xxiiij^r, col. 1, línea 49 y s.) por *avn que*
dificultal (folio xiij^v, col. 1, línea 23) por *dificultad*
guardan (folio xxj^r, col. 1, línea 36) por *guardar*
honmbre (folio vij^r, col. 2, línea 25) por *hombre*
leguaje (folio xxiiij^r, col. 1, línea 40) por *lenguaje*
le septima (folio xix^r, col. 2, línea 1) por *la septima*
llama (folio xix^v, col. 2, línea 30) por *llana*
mas (folio xiiij^r, col. 1, línea 10) por *mal*
lat. *no* (folio xxj^r, col. 1, línea 29) por *non*
peotametros (folio xxiij^v, col. 2, línea 42) por *pentametros*
perosa (folio xxv^r, col. 2, línea 23) por *perezosa*
talos (folio xix^v, col. 2, línea 31) por *tales*
lat. *translacio* (folio xxj^r, col. 1, línea 29) por *translatio*
delas otra cosas (folio xiij^v, col. 2, línea 42)
la puso entre su libros (folio xviij^v, col. 2, línea 2)
aquellas palabras auian fablado eran de dios inspirados (folio vj^v, col. 1, línea 34 y s.)
no enseñauan los judios su ley saluo a hombre que la quisiessen guardar (folio vj^v, col. 2, línea 9 y s)

III. (...) al término del capítulo xvij indica la supresión de los siguientes. De este modo no se han incluido los capítulos xviij a xxvj por no referirse a comentarios relativos a la traducción. En efecto, los capítulos xviij a xxiv tratan sobre la estructura material de la primera versión del libro de Eusebio, que utiliza un sistema visual de referencias y ordenación correspondientes a las historias de los nueve reinos y dinastías considerados, y la manera como debía leerse la obra para poder seguir el hilo de la narración. El capítulo xxv trata sobre la maledicencia y sentimientos de envidia de los escritores y el xxvj sobre las calumnias. Este último se enumera y titula erróneamente como el capítulo xxiij.

APÉNDICE 3

PRÓLOGO DE SAN JERÓNIMO A LA *CRÓNICA* DE EUSEBIO DE CESÁREA
EN
HELM, RUDOLF (HRSG.) *DIE CHRONIK DES HIERONYMUS – HIERONYMI CHRONICON*,
3. AUFL., BERLIN, AKADEMIE-VERLAG, 1984: 1-7.

EUSEBIUS HIERONYMUS[147]

Uincentio et Gallieno suis salutem. Uetus iste disertorum mos fuit, ut exercendi ingenii causa Graecos libros Latino sermone absoluerent et, quod plus in se difficultatis habet, poemata inlustrium uirorum addita metri necessitate transferrent. Unde et noster Tullius Platonis integros libros ad uerbum interpretatus est et cum Aratum iam Romanum <h>exametris uersibus edidisset, in Xenofontis Oeconomico lusit. In quo opere ita saepe aureum illud flumen eloquentiae quibusdam scabris et turbulentis obicibus retardatur, ut, qui interpretata nesciunt, a Cicerone dicta non credant. Difficile est enim alienas lineas insequentem non alicubi excedere, arduum, ut quae in alia lingua bene dicta sunt eundem decorem in translatione conseruent. Significatum est aliquid unius uerbi proprietate: non habeo meum, quo id efferam, et dum quaero implere sententiam, longo ambitu uix breuis uiae spatia consummo. Accedunt hyperbatorum amfractus, dissimilitudines casuum, uarietas figurarum, ipsum postremo suum et, ut ita dicam, uernaculum linguae genus. Si ad uerbum interpretor, absurde resonat: si ob necessitatem aliquid in ordine, in sermone mutauero, ab interpretis uidebor officio recessisse. Itaque, mi Uincenti carissime et tu Galliene, pars animae meae, obsecro, ut, quidquid hoc tumultuarii operis est, amicorum, non iudicum animo relegatis, praesertim cum et notario, ut scitis, uelocissime dictauerim et difficultatem rei etiam diuinorum uoluminum instrumenta testentur, quae a septuaginta interpretibus edita non eundem saporem in Graeco

---

sermone custodiunt. Quam ob rem Aquila et Symmachus et Theodotio incitati diuersum paene opus in eodem opere prodiderunt, alio nitente uerbum de uerbo exprimere, alio sensum potius sequi, tertio non multum a ueteribus discrepare. Quinta autem et sexta et septima editio, licet quibus censeantur auctoribus ignoretur, tamen ita probabilem sui diuersitatem tenent, ut auctoritatem sine nominibus meruerint. Inde adeo uenit, ut Sacrae litterae minus comptae et sonantes uideantur, quod diserti homines interpretatas eas de Hebraeo nescientes, dum superficiem, non medullam inspiciunt, ante quasi uestem orationis sordidam perhorrescant quam pulchrum intrinsecus rerum corpus inueniant. Denique quid psalterio canorius, quod in morem nostri Flacci et Graeci Pindari nunc iambo currit, nunc Alcaico personat, nunc Sapfico tumet, nunc semipede ingreditur. Quid Deuteronomii et Esaiae cantico pulchrius, quid Solomone grauius, quid perfectius Iob. Quae omnia <h>exametris et pentametris uersibus, ut Iosephus et Origenes scribunt, aput suos composita decurrunt. Haec cum Graece legimus, aliud quiddam sonant, cum Latine, penitus non haerent. Quodsi cui non uidetur linguae gratiam interpretatione mutari, Homerum ad uerbum exprimat in Latinum, — plus aliquid dicam — eundem in sua lingua prosae uerbis interpretetur: uidebit ordinem ridiculum et poetam eloquentissimum uix loquentem. Quorsum ista? Uidelicet ut non uobis mirum uideatur, si alicubi offendimus, si tarda oratio aut consonantibus asperatur aut uocalibus hiulca fit aut rerum ipsarum breuitate constringitur, cum eruditissimi homines in eodem opere sudauerint et ad communem difficultatem, quam in omni interpretatione causati sumus, hoc nobis proprium accedat, quod historia multiplex est habens barbara nomina, res incognitas Latinis, numeros inextricabiles, uirgulas rebus pariter ac numeris intertextas, ut paene difficilius sit legendi ordinem discere quam ad lectionis notitiam peruenire. Unde praemonendum puto, ut, prout quaeque scripta sunt, etiam colorum diuersitate seruentur, ne quis inrationabili aestimet uoluptate oculis tantum rem esse quaesitam et, dum scribendi taedium fugit, labyrinthum erroris intexat. Id enim elucubratum est, ut regnorum tramites, qui per uicinitatem nimiam paene mixti erant, distinctione minii separarentur et eundem coloris locum, quem prior membrana signauerat, etiam posterior scriptura seruaret. Nec ignoro multos fore, qui solita libidine omnibus detrahendi huic uolumini genuinum infigant. Quod uitare non potest nisi qui omnino nil scribit. Calumniabuntur in tempora, conuertent ordinem, res arguent, syllabas euentilabunt et, quod accidere plerumque solet, neglegentiam librariorum ad auctores referent. Quos cum possem meo iure repercutere, ut, si displicet, non legant, malo breuiter placatos dimittere, ut et Graecorum fidem suo auctori adsignent et quae noua inseruimus de aliis probatissimis uiris libata cognoscant. Sciendum etenim est me et interpretis et scriptoris ex parte officio usum, quia et Graeca fidelissime expressi et nonnulla, quae mihi intermissa uidebantur, adieci, in Romana maxime historia, quam Eusebius huius conditor libri non tam ignorasse ut eruditus, sed ut Graece scribens parum suis necessariam perstrinxisse mihi uidetur. Itaque a Nino et Abraham usque ad Troiae captiuitatem pura Graeca translatio est. A Troia usque ad uicesimum Constantini annum nunc addita, nunc admixta sunt plurima, quae de Tranquillo et ceteris inlustribus historicis curiosissime excerpsi. A Constantini autem supra dicto anno usque ad consulatum Augustorum Ualentis sexies et Ualentiniani iterum totum meum est. Quo fine contentus reliquum temporis Gratiani et Theodosii latioris historiae stilo reseruaui, non quo de uiuentibus timuerim libere et uere scribere — timor enim Dī hominum timorem expellit —, sed quoniam dibacchantibus adhuc in terra nostra barbaris incerta sunt omnia.

APÉNDICE 4

TRADUCCIÓN AL ESPAÑOL DE ALONSO DE MADRIGAL DEL PRÓLOGO DE JERÓ-
NIMO A LA *CRÓNICA* DE EUSEBIO DE CESÁREA, RECONSTRUIDA POR NELSON
CARTAGENA Y KARIN HINTERMEIER SOBRE LA BASE DEL ANÁLISIS DE LOS
COMENTARIOS DEL TRADUCTOR[148].

Eusebio Hieronimo /
a vincencio e galieno / suyos / salud / Antigua costumbre fue / delos varones
letrados / Para exercitar e vsar el ingenio / trasladar los libros griegos en palabra
latina / E avn lo que en si tiene / mayor difficultad / Los libros de poetico stilo /
delos esclarescidos varones / Subjectos a necessidad de medida / Onde el nuestro tulio / Los libros de platon / enteros / de palabra o palabras (sic!) / de griego
en latin traslado / E despues que arato / ya romano / en versos exametros o de
seys pies ouiesse formado / enel libro dela ychonomia / de xenephon jugo / Enla
qual obra / muchas vezes / aquel rio del dorada eloquencia / En algunos estoruos
/ sarnosos e turbios / Ansi estanco o se detouo / Que el que no sopiere ser obra
trasladada / No creera ser scripta por ciceron / grande dificultad es / aquel que ha
de siguir las lenguas agenas / No fallar alguna dureza o altura / para que lo que
en agena lengua dicho bien suena / Aquel grado de fermosura despues que trasladado tenga / Significase alguna cosa enla original lengua / por propriedad de
vn solo vocablo / e enla mi lengua enla qual traslado / No fablo (sic!) otro el
qual solo le yguale / E quando quiero complir toda la sentencia de aquel vocablo

---

[148] Cada una de las frases separadas por raya oblicua (/........./) corresponde a unidades de
traducción, que hemos marcado con versalita y negrita en los comentarios del Tostado
transcritos en este volumen. Los dos párrafos separados por punto aparte y un espacio
adicional e introducidos respectivamente por / Por lo qual amonesto/ y / E ansi desde el
reyno de Nino e Abraham/ se reconstruyen en cambio sobre la base del análisis de pasajes que por no referirse directamente a problemas de traducción no se han incorporado
en la antología. Indicamos no obstante en nota folio, columna y línea del original donde
puede verificarse cada unidad de traducción.

/ con luengo rodeo / apenas la breuedad del espacio o original stilo guardo /
Alleganse avn a esto / Las quiebras o los rodeos delos modos de yperbaton /
desemejanças de casos / Diuersidades de figuras / E allende de todo / esse suyo
porque ansi lo diga linage o modo de fabla / seruiente e subjugado a cada vna
lengua / Si palabra por palabra trasladare / sonara mal / E si por esta necessidad
/ Algo o dela orden o delas palabras mudare / Parescere salir del oficio de interpretador o trasladador / Por lo qual o mi vincencio / muy amado / E o tu galieno
/ meatad o parte de mi coraçon / Ruego vos que esta obra dificultosa o tumultuosa / Esso poco que ella es / Con coraçon de amigos no de juezes leades / Mayormente / que avn como sabedes / Escriuiendo el notario / con grande priessa la
dictaua o componia / e avn dela dureza o dificultad de esta cosa / la (sic!) scripturas delos diuinales libros / Dan testimonio / las quales delos setenta interpretes
/ de hebrayco trasladadas / No guardan esso mismo saber (sic!) enla griega palabra / Por lo qual / Aquila simacho e theodocion / Mouidos / A pocos / de vna
misma cosa obra diuersa e mucho desemejante fizieron / El vno queriendo trasladar palabra de palabra / el otro queriendo mas seguir la sentencia que las palabras / el tercero queriendo muy poco delos viejos originales se apartar / la quinta
e la sesta e la septima traslacion dela biblia / Avn que a nos sea ascondido de
quales auctores fueron / Empero tan manifiesta entre si diuersidad tienen / Que
recibieron auctoridad sin nombres / E de aqui viene / que las santas scripturas /
menos apuesto / e mas aspero / enlo qual los hombres sentidos / No acatando
ellas declarando ser trasladadas / Ni lo sabiendo / Mirando la corteza e avn no el
tuetano / Auiene que ante aborrescan la fea vestidura dela palabra / Que dentro
fallen el cuerpo fermoso dela sentencia / E ala final / Qual es cosa mas sonante
que el psalterio / El qual ala manera del nuestro / poeta oracio o flaco latino /
pindaro griego / Agora corre con jambo / Agora suena con alchaico / Agora se
leuanta con saphico / Agora entra con semipes o medio pie / Qual cosa sera mas
fermosa / el cantico deuteronomio / E del cantico de ysayas / Qual cosa sera
de mas grauedad o de peso de sentencia / Que los libros de salamon / E qual
cosa mas complida que job / Los quales todos / Ansi como josepho e origenes
testiguan / compuestos de versos exametros e peotametros (sic!) / Entre los
hebreos en su lengua corren / E estas scripturas / quando las leemos en griego en
otra manera suenan / e quando las leemos en latin del todo estancan / E si a alguno paresce / la graciosidad dela original lengua / no se mudan (sic!) o perder en
la traslacion / Torne a omero / palabra por palabra en latin / Vn (sic!) mayor cosa
/ Traslade alguno para si mesmo / De griego en vulgar / vera vna ordenança de
escarnecer / E al poeta mas alto de todos los eloquentes / apocas fallar palabras
que fable / Estas cosas porque las dezimos / Porque no vos sea marauilla / Si
algun lugar entrepeçamos / Si la oracion perezosa / O con sobra de consonantes
recibi (sic!) aspiracion / O con muchadumbre de vocablos (sic!) se abre o se

parte / Como hombres muy enseñados en esto oyan (sic!) sentido trabajo / E ala general comun dificultad / Qui (sic!) en toda interpretacion o traslacion ser nos quexamos / Esto se ayunta / Que la ystoria es de muchas cosas / E tiene nombres barbaros / E cosas no conoscidas / Que por cuentos a palabras latinas explicar o declarar no se pueden / E tienen virgulas mescladas con ystorias / En tal guisa / que apocas es mas duro de aprehender la orden de leer que entender lo que se lee /

/ Por lo qual amonesto[149] / que todas estas cosas ansi como estouieren[150] / con todas sus diuersidades de colores[151] / sean diligente mente guardadas[152] / E no piense alguno[153]/ esta diuersidad de escriuir e de colores ser fecha[154] / por demasiado deleyte delos ojos[155] / e auiendo en ojo delo escriuir ansi[156]/ faga un laberinto de errores[157]/ [Pues el libro se ha estructurado de tal modo que las historias de los reinos][158] / las quales por la grande vezindad e acercamiento[159]/ eran a pocas mescladas[160]/ por la diuersidad de color de bermellon sean apartados[161] / E el color que los cuentos touieren en una foja[162] / tal tenian en todo el libro[163] / E no dubdo[164] / ser muchos[165] / los quales con entero deseo de murmurar[166] / e a menguar a todos los escriptores[167] / fincaria[n] en este libro dos dientes[168] / De los quales no se puede de guardar[169]/ salvo aquel solo el qual

---

[149] Folio xxxiij^r, col. 1, lín. 48.

[150] Folio xxxiij^r, col. 2, lín. 37 y s.

[151] Folio xxxiij^r, col. 2, lín. 44 y s.

[152] Folio xxxiij^v, col. 1, lín. 11.

[153] Folio xxxiij^v, col. 1, lín. 41 y s.

[154] Folio xxxiij^v, col. 2, lín. 11 y s.

[155] Folio xxxiij^v, col. 1, lín. 50.

[156] Folio xxxiij^v, col. 2, lín. 18 y s.

[157] Folio xxxiij^v, col. 2, lín. 32 y s.

[158] A. de Cartagena no traduce este enlace, el que formulamos para mantener la continuidad de la reconstrucción.

[159] Folio xxxiiij^v, col. 1, lín. 2 y s.

[160] Folio xxxiiij^v, col. 1, lín. 13.

[161] Folio xxxiiij^v, col. 1, lín. 16 y s. «apartados» se refiere en el contexto a «cuentos» (= historias), por lo que no es posible ajustar la concordancia del conjunto sin alterar la cita textual.

[162] Folio xxxiiij^v, col.1, lín. 28 y s.

[163] Folio xxxiiij^v, col.1, lín. 41.

[164] Folio xxxv^r, col.1, lín. 7.

[165] Folio xxxv^r, col. 1, lín. 10.

[166] Folio xxxv^r, col. 1, lín. 12 y s.

[167] Folio xxxv^r, col. 1, lín. 27 y s.

[168] Folio xxxvj^r, col. 2, lín. 21.

[169] Folio xxxvj^r, col 1, lín. 50, col. 2, lín. 1.

cosa alguna del todo escriue[170]/ Porna calumnia contra los tiempos[171] / mudaran
la orden[172] / responderan las cosas que se cuentan[173]/ volueran o pesaran las
sillabas[174] / e lo que a muchos auenir suele[175]/ la necedad e culpa de los escriuanos tornaran contra los auctores[176] / Por mi derecho rebidar[177] / les podria yo con
razon responder que lean la obra si les pluguiere e si no quisieren la dexan[178] /
mas los quis[e] dexar ledos e pagados[179]/ E ansi dize la fe de las cosas griegas[180]/
e las cosas nuevas que nos afirmamos[181] / sepan que las sacamos de autores muy
ciertos y aprouados[182] /

E ansi desde el reino de Nino e Abraham[183] / fasta la captiuidad o destrucion
de Troya[184] / del todo es griega la traslacion[185] / Desde la destrucion de
Troya[186]/ fasta el año vicesimo del emperador Constantino[187] / agora añadidas
agora mescladas ha muchas cosas[188] / las quales de Tranquilo[189]/ e de otros
muy famosos varones tomamos[190] / Desde el sobredicho vicesimo año de Constantino[191] / fasta el sexto consulado de valente e el segundo de valentiniano[192]/
[es todo mio lo que escriui][193] / E yo contento de fazer alli fin[194] / todo el otro
tiempo[195]/ de Graciano e Theodosio[196]/ guarde para escriuir en historia mas

---

[170] Folio xxxvj[r], col. 2, lín. 10-12.
[171] Folio xxxvj[r], col. 2, lín. 46.
[172] Folio xxxvj[v], col. 1, lín. 37 y s.
[173] Folio xxxvj[v], col. 1, lín. 50, col. 2, lín. 1.
[174] Folio xxxvj[v], col. 2, lín. 7.
[175] Folio xxxvj[v], col. 2, lín. 27.
[176] Folio xxxvj[v], col. 2, lín. 40 y s.
[177] Folio xxxvij[r], col. 1, lín. 5 y s.
[178] Folio xxxvij[r], col. 1, lín. 8-11.
[179] Folio xxxvij[r], col. 2, lín. 16 y s.
[180] Folio xxxvij[v], col. 1, lín. 14 y s.
[181] Folio xxxvij[v], col. 1, lín. 19.
[182] Folio xxxvij[v], col. 1, lín. 25-27.
[183] Folio xxxviij[r], col. 2, lín. 27 y s.
[184] Folio xxxviij[v], col. 1, lín. 9 y s.
[185] Folio xxxviij[v], col. 1, lín. 13.
[186] Folio xxxviij[v], col. 1, lín. 16
[187] Folio xxxviij[v], col. 1, lín. 35 y s.
[188] Folio xxxviij[v], col. 1, lín. 47 y s.
[189] Folio xxxviij[v], col. 2, lín. 9 y s.
[190] Folio xxxviij[v], col. 2, lín. 16 y s.
[191] Folio xxxviij[v], col. 2, lín. 22 y s.
[192] Folio xxxviij[v], col. 2, lín. 30 y s.; folio xl[r], col. 1, lín. 19 y s.
[193] Folio xxxviij[v], col. 2, lín. 25.
[194] Folio xl[r], col. 1, lín. 27.
[195] Folio xl[r], col. 1, lín. 41.
[196] Folio xl[r], col. 2, lín. 7.

larga[197]/ no por temor de escriuir[198]/ verdadera e libramente delos vivos[199] / ca el temor de dios quita el temor de los hombres[200]/ mas porque aun andando los barbaros[201] / no podia escriuir cosa cierta[202].

---

[197] Folio xl^r, col. 1, lín. 15 y s.
[198] Folio xlj^v, col. 1, lín. 19.
[199] Folio xlj^v, col. 2, lín. 11 y s.
[200] Folio xlj^r, col. 2, lín. 9 y ss.
[201] Folio xlj^r, col. 2, lín. 21 y ss.
[202] Folio xlj^r, col. 2, lín. 25 y ss.

REFERENCIAS BIBLIOGRÁFICAS

A. LIBROS Y ARTÍCULOS

Aristóteles. *La philosophia moral del Aristotel: es a saber Ethicas, Polithicas y Economicas: en romançe.* por industria y despensa de Gorge Coci Alemán, Çaragoça, 1509.

Badía, Lola. «Traductions al català dels segles XIV-XV i innovació cultural literària» en *Llengua i literatura de l'Edat Mitjana al Renaixement.* Edició a cura d'Albert Rossich i Mariàngela Vilallonga. Studi general, Revista de l'Estudi de Lletres. Universitat Autònoma de Barcelona, n.° 11, 1991: 31-50.

Balbo de Génova, Juan. *Summa grammaticalis, quae Catholicon nominatur* o *Catholicon.* Terminada en 1286 e impresa en tres ediciones de 1460, 1469 y 1472.

Ballard, Michel. *De Cicéron à Benjamin. Traducteurs, traductions, réflexions.* Lille, Presses Universitaires de Lille, 1992.

Batllori, Miquel. *Arnau de Vilanova: Obres catalanes*, vol. 2 (*Escrits mèdics*). Barcelona, Editorial Barcino, 1947.

Belloso Martín, Nuria. *Política y humanismo en el siglo XV: el maestro Alfonso de Madrigal, el Tostado.* Valladolid, Universidad de Valladolid (Secretariado de Publicaciones), 1989.

Birkenmaier, Alexander. «Der Streit des Alonso von Cartagena mit Leonardo Bruni Aretino» en *Vermischte Untersuchungen zur Geschichte der mittelalterlichen Philosophie. Beiträge zur Geschichte der Philosophie des Mittelalters*, XX, 5, 1922: 129-236.

Blánquez Fraile, Agustín. Diccionario latino-español, vol I: A-Laberius, vol. II Labes-Z. Barcelona, Editorial Ramón Sopena, 1961.

Blecua, José Manuel. *El Laberinto de fortuna o las trescientas.* Madrid, Espasa-Calpe, Clásicos Castellanos, 1968.

Bossong, Georg. *Los Canones de Albateni.* Herausgegeben sowie mit Einleitung, Anmerkungen und Glossar versehen. Tübingen, Niemeyer (Beihefte zur Zeitschrift für romanische Philologie 165), 1978.

Bossong, Georg. *Probleme der Übersetzung wissenschaftlicher Werke aus dem Arabischen in das Altspanische zur Zeit Alfons des Weisen.* Tübingen, Niemeyer (Beihefte zur Zeitschrift für romanische Philologie 169), 1979.

Bossong, Georg. «Las traducciones alfonsíes y el desarrollo de la prosa científica castellana» en *Actas del Coloquio Hispano-Alemán Ramón Menéndez Pidal* (Madrid, 1978). Tübingen, Niemeyer, 1982: 1-14.

Branciforti, Francesco. Introduzione, testo critico y notas de *Las Flores de los «Morales de Job».* Firenze, Felice Le Monnier, 1963.

Butiñá Jiménez, Julia. «Sobre el prólogo de Ferrer Sayol al "De re rustica" de Paladio» en *Epos: Revista de Filología,* N° 12, 1996: 207-228.

Capuano, Thomas M. «Introducción» a Palladius, Rutilius Taurus Aemilianus, *Obra de Agricultura traducida y comentada en 1385 por Ferrer Sayol,* edición a cargo de Thomas M. Capuano. Madison, Hispanic Seminary of Medieval Studies, 1990.

Cartagena, Alfonso de. *La Rhetorica de M. Tullio Ciceron,* a cura de Rosalba Mascagna. Liguori – Napoli, Romanica Neapolitana 2, a cura dell'Istituto di Filologia Moderna dell'Università di Napoli, 1969.

Cartagena, Nelson. «Alonso de Madrigal (1400?-1455) y Etienne Dolet (1508-1546), teóricos de la traducción. La tragedia de la hoguera y la soledad de la meseta castellana» en M. Rodríguez, P. Lastra (ed.) *Félix Martínez Bonati. Homenaje.* Concepción, Editorial Universidad de Concepción, Cuadernos Atenea, 2003: 37-50.

Cartagena, Nelson. «Cómo se debía traducir en España en el siglo XV» en A. Gil, D. Osthus, C. Polzin-Hausmann (Hg.) *Romanische Sprachwissenschaft. Zeugnisse für Vielfalt und Profil eines Faches.* Festschrift für Christian Schmitt zum 60. Geburtstag. Frankfurt, Peter Lang, 2004: 437-454.

Cicerón, Marco Tulio. *La Rethorica de M. Tullio Ciceron.* Traducción de Alfonso de Cartagena, Edición de Rosalba Mascagna. Napoli, Liguori, 1969.

Cicero, Marcus Tullius. *De finibus bonorum et malorum / Über das höchste Gut und das größte Übel.* Lateinisch / Deutsch. Übersetzt und herausgegeben von Harald Merklin. Stuttgart, Philipp Reclam jun., 2003.

Cicero, Marcus Tullius. *De officiis / Vom pflichtgemäßen Handeln.* Lateinisch / Deutsch. Übersetzt, kommentiert und herausgegeben von Heinz Gunermann. Stuttgart, Philipp Reclam jun., 2005.

Cicero, Marcus Tullius. *De oratore / Über den Redner.* Lateinisch / Deutsch. Übersetzt und herausgegeben von Harald Merklin. Stuttgart, Philipp Reclam jun., 2006.

Cifuentes i Comamala, Lluis. *La ciència en català a l'Edat Mitjana i el Renaixement.* Col·lecció Blaquerna, 3. Barcelona, Palma de Mallorca, Universitat de Barcelona, Universitat de les Illes Balears, 2001.

Contreras Mas, Antonio. «La versión catalana de la *Cirurgia* de Teodorico de Luca por Guillem Corretger de Mayorcha. (Un intento de mejorar la formación teórica de los cirujanos)» en *Estudis Baleàrics*. Institut d'estudis baleàrics, any IV, N° 14, setembre 1984: 55 – 74.

Corominas, J. / Pascual, J.A. *Diccionario crítico etimológico castellano e hispánico*, I. Madrid, Gredos, 1980.

Crosas, Francisco. «El testimonio "perdido" de Jaume Conesa y sus *Històries troianes*» en *SIGNO. Revista de Historia de la Cultura Escrita*. Universidad de Alcalá, 8 (2001): 295-299.

Diccionario de historia eclesiástica de España II, Ch-Man. Madrid, Consejo Superior de Investigaciones Científicas, 1972.

Dolet, Étienne, *La manière de bien traduire d'une langue en aultre* (1540). Jacques de Beaune, *Discours comme une langue vulgaire se peult perpetuer* (1548). Théodore de Bèze, *De Francicae linguae recta pronuntiatione* (1584). Joachim Périon, I.P. *Dialogorum de linguae gallicae origine eiusque cum Graeca cognatione, libri IV* (1955). Genève, Slatkine Reprints, 1972 (Réimpression des éditions de Lyon 1540, 1548, Géneve 1584 et Paris 1955).

Fallows, Noel. «Alfonso de Cartagena: An Annotated Tentative Bibliography» en *La Corónica*, 1991-1992; 20,1: 78-93.

Francesquini, Ezio «Leonardo Bruni e il "vetus interpres" della Etica a Nicomaco» en *Medioevo e Rinascimento. Studi in onore di Bruno Nardi*, I. Firenze, G. C. Sansoni-Editore, 1955: 299-319.

García Yebra, Valentín. *En torno a la traducción*. Madrid, Gredos, 1983.

González Rolán, T./Moreno Hernández, A./Saquero Suárez-Somonte, P. *Humanismo y teoría de la traducción en España e Italia en la primera mitad del siglo XV*. Edición y estudio de la *Controversia Alphonsiana* (Alfonso de Cartagena vs. L. Bruni y P. Candido Decembrio). Madrid, Ediciones Clásicas, 2000.

Helm, Rudolf (Hrsg.). *Die Chronik des Hieronymus – Hieronymi Chronicon*, 3. Aufl., Berlin, Akademie-Verlag, 1984.

Hintermeier, Karin. *Alonso de Madrigal und sein Beitrag zur Übersetzungstheorie*. Universidad de Heidelberg, Instituto de Traducción e Interpretación, Tesina de Diplomatura dirigida por el Prof. N. Cartagena, 2001.

Isidoro de Sevilla, san. *Etimologías*. Edición bilingüe. Texto latino, versión española y notas por José Oroz Reta y Manuela Marcos Casquero. Madrid, Biblioteca de Autores Cristianos, 1993.

Jacobsen, Eric. *Translation, a traditional craft. An introductory sketch with a study of Marlowe's elegies*. Classica et Mediaevalia. Dissertationes 6. Copenhagen, 1958.

Jérôme, Saint. *Saint Jérôme Lettres*, Tome II. Paris, Société d'éditions «Les belles lettres», 1951.

Keightley, R.G. «Alfonso de Madrigal and the Chronici Canones of Eusebio» en *Journal of Medieval and Renaissance Studies*, 1977, vol. 7: 225-248.

Larousse. *Gran Enciclopedia Larousse*. Madrid, Editorial Planeta, 2000: 3259.

Lazar, Moshe. *Maimonides Guide for the Perplexed. A 15th Century Spanish Translation by Pedro de Toledo (Ms. 10289, B.N. Madrid)* edited by Moshe Lazar. Labyrinthos, 1989.

López de Mendoza, Íñigo, Marqués de Santillana. *Obras*. Ahora por vez primera compiladas de los códices originales e ilustradas con la vida del autor, notas y comentarios por José Amador de los Ríos. Madrid, Imprenta de la calle de S. Vicente baja, a cargo de José Rodríguez, 1852.

[Madrigal, Alonso de]. *Tostado sobre el Eusebio, I*. Salamanca, Hans Gysser, 1506.

Marcos Rodríguez, Florencio. «Los manuscritos de Alfonso de Madrigal conservados en la Biblioteca Universitaria de Salamanca» en *Salmanticensis*, 1957, 4 : 3-48.

Medina, Jaume. «Ciceró a les terres catalanes. Segles XIII-XVI» en *Faventia*, 24/1, 2002: 179-221.

Méndez Rayón, D. «La Eneida de Virgilio traducida por D. Enrique de Villena» en *Revista Ibérica de ciencias, política, literatura, artes é instrucción pública*. Madrid, Imprenta de Manuel Galiano, tomo I, 1861: 443-455.

Menéndez Pelayo, Marcelino. *Bibliografía hispano-latina clásica, III (...Cicerón – Historia augusta)*. Edición preparada por Enrique Sánchez Reyes. Santander, Aldus, S.A. de Artes Gráficas, 1950.

Morel-Fatio, Alfred. «Notice sur trois manuscrits de la Bibliothèque d'Osuna» en *Romania*, tomo XIV, Janvier, 1885: 94-108.

Morrás, María. «Latinismos y literalidad en el origen de (*sic*) clasicismo vernáculo: Las ideas de Alfonso de Cartagena (ca. 1384-1456)» en Recio, Roxana (ed.), *La traducción en España. Ss. XIV-XVI*. León, Universidad de León, Anexos de LIVIUS, I, 1995: 35-58.

Morreale, Marguerite. *Los doce trabajos de Hércules*. Madrid, Real Academia Española, Biblioteca Selecta de Clásicos Españoles, 1958.

Mounin, George. *Teoria e storia della traduzione*. Torino, Eunaudi, 1965.

Nácar Fuster, Eloíno/Colunga Cueto, Alberto, O.P (editores). *Sagrada Biblia. Versión directa de las lenguas originales*. Madrid, Biblioteca de Autores Cristianos, quincuagésima cuarta edición (reimpresión), 1999.

Nader, Helen. *Los Mendoza y el Renacimiento Español*. Guadalajara, Institución provincial de Cultura «Marqués de Santillana», 1985.

Naylor, Eric W. «Pero López de Ayala: Protohumanist?» in *Livius. Revista de Estudios de traducción*. Universidad de León, Departamento de Filología Moderna, vol. 6 (1994): 121-127.

Peláez Benítez, María Dolores. *Pedro Chinchilla. Libro de la historia troyana*. Madrid, Editorial Complutense, 1999.

Recio, Roxana. «Alfonso de Madrigal (El Tostado): la traducción como teoría entre lo medieval y lo renacentista» en *La Corónica* ,1990-1991, 19, 2: 112-131.

Recio, Roxana. «El concepto de la belleza de Alfonso de Madrigal (El Tostado): La problemática de la traducción literal y libre» en *Livius*, 1994, 6: 59-68.

Rodríguez de Castro, Joseph. *Biblioteca Española. Tomo segundo que contiene la noticia de los escritores gentiles españoles y la de los christianos hasta fines del s. XIII de la Iglesia*. Madrid, Imprenta Real, 1786.

Russell, Peter. *Traducciones y traductores en la Península Ibérica (1400-1550)*. Bellaterra, Universidad Autónoma de Barcelona, Escuela de Traductores e Intérpretes, 1985.

Santiago Lacuesta, Ramón. *La primera versión castellana de «La Eneida» de Virgilio. Los libros I-III traducidos y comentados por Enrique de Villena (1384-1434)*. Anejo XXXVIII del Boletín de la Real Academia Española. Madrid, 1979.

Santoyo, Julio César. *Teoría y crítica de la traducción: antología*. Barcelona, Universitat Autònoma de Barcelona. Escola Universitària de Traductors i Intèrprets, 1987.

Santoyo, Julio César. «Alonso de Madrigal: A medieval Spanish pioneer of translation theory» en Niederehe, Hans-Josef/Koerner, Konrad (ed.), *History and Historiography of Linguistics*, Volume 1, Amsterdam, John Benjamins, 1990: 219-231.

Santoyo, Julio César. «El siglo XIV: Traducciones y reflexiones sobre la traducción» en *Livius. Revista de Estudios de traducción*. Universidad de León, Departamento de Filología Moderna, vol. 6 (1994): 17-34.

Schiff, Mario. *La bibliothèque du Marquis de Santillane*. Amsterdam, Gérard Th. van Heusden, 1970 [réimpression de l'édition de Paris 1905].

Seco, Manuel/Andrés, Olimpia/Ramos, Gabino. *Diccionario del español actual*, vol. I-II. Madrid, Aguilar, 1999.

Seneca. *Epistulae morales ad Lucilium. Liber XV / Briefe an Lucilius über Ethik. 15. Buch*. Lateinisch / Deutsch. Übersetzt und herausgegeben von Franz Loretto. Stuttgart, Philipp Reclam jun., 1996.

Serrano, Luciano. *Los conversos D. Pablo de Santa María y D. Alfonso de Cartagena, obispos de Burgos, gobernantes, diplomáticos y escritores*. Madrid, 1942.

Stitkins, Leon D. (ed.). *Letters of Maimonides*. New York, Yeshiva University Press, 1977.

Theologische Realenziklopädie. Berlin, Walter de Gruyter & Co., 1976.

Thomas Aquinas, St. *Commentary on Aristotle's Nicomachean Ethics*. Translated by C.I. Litzinger, O.P. Notre Dame, Indiana, Dumb ox Books, 1993.

Thomas de Aquino, Sanctus. *Opera Omnia*. Iussu Leonis XIII P.M. Edita. Tomus XLVII. *Sententia Libri Ethicorum*. Cura et studio Fratrum Praedicatorum. Volumen II, Libri IV-X. Indices. Romae, Ad Sanctae Sabinae, 1969.

Travaux du Cercle Linguistique de Prague, I. *Mélanges Linguistiques dédiés au Premier Congrès des Philologues Slaves*. Prague, Jednota československých matematiku a fysiku, 1929.

Valbuena Prat, Ángel. *Historia de la literatura española*, I. Barcelona, Editorial Gustavo Gili, 1968, octava edición corregida y ampliada.

Valentí, Ferran *Traducció de les Paradoxa de Ciceró. Parlament al gran e General Consell*. Text, introducció i glossari de Josep M.ª Morató i Thomàs. Barcelona, Biblioteca Catalana d'Obres Antiques, 1959.

Vega, Miguel Angel (ed.). *Textos clásicos de teoría de la traducción*. Madrid, Cátedra, 1994.

Vermeer, Hans. *Skizzen zu einer Geschichte der Translation*. Band 6.1. *Anfänge – Von Mesopotamien bis Griechenland. Rom und das frühe Christentum bis Hieronymus*. Frankfurt/M., IKO-Verlag für Interkulturelle Kommunikation, 1992.

Vermeer, Hans. *Das Übersetzen in Renaissance und Humanismus (15. und 16. Jahrhundert). Band I: Westeuropa*. Heidelberg, TEXTconTEXT Verlag, 2000.

Vollmöller, K. «Eine unbekannte altspanische Übersetzung der Ilias» en *Studien zur Literaturgeschichte. Michael Bernays gewidmet von Schülern und Freunden*. Hamburg und Leipzig, Verlag von Leopold Voss, 1893: 238-242.

Wittlin, Curt. «Les traducteurs au Moyen Âge: observations sur leurs techniques et difficultés» en *Actes du XIII Congrès Internationale de Linguistique et Philologie Romane*, II. Quebec, 1976: 601-611.

B. MANUSCRITOS

Manuscrito 672 de la Evangelische Kirchenbibliothek de Wertheim, República Federal Alemana («Tractatus domini episcopi burgensis yspani editus contra quendam leonardum aretinum librorum aristotilis in prologo sue noue translationis. Editus in concilio basilensi»).

Manuscrito signatura ij.b.7 de la Real Biblioteca del Escorial [v. texto de Pero López de Ayala, nota 12].

Manuscrito 212 del fondo español de la Biblioteca Nacional de París [v. texto de Guillem Corretger].

Manuscrito 3666 de la Biblioteca Nacional de Madrid [v. texto de Juan de Mena].

Manuscrito signatura JO.221 de la Biblioteca Nacional de Madrid [v. texto de Pedro Díaz de Toledo].

Manuscrito signatura MS 10203 de la Biblioteca Nacional de Madrid [v. texto de Antón Zorita].

Manuscrito signatura MS 10211 de la Biblioteca Nacional de Madrid [v. texto de Ferrer Sayol].

Manuscrito signatura MSS 10215 de la Biblioteca Nacional de Madrid [v. texto de Jaume Conesa].

Manuscrito signatura MS 10289 de la Biblioteca Nacional de Madrid [v. texto de Pedro de Toledo].

Manuscrito signatura MS 10811 de la Biblioteca Nacional de Madrid [v. texto de Alonso de Madrigal].

Manuscrito signatura Vit. 17-4 de la Biblioteca Nacional de Madrid [v. texto de Pedro Díaz de Toledo].

C. Medios electrónicos

Academia Platónica en http://es.wikipedia.org/wiki/Academia_platónica y también en http://de.wikipedia.org/wiki/Platonische_Akademie

Aristipo de Cirene en Wikipedia español
http://es.wikipedia.org/wiki/Aristipo_de_Cirene

Augustinus. *De civitate Dei* en
http://www.latein-pagina.de/iexplorer/autoren.htm

Augustinus. *De perfectione iustitiae hominis* en la Bibliotheca Augustana
http://www.hs-augsburg.de/~Harsch/augustana.html

(Autor anónimo). *DistichaCatonis* en Wikipedia deutsch
http://de.wikipedia.org/wiki/Disticha_Catonis
y en The Latin Library
http://www.thelatinlibrary.com/cato.dis.html

Boethius. *Consolatio philosophiae* en la Bibliotheca Augustana
http://www.hs-augsburg.de/~Harsch/augustana.html

Carlos (, príncipe) de Viana en
GEA OnLine-Gran Enciclopedia Aragonesa
http://www.enciclopedia-aragonesa.com y en Wikipedia español
http://es.wikipedia.org/wiki/Carlos_de_Viana

Catón, el Joven en Wikipedia español
http://es.wikipedia.org/wiki/Catón_el_Joven
Cicero, Marcus Tullius. *De officiis* en The Latin Library
http://www.thelatinlibrary.com
Eudoxo de Cnidos en Wikipedia español
http://es.wikipedia.org./wiki/Eudoxo_de_Cnidos
Ferran Valentí en Enciclopèdia Catalana
http://www.enciclopedia.cat/
Gaius Laelius en Wikipedia deutsch
http://de.wikipedia.org/wiki/Gaius_Laelius
González Rolán, Tomás/Barrio Vega, Ma. Felisa del. «Sumas de la Yliada de Homero de Homero» en
http://www.ucm.es/BUCM/revistas/fll/0212999x/artículos/RFRM89891101 147A.PDF
Jaume Conesa en Enciclopèdia catalana
http://www.enciclopedia. cat/
Jerome. *Against Jovinianus*, Books I – II en
http://www.newadvent.org/fathers/30091.htm y en
http://www.newadvent.org/fathers/30092.htm
Maimónides en Wikipedia deutsch/Jewish Encyclopedia
http://de.wikipedia.org/wiki/Jewish_Encyclopedia
Martinus Bracarensis. *Formula vitae honesta* [*De quattuor virtutibus*] en la Bibliotheca Augustana
http://www.hs-augsburg.de/~Harsch/augustana.html
Pedro González de Mendoza en Wikipedia español
http://es.wikipedia.org/wiki/Cardenal_Pedro_González_de_Mendoza
Publius Cornelius Scipius Aemilianus Africanus en Wikipedia deutsch
http://de.wikipedia.org/wiki/Publius_Cornelius_Scipius_Aemilianus_ Africanus
Seneca. *Epistula LXXXV* y *CXX* en The Latin Library
http://www.thelatinlibrary.com
Villena, Enrique de. *Los doce trabajos de Hércules* en Biblioteca Virtual Miguel de Cervantes
http://www.cervantesvirtual.com/servlet/SirveObras/08148396500803 895209079/index.htm

Índice Onomástico

Se consideran todos los nombres propios de personas reales y ficticias aparecidos en el texto y en las notas del libro. En el caso de las bibliografías parciales al término de capítulo y en notas, sólo se consignan los nombres de autores y editores. No se incluyen los nombres contenidos en el texto del Apéndice 4 por haber sido ya considerados en el análisis deonomástico de los *Comentarios* del Tostado a Eusebio. Se ha respetado la ortografía literal y acentual de los nombres recolectados, los que en cambio se han provisto siempre de mayúsculas iniciales. La abreviatura v.t. (= véase también) se utiliza para remitir a variantes textuales de un nombre con letra inicial diferente; en caso contrario se usa serie copulativa o se marca en simple paréntesis la variación correspondiente. Para facilitar la identificación de reyes y nobles se ha mantenido o introducido la explicación textual adecuada.

IZQUIERDA: Retrato de Maimónides (1138-1204).
FUENTE: Enciclopedia libre wikipedia español.

DERECHA: Estatua de Maimónides en Córdoba, su ciudad natal.
FUENTE: Enciclopedia Libre wikipedia español.
http://commons.wikipedia.org/wiki/File:Maimonides-Statue.jpg

ABAJO: La tumba de Maimónides en Tiberias, Israel.
FUENTE: http://commons.wikipedia.org/wiki/File:Keverambam.jpg

D. ALFONSO CARTAGENA,
Obispo de Burgos, y Canciller de Castilla,
célebre Escriturario, Jurista y Político.
Nació en Burgos el año de 1381,
y murió en Villasandino el de 1456.

Retrato de Alfonso de Cartagena (1384-1456).
FUENTE: Enciclopedia libre wikipedia español.

La Tumba de don Alonso de Madrigal, el Tostado (1400?-1455).
1518 (Vasco de la Zarza), Catedral de Ávila.
FUENTE: http://www.kfki.hu/~arthp/html/z/zarza
<https://freemailng5501.web.de/jump.htm?goto=http%3A%2F%2Fwww.kfki.hu%
2F~arthp%2Fhtml%2Fz%2Fzarza>

Portada de *Tostado sobre el Eusebio;* I. Salamanca, Hans Gysser, 1056.

MEDIEVALIA HISPANICA

Vol. 1: Oscar Hugo Bizzarri (ed.),
Diálogo de Epicteto y el emperador Adriano, 1995.

Vol. 2: Victoria Campo; Marcial Rubio Árquez (eds.),
Giovanni Boccaccio: La Teseida. Traducción castellana del siglo XV, 1996.

Vol. 3: Victoria Campo; Víctor Infantes (eds.),
La Poncella de Francia. La historia castellana de Juana de Arco, 1997.

Vol. 4: Nieves Baranda (ed.),
Chrónica del rey Guillermo de Inglaterra. Hagiografía, política y aventura medievales entre Francia y España, 1997.

Vol. 5: Marta Haro Cortés (ed.),
Libro de los cien capítulos (Dichos desabios en palabras breves e complidas), 1998.

Vol. 6: Hugo Oscar Bizzarri (ed.),
Castigos del rey don Sancho IV, 2001.

Vol. 7: Francisco Crosas (ed.),
Vida y costumbres de los viejos filósofos. La traducción castellana cuatrocentista del "De vita et moribus philosophorum", atribuido a Walter Burley, 2002.

Vol. 8: Brian Dutton; Victoriano Roncero López,
La poesía cancioneril del siglo XV. Antología y estudio, 2004.